21 世 纪 本 科 金 融 学 名 家 经 典 教 科 书 系

高等院校教学改革创新型教材

经典保险案例分析100例

主　编　许飞琼

副主编　徐晓华　张　虹

中国金融出版社

责任编辑：王效端　王　君
责任校对：李俊英
责任印制：张也男

图书在版编目（CIP）数据

经典保险案例分析100例/许飞琼主编. —北京：中国金融出版社，2020. 1
（21世纪本科金融学名家经典教科书系）
ISBN 978 - 7 - 5220 - 0471 - 6

Ⅰ. ①经…　Ⅱ. ①许…　Ⅲ. ①保险—案例—中国—高等学校—教材　Ⅳ. ①F842. 6

中国版本图书馆CIP数据核字（2020）第016149号

经典保险案例分析100例
JINGDIAN BAOXIAN ANLI FENXI 100LI
出版
发行　**中国金融出版社**
社址　北京市丰台区益泽路2号
市场开发部　（010）66024766，63805472，63439533（传真）
网 上 书 店　www. cfph. cn
　　　　　　（010）66024766，63372837（传真）
读者服务部　（010）66070833，62568380
邮编　100071
经销　新华书店
印刷　保利达印务有限公司
尺寸　185毫米×260毫米
印张　14.75
字数　330千
版次　2020年1月第1版
印次　2021年12月第2次印刷
定价　36.00元
ISBN 978 - 7 - 5220 - 0471 - 6
如出现印装错误本社负责调换　联系电话（010）63263947
编辑部邮箱：jiaocaiyibu@126. com

21世纪高等学校金融学系列教材
编审委员会

前　言

　　保险学专业课程教学具有很强的实践性，无论是"保险学概论"课程，还是分险别的"财产保险"课程或"人身保险"课程，均是以相应的保险学科理论作为支撑，以保险行业实践来检验的学科。理论与实践两者之间存在着相互依存的关系，缺一不可。因此，在保险学专业的课堂上，不仅需要可学生们阐述相关学科理论，更需要将大量的案例以及案例分析融入课堂教学中。这种教学方式即是目前在教育界被积极推广的案例教学法。

　　案例教学法中一个最为突出的特征就是案例的运用，它是案例教学法区别于其他方法的关键所在。案例是包含问题或者包含疑难情境在内的、真实发生的典型事件，一个案例就是对保险业务经营过程中的一个真实事件的描述。《经典保险案例分析 100 例》即是在遵循实践性、典型性、时新性、综合性原则的条件下，作者从保险行业实际发生的案件中精心挑选编著而成的教学用书。本书所挑选的案例包含一个或多个疑难保险学科理论与实务问题，同时也包含解决这些问题的方法。作者在选择这些案例时，尽量充分注意案例与保险学专业课堂教学的契合程度。本书也是配合由中央财经大学保险学院许飞琼教授在中国大学慕课（MOOC）网开设的"保险学概论"在线课程及其相关教材而编写的系列辅导用书之一。因此，相信该书能够对保险学科理论教学、线上自学起到辅助性作用，并能够达到提升专业教与学的双重效果。

　　《经典保险案例分析 100 例》的特色主要表现在以下六个方面。

　　一是经典。即所选案例具有典范性，是作者从我国保险业历史发展过程中精选出来的、能代表本行业经营特色的典型案例。这些案例在反映某一方面问题的同时，能够达到举一反三或触类旁通的作用。

　　二是时新性。一方面，全部案例均用最新的法律条文来解释评判，使案例更具有现实性和法律性。另一方面，时代的发展、保险产品与经营技术等的创新性，使保险案例因保险创新时代的变化而有不同。因此，本书挑选了一些能反映行业最新动态或发展趋势特色的案例，如互联网保险案例等。

三是实践性与专业性。50例财产保险案例与50例人身保险案例的选择，能比较均衡地反映两大险别各自领域的实践争议或纠纷，使本书兼具实践性与专业性。

四是综合性。一方面是案例内容的综合，如财产保险案例，既包括运输工具保险案、货物运输保险案，又包括火灾保险案、责任与信用保证保险案，乃至农业保险案等一切财产保险业务领域；人身保险案例既包括意外伤害保险案、健康保险案，也包括养老保险案。另一方面是保险理论知识的综合，如将商业保险与社会保险乃至政策保险或交叉或易混淆的理论进行综合对比分析，将财产保险与人身保险易混淆的理论或两险别自身易混淆的理论进行综合对比分析，等等。

五是借助保险理论、条款来评析各案例，使本书具有实用性和操作性。

六是复杂案情简述化，条款晦涩通俗化，使本书具有可读性和易懂性。

需要指出的是，本书所涉案例只能当作"假设"应用，而不能和业界据以定案的"事实"混为一谈；同时，案例不等于判例，书中的分析只代表作者的意见，不一定都和法院终审判决一致，更不一定都是周详妥帖的。因此，无论是作为教学参考用书，还是对保险行业、司法部门，抑或是对广大保险消费者而言，本书只能起参考或借鉴的作用。此外，保险案例错综复杂，保险法规、条款抽象深奥，写作过程中，挂漏谬误之处在所难免，敬祈同行随时指正，将不胜感激！

感谢中央财经大学保险学院领导与同事们给予的大力支持与帮助。感谢硕士研究生郭心洁、王幸岚、纪文芳、张楚苑、陆园、周晨、寇宇丰、朱健、汪文琪、周心悦、郑晓、刘金浩承担了部分案例收集、讨论及校对工作。

最后，衷心感谢中国金融出版社教材编辑一部王效端主任、王君老师为此书的顺利出版所付出的艰辛劳动。

许飞琼

2019 年 9 月 26 日

目　录 Contents

财产保险篇

人身保险篇

财产保险篇

1. 车险合同 "零时起保" 纠纷案

【案情简介】

某年 7 月 8 日,王先生为自己名下的家用小轿车在某保险公司除购买机动车辆法定第三者责任保险(即交强险)外,还购买了车辆损失保险、商业第三者责任保险及其前两种主险的不计免赔险。签合同时,王先生并没有细看保险条款即交付了所有保险费9200 元,保单显示的收费确认时间为 8 日 11:20:52,有效保单生成时间为 8 日 11:21:18,保单打印时间为 8 日 11:21:58。保单上规定的保险期间自当年 7 月 9 日零时起至第二年 7 月 8 日 24 时止。

王先生拿着保险公司出具的纸质保单及缴费收据等单证离开保险公司准备回家,谁知刚刚驾驶汽车不到 100 米即与包女士的汽车发生碰撞,两车受损,包女士受伤。经交警大队认定,王先生负全部责任。事发三个月后,包女士向当地人民法院起诉了王先生及其车险承保人某保险公司。法院判决王先生应赔偿包女士车辆修理费等共 6 万余元。然而,当王先生要求保险公司代为赔偿时,保险公司却告之该次车祸"发生的时间为 7月 8 日中午,不在保险合同约定的生效时间内",即保险合同还未生效,并于当日发出了拒赔通知书。而王先生认为自己交了钱投了保却得不到赔偿,属于保险公司违约,遂将该保险公司告上了法院。

【不同观点】

本案属于保险业界比较常见的纠纷案,焦点即为保险合同生效时间点的认定。

第一种观点认为,保险合同没有生效,保险公司不能赔偿。理由是,保险合同上约定的生效时间非常明确,即从当年 7 月 9 日零时开始,而此次事故发生在该时间点之前,保险合同当然还未生效,未生效的合同对订立合同的各方不产生法律约束力。

第二种观点认为,本案中保单应从收费确认时间点开始生效。理由是保险公司在与王先生签订合同时,虽然约定了起始时间,但保险公司没有特别向王先生说明这条有损投保人权益的条款,不足以引起对方的注意。因此,涉案事故属于保险期间内发生,保险公司应承担保险责任。

【分析】

（1）我国《保险法》第十三条规定："投保人提出保险要求，经保险人同意承保，保险合同成立。保险人应当及时向投保人签发保险单或者其他保险凭证。保险单或者其他保险凭证应当载明当事人双方约定的合同内容。当事人也可以约定采用其他书面形式载明合同内容。依法成立的保险合同，自成立时生效。投保人和保险人可以对合同的效力约定附条件或者附期限。"可见，保险合同的成立只要合同双方完成要约与承诺的法定程序，并就合同条款达成协议即可。至于保险人签发保险单或其他保险凭证；或投保人交纳保险费等事项，均是在合同成立之后保险合同双方当事人应尽的义务。此外，我国《合同法》第三十二条规定："当事人采用合同书形式订立合同的，自双方当事人签字或者盖章时合同成立。"本案车险等合同在签订当日即7月8日即已成立。

（2）《最高人民法院关于适用〈中华人民共和国保险法〉若干问题的解释（二）》（法释〔2013〕14号）〔以下简称司法解释（二）〕第四条规定："保险人接受了投保人提交的投保单并收取了保险费，尚未作出是否承保的意思表示，发生保险事故，被保险人或者受益人请求保险人按照保险合同承担赔偿或者给付保险金责任，符合承保条件的，人民法院应予支持；不符合承保条件的，保险人不承担保险责任，但应当退还已经收取的保险费。保险人主张不符合承保条件的，应承担举证责任。"上述司法解释说明，只要符合承保条件，即使保险人还没有作出承保的意思表示，其一旦接受了投保人提交的投保单并收取了保险费，发生保险事故时，保险人必须按合同成立且生效的状况来进行理赔。本案王先生进行的投保申请符合保险人的承保条件，且保险公司作出了承保的意思表示——既收了保险费，也出具了保险单。因此，从这一司法解释来分析，本案保险公司必须赔付。

（3）由我国《保险法》第十三条不难看出，依法成立的保险合同，自成立时生效。但投保人和保险人可以对合同的效力约定附条件或者附期限。本案中保险单附的生效条件为保险合同期限，即7月9日零时开始承担保险责任。然而，保险公司却无法证明其已对该附期限成立时合同才生效做了明确说明或详细解释。根据我国《保险法》第十七条规定："……对保险合同中免除保险人责任的条款，保险人在订立合同时应当在投保单、保险单或者其他保险凭证上作出足以引起投保人注意的提示，并对该条款的内容以书面或者口头形式向投保人作出明确说明；未作提示或者明确说明的，该条款不产生效力。"因此，在保险公司未有证据证实其已明确告知提请投保人王先生注意的情况下，应认定为保单从收费确认时间点开始生效，涉案事故属于保险期间内发生，保险公司应当就此承担保险责任。

【结论】

法院在受理本案并进行了调查后判定：本案中，被告保险公司接受了原告王先生的保险费，并且保单也已经生成、打印，发生涉案事故的时间在原告交纳了保险费、保单生成打印之后。根据举重明轻原则（即对于某一应当被允许的行为，举一个情节比其严重而被允许的规定，以说明其应当被允许。例如，某职工工作期间突发疾病经抢救后死亡被视同工伤，那么，未经抢救在送往救治途中死亡则更应当被视同工伤）、权利义务对等或对价平衡等原则，保险人享有的权利与承担的义务应当对等，收取了保险费，就应承担相应的责任。而保险公司在与王先生签订合同时，虽然约定了起始时间，但并没有特别向王先生说明这条有损投保人权益的条款，不能足以引起其注意。故原告王先生根据保单投保的项目要求被告保险公司进行理赔符合法律规定，法院予以支持。

本案审理过程中，法院强调，"保险合同次日凌晨起生效"，即"零时起保"已成为保险业界的惯例，而这一惯例使得被保险人和被保险标的存在一段时间的脱保期，这不符合我国《合同法》规定的权利义务对等原则，也不符合《保险法》所规定的订立保险合同应当遵循公平原则确定各方的权利和义务的立法本意及投保人购买保险的本意。这样的条款加重了投保人的责任，而且排除了投保人在交纳保费到格式条款起保时间段可能获得期待利益的权利。保险人无权将行业的某些惯例做法沿用于高风险的机动车保险活动中，从而加重了投保人的责任。因此，"零时起保"的约定属于格式条款，应属无效。本案中，在被告未有证据证实其已明确告知提请注意的情况下，应认定为保单从收费确认时间点开始生效，涉案事故属于保险期间内发生，被告应当就此承担保险责任。

本案经法院判决后，保险公司无异议，在规定的时间内按合同约定进行了保险赔付。

【启迪】

在实务中，交完了保险费便认为保险合同生效是一般保险消费者的普通认知，而本案中，"零时起保"的行业惯例却使得被保险人和车辆存在一段时间的脱保期，这不仅不符合合同权利义务对等的原则，也不符合《保险法》所规定的订立保险合同应当遵循公平原则确定各方的权利和义务的立法本意。因此，一方面，广大消费者在购买保险时要多留心，仔细阅读保险合同上的条款，弄明白投保的时间、赔偿处理等，以避免日后产生纠纷。另一方面，"零时起保"这种规定往往使保险人在保险合同依法成立后的一段时间内规避了保险责任，既不利于被保险人，也有悖于保险初衷。尽管法律从保护保险消费者的角度规定了保险公司对于因类似"零时起保"而出现的"脱保期"等免责条款要尽到明确说明或解释等义务，否则判定无效，但保险公司是可以将这一规定取消的。当然，目前也有个别保险公司已将这一规则进行了调整，即允许投保人选择"即时生效"以及"零时起保"两种方式。但我们还是认为，整个行业应将"零时起保"这一条款取消，尽量做到保险合同的即时生效，避免保险消费者购买保险后需要等到第二天的零时，而一旦发生起诉现象，法院又判保险公司败诉。

2. 欠缴部分保费的车险索赔案

【案情简介】

某村个体运输户王某于某年 3 月 10 日，为自用的一辆 16 座面包车向当地保险公司投保机动车损失保险和第三者责任保险，保险金额分别为 18 万元和 20 万元，应付保费 4350 元。保险单填写之后，保险代理人李某向王某收缴保费时，王某提出钱未带够，只能先缴 2500 元，下午再将差额部分送来。李某表示同意，并让王某带走了保险单。当天下午，王某并未补交所欠保险费。李某后来多次催收，并向其提出如再拖欠不交，发生事故不予赔偿，但均被王某敷衍搪塞，一直未补交保费。同年 10 月 5 日该面包车在行驶途中发生意外翻车事故，造成车辆损失 7.5 万多元。10 月 6 日王某将剩余保费 1850 元交给李某后，拿着保险单等材料向保险公司提出索赔，但保险公司以保险合同因事前欠费而没有生效为由拒绝赔偿。王某于是将保险公司及李某一并告上了法院，请求法院判决保险公司补偿其 7.5 万元的损失及承担其他相关费用 1 万元。

【不同观点】

第一种观点认为不应该赔偿。理由是，根据权利与义务对等原则，按照保险合同短期保费计算方法，王某交纳了 2500 元保费，保险公司只能承担其不足半年的保险责任。但保险标的在入保半年后发生了事故，因为王某没有补交所欠保费，保险公司只能视其保单作废，而不承担赔偿责任。

第二种观点认为应比例赔付。理由是，保险合同为双务合同，保险人与被保险人既享有权利又承担义务，权利和义务是对等的。根据我国民法中的等价有偿原则，王某交纳了 2500 元的保险费，履行了一定的义务，理所当然地应当享有一定的保障权利。因此，保险公司应按照王某交纳保险费的比例承担相应的保险金额赔偿责任。

第三种观点认为应足额赔付。理由是，王某虽拖欠保费，但保险公司并未因此采取有效措施，如及时办理合同终止事宜。所以，根据权责发生制，该保险合同自始至终都是有效的。保险公司应对王某的损失给予足额赔偿。

【法院判决】

法院经调查审理后认为：

（1）本案中的保险公司以保险合同没有生效为由拒绝理赔的理由不能成立。因为我国《保险法》第十三条第三款规定："依法成立的保险合同，自成立时生效。投保人和保险人可以对合同的效力约定附条件或者附期限。"本案并没有对合同生效约定附条件或附期限，虽然保险代理人李某在催王某交所欠保费时说，如果不及时补缴保费欠款，发生事故不予赔偿，但合同双方并没有对保险合同进行相应的变更，仅仅是李某口头说说而已，而这并不影响本案合同的生效。因此，本案合同自成立时就已生效。

（2）本案保险事故发生后，王某补缴所欠保费 1850 元，保险代理人李某收讫，表明即使本案保险合同没有生效，但因李某在事发后收讫了王某所欠保费，代理人的行为即为保险公司的行为。因此，从李某收讫王某所欠缴的保费来看，本案意味着保险公司放弃了其本可以主张的权利，事后则禁止反言，保险合同有效。

（3）李某为保险公司的代理人，并非本案合同的当事人，从而与本案无关，不应成为本案的被告。

（4）判决：本案事故属于保险事故，投保人投保时为足额投保，被保险人在事故发生时对保险标的汽车具有保险利益。因此，保险公司应该补偿王某 7.5 万元损失及支付本案的诉讼费用。至于王某提出的相关费用 1 万元，因证据不足，不予补偿，由王某自行承担。

【分析】

（1）我国《保险法》第十三条第一款规定："投保人提出保险要求，经保险人同意承保，保险合同成立。保险人应当及时向投保人签发保险单或者其他保险凭证。"只要保险人同意承保并且合同双方就合同内容达成一致，保险合同即告成立，保费交纳与否并非保险合同成立的要件。本案中合同双方已达成协议，并且保险人已签发了保单，合同的成立是毋庸置疑的。我国《合同法》第四十四条也规定："依法成立的合同，自成立时生效。"《合同法》第四十五条第一款同时规定："当事人对合同的效力可以约定附条件。附生效条件的合同，自条件成就时生效。"可见，如果合同附生效条件，只有当条件满足时合同才生效，如果未约定生效条件，则一般来讲合同自成立之时即开始生效。本案中，合同没有文字的附加条件，而后来保险代理人的口头约定又无凭据，因此，该保险合同在签订的当日就开始生效了。

（2）我国《保险法》第十四条规定："保险合同成立后，投保人按照约定交付保险费，保险人按照约定的时间开始承担保险责任。"这里可以理解为，保险人与投保人之间没有特别约定时，投保人应在合同签订时交纳保险费，这是投保人必须履行的义务。本案中，投保人在保险事故发生前一直只交纳部分保险费，这当然影响保险合同的效力。

（3）保险公司提供的《机动车辆保险条款》规定：投保人对保险车辆的情况应如实申报，并在签订保险合同时一次交清保险费；投保人或被保险人不履行本条款规定缴费义务的，保险人有权拒绝赔偿或自书面通知之日起解除保险合同。在本案中，依照保险条款的约定，投保人应在保险合同成立后及时并且一次交清保费，这是投保人依合同应尽的义务。投保人只交纳了部分保费，意即只履行了部分合同义务，然而，在这种情况下保险人有两种选择：一是解除合同、退还保费；二是与投保人协商降低保险金额。但保险人并未采取上述做法，而是默许了投保人的迟延。保险人在一个合理的期限内（超过保险期间的一半时间）可以行使的权利没有行使，应视为保险人放弃了这些权利。按照禁止反言的原则，保险人在保险事故发生后没有理由就已放弃的权利提出要求行使这些权利。

（4）虽然保险人的默许行为使其丧失了保险合同的解除权，保险人必须承担保险责任，但是根据合同双方权利义务应对等的原则，投保人只交纳了2500元的保费，那么保险人就只能承担相应的保险责任。因此，保险人应当按照投保人交纳保费的比例承担相应的赔偿责任，即比例赔付。

【结论】

我们分析认为，上述不同观点中的第二种观点是正确的。在签订保险合同以及在催收拖欠保费的过程中，保险公司没有写出明确的文件规定，因而留下隐患。而我国《保险法》的制定遵循"被保险人合同权益优先"的原则。如我国《保险法》第三十条规定："采用保险人提供的格式条款订立的保险合同，保险人与投保人、被保险人或者受益人对合同条款有争议的，应当按照通常理解予以解释。对合同条款有两种以上解释的，人民法院或者仲裁机构应当作出有利于被保险人和受益人的解释。"鉴于保险合同在法律实践中的特殊性，以及保险合同双方当事人对各自的权利、义务都有欠妥之处，因此，此案应按混合过错处理的原则为好。即投保人有未足额支付保险费的过错，保险人有未书面约定分期缴费的过错。对此，保险公司可按所收保费的比例承担相应的保险责任，给予王某部分经济补偿，也就是前文所称比例赔付。也只有这样，才能符合保险合同应遵循的公平、公正、合理以及权利和义务对等的原则，保险人和被保险人的权益均能得到保障。

【启迪】

本案法院判保险公司全额补偿被保险人的做法尽管不一定妥当（因为法院的这种判决会纵容投保人或被保险人拖欠保费直到事故发生后补缴、不发生事故可能不补缴的自私不诚信行为），但对保险人而言，不能不说是一个教训。因此，由本案带给保险人的至少有如下四点启迪：

（1）对已承保签订的合同应实行跟踪式动态管理，以防止或杜绝类似本案中的现象发生。比如本案中保险人如果实施了动态管理，就可以及时发现投保人或被保险人欠缴保费而采取包括办理合同变更手续、降低承保金额或终止合同等措施，避免发生保险经营损失。

（2）应制定相关措施避免或减少应收保费，比如对于想欠缴保险费的投保人或被保险人实行合同生效附条件或附期限的方式。

（3）应加强保险代理人管理，避免因代理人的过失而导致公司的损失。如本案中，代理人李某本可以在事故发生后拒收王某补缴的保险费，以保护保险公司的抗辩权利，可代理人却在事故发生后收取了王某补缴的保险费，导致保险公司丧失了抗辩权。

（4）应加强乡村保险互联网建设，对保险经营管理实行电算化监督管理，实现款（保险费、保险损失补偿款等）物（各保险单证）分离和非现金化管理。

3. 被保险汽车买卖未过户的保险索赔案

【案情简介】

李某将自有的一辆皇冠轿车卖给了王某，双方结清了价款，但买卖双方还未办理车辆所有权过户手续，更没有将车辆转让事件及时通知保险公司。两个月后，王某驾驶该车发生交通事故，造成车辆损毁并致第三者伤残。当王某持车子原保单向保险公司索赔时，却被保险公司告知王某不是被保险人，对该车无保险利益，保险合同已失效，不能获得保险赔偿。

【不同观点】

关于此案，在业界进行讨论时产生了如下不同的观点。

第一种观点认为，保险公司拒赔是正确的。理由是，虽然王某与李某已事实上达成了汽车买卖协议，且王某已将车款给了李某，并投入了运营，但保险法规有规定，除了货物运输保险单或保险凭证可由投保人背书转让，无须征得保险公司同意外，其他保险标的过户转让或出售，事先应书面通知保险公司，经保险公司同意并将保险单或保险凭证批准后方为有效，否则，从保险标的过户或出售起，保险责任即行终止。本案汽车并没有过户，保险合同也没有变更，保险合同上的投保人与被保险人均不是王某，王某当然没有资格向保险公司索赔。

第二种观点认为，保险公司拒赔不正确，被保险标的汽车已属于王某，汽车损毁并致第三者伤残，意味着王某的财产受损并因车祸还要承担对第三者伤残的法律赔付责任。换言之，王某对汽车是有保险利益的，其保险利益自汽车所有权归王某时开始。

第三种观点认为，保险合同的投保人与被保险人均是李某，而汽车虽已交付王某使用了，但双方并未办理过户手续，李某乃是法律上认可的合法所有人，故李某与保险公司签订的合同未发生实际变化，李某仍有保险利益。因此，王某没有索赔权，但李某有权依据保险合同请求保险公司补偿车祸寻致的损失。

【分析】

该案的焦点问题是被保险标的汽车是否转让成功或王某对保险标的是否有保险利益，若有，则保险合同有效，保险公司应承担赔偿责任；反之，合同无效，保险公司不承担赔偿责任。我们的分析如下：

（1）我国《物权法》第二十三条规定："动产物权的设立和转让，自交付时发生效力，但法律另有规定的除外。"该法第二十五条同时规定："动产物权设立和转让前，权利人已经依法占有该动产的，物权自法律行为生效时发生效力。"因此，依据这两个法条，本案作为动产汽车买卖未过户转让协议有效，即王某是汽车的所有人。

（2）《保险法》第四十九条第一款、第二款规定："保险标的转让的，保险标的的受让人承继被保险人的权利和义务。保险标的转让的，被保险人或者受让人应当及时通知保险人，但货物运输保险合同和另有约定的合同除外。"此外，《最高人民法院关于适用〈中华人民共和国保险法〉若干问题的解释（四）》[法释〔2018〕13号，以下简称司法解释（四）]第一条规定："保险标的已交付受让人，但尚未依法办理所有权变更登记，承担保险标的的毁损灭失风险的受让人，依照保险法第四十八条、第四十九条的规定主张行使被保险人权利的，人民法院应予支持。"可见，本案中的王某自动承继了李某作为被保险人投保的汽车保险合同的权利和义务，其对该车具有保险利益，保险合同继续有效。

（3）《保险法》第四十九条第三款、第四款规定："因保险标的的转让导致危险程度显著增加的，保险人自收到前款规定的通知之日起三十日内，可以按照合同约定增加保险费或者解除合同。保险人解除合同的，应当将已收取的保险费，按照合同约定扣除自保险责任开始之日起至合同解除之日止应收的部分后，退还投保人。被保险人、受让人未履行本条第二款规定的通知义务的，因转让导致保险标的的危险程度显著增加而发生的保险事故，保险人不承担赔偿保险金的责任。"《保险法》第五十二条也规定："在合同有效期内，保险标的的危险程度显著增加的，被保险人应当按照合同约定及时通知保险人，保险人可以按照合同约定增加保险费或者解除合同。保险人解除合同的，应当将已收取的保险费，按照合同约定扣除自保险责任开始之日起至合同解除之日止应收的部分后，退还投保人。被保险人未履行前款规定的通知义务的，因保险标的的危险程度显著增加而发生的保险事故，保险人不承担赔偿保险金的责任。"本案被保险标的的汽车转让后，李某与王某均没有及时通知保险公司，因此，保险合同对于王某虽然继续有效，但保险公司必须确认王某承继被保险车辆后的危险程度是否有显著增加。如果有，保险公司可就因危险程度显著增加而发生的保险事故损失拒赔，否则必须赔偿。

（4）司法解释（四）第四条规定：人民法院认定保险标的的是否构成保险法第四十九条、第五十二条规定的"危险程度显著增加"时，应当综合考虑以下因素：①保险标的的用途的改变；②保险标的的使用范围的改变；③保险标的的所处环境的变化；④保险标的的因改装等原因引起的变化；⑤保险标的的使用人或者管理人的改变；⑥危险程度增加持续的时间；⑦其他可能导致危险程度显著增加的因素。该解释同时规定，保险标的的危险程度虽然增加，但增加的危险属于保险合同订立时保险人预见或者应当预见的保险合同承保范围的，不构成危险程度显著增加。由上可见，如果保险公司无法证明车辆"危险程度显著增加"，则必须就车子的损失对王某进行保险赔偿。据法院调查，本案中王某受让汽车后，危险程度并没有显著增加的表现。

（5）李某自被保险标的的汽车转让王某后，汽车受损，李某不受损，从而李某对汽车没有了保险利益，更不是保险合同的投保人，也不是被保险人。前述不同观点中的第三种观点完全是错误的。

【结论】

根据上述分析，前述不同观点中的第二种观点是正确的，即本案中王某对转让已成但未及时过户的汽车具有保险利益，根据《保险法》的有关规定，保险公司应依保险合同的约定进行保险赔付。

【启迪】

（1）保险公司坚持保险利益原则的理赔理念是正确的。保险利益体现的是保险事故发生时，被保险人对保险标的所具有的利益关系，因为财产保险的目的在于补偿被保险人所遭受的损失。因此，在财产保险理赔过程中一定要坚持保险利益原则。坚持保险利益原则，一方面可以使被保险标的的风险因素保持相对稳定（风险因素的变化会直接影响保险关系，而保险利益的变动正是导致风险因素发生变化的一个重要原因）；另一方面也可以防止投保人或被保险人放任、促使其不具有保险利益或仅具有低于保险金额的保险利益的保险标的发生保险事故而谋取保险赔款。

（2）被保险财产标的物发生转让体现在保险合同上，就是合同的投保人或被保险人发生变更。法律规定，保险标的转让的，保险标的的受让人承继被保险人的权利和义务。从本案来看，保险人对我国《保险法》《物权法》的掌握或了解并不到位，以致发生被保险汽车转让后，受让人王某成为原保险标的的被保险人，却发生了保险公司提出王某不具有保险利益而拒赔的事件。同时，虽然在保险标的的转让后，被保险人或者受让人应当及时通知保险人（货物运输保险合同和另有约定的合同除外），但也说明保险公司对所承保的业务没有及时进行动态风险跟踪与防控，那种只求保费、不求效益的经营理念仍根深蒂固。因此，此案不失为保险公司树立正确经营理念的可用教材。

4. 顺风车出事故保险公司拒赔纠纷案

【案情简介】

某年1月7日，徐某为其奥迪小汽车向某保险公司投保了机动车损失保险、第三者责任保险（含交强险）、主险不计免赔特约险、车上人员责任保险等若干险种。保险合同载明：（1）家庭自用汽车损失保险条款。其中第十二条第（八）项中载明，被保险车辆用于营运收费性商业行为期间的任何损失和费用，保险公司不负责赔偿。（2）机动车辆第三者责任保险条款。其中第三十二条载明，保险公司根据被保险车辆驾驶人员在事故中所负责任比例承担相应的赔偿责任，并在保险单载明的责任限额内按约定的免赔率免赔。其中，被保险车辆同一保险年度内发生多次赔款，其免赔率从第二次开始每次增加5%，非营运车辆从事营业运输活动时发生保险事故，造成第三者损失的，按本保险保费与相应的营业车辆保费的比例计算赔偿。（3）附加险条款及解释。其中载明，车上人员责任保险是第三者责任保险的附加险。在车上人员责任保险条款第四条第（三）项载明，每次赔偿均实行 20% 的绝对免赔率。

同年 7 月 3 日，徐某驾驶被保险车辆与秦某驾驶的汽车相碰，致徐某车辆受损及车上徐某和付费搭顺风车人员王某、邓某受伤。交警大队作出交通事故认定书，认定徐某、秦某负事故同等责任。经法院判决，应赔王某各项损失 3.12 万元，邓某各项损失 1.02 万元，并裁定徐某与秦某连带赔偿上述损失。为此，徐某根据保险合同向 A 保险公司申请理赔。A 保险公司认为，徐某将其车用于网约车营业收费（即顺风车收费），根据保险条款约定，其车辆损失属于保险公司除外责任；对于王某、邓某的损失，同意根据车上人员责任保险条款约定的比例进行赔偿。徐某认为保险公司在签订保险合同时，未向其交付保险条款，也未就保险条款中关于保险公司不予理赔和按比例理赔所依据的免责条款进行必要的解释和说明。鉴于保险公司的理赔方案，徐某在同保险公司交涉未果的情况下，向当地法院提起了诉讼，要求保险公司赔偿全部损失。

【不同观点】

第一种观点认为，保险公司的做法是对的。理由是，涉案车辆在投保时，性质为家庭用车，然而此次事故发生时，该车辆处于网约车营运状态，徐某擅自改变了车辆的用途，导致涉案车辆危险程度显著增加，且未向保险公司履行通知义务。因此，保险公司对徐某事故中的损失不予赔付是正确的。

第二种观点认为，保险公司的做法不对，应该对车辆相关损失进行赔偿。理由是，保险公司在签订保险合同时，未向徐某交付保险条款，也未就保险条款中关于保险公司不予理赔和按比例理赔所依据的免责条款进行必要的解释和说明。《保险法》明确规定，保险公司没有向投保人提供保险条款，也无证据证明其尽了对"免除保险人责任的条款履行了明确说明义务"，该免责条款无效。因此，保险公司应该在保险合同的责任范围内赔付涉案车辆所导致的损失。

第三种观点认为，保险公司应该赔偿。理由有两个：一是涉案车辆只是偶尔搭载一下客人，绝大部分时间还是自用或者家庭使用为主，不能说改变了车辆的用途；二是根据被保险人所在城市交通管理部门的认定，顺风车属于"互助"性质，只要每天不超过两单，就不能算经营性质。被保险人投保以来，顺风车接单次数日均不足一单，并没有超出规定数量。因此，涉案车辆实质上仍然是家用而非营业用车辆，保险公司应该进行赔付。

【分析】

（1）顺风车作为一种缓解交通堵塞、节省能源的"互助"分享行为，首先，其接单的方式一般为先由车主设置上下班地址和时间信息，后由平台根据车主设置的信息自动匹配推送顺路订单，再由车主从中选择订单，反映出该种拼车方式是以分摊部分出行成本为目的。其次，顺风车一般发生在上下班途中，其所搭载的乘客也是由拼车平台根据其上下班地址及时间匹配的顺路订单，经匹配的订单路线并未超过原路线的合理范围，应认定为在上下班途中为出行线路相同的人提供有偿合乘服务之行为，而非以谋利为目的从事旅客运输的营运行为。

例如，在北京市自 2016 年 11 月开始施行的《网络预约出租汽车经营服务管理暂行办法》中曾提到，本办法所称网约车经营服务，是指以互联网技术为依托构建服务平台，整合供需信息，使用符合条件的车辆和驾驶员，提供非巡游的预约出租汽车服务的经营活动。根据该办法第七章《附则》部分第三十八条，私人小客车合乘，也称为拼车、顺风车，按城市人民政府有关规定执行。也就是说，在该办法中，并未将顺风车等同于网约车。因此，本案顺风车并没有改变车辆的用途，也并未显著增加车辆的危险程度，保险公司不应将顺风车定性为营业用车而拒赔。

（2）我国《保险法》第五十二条规定，在合同有效期内，保险标的的危险程度显著增加，被保险人应当按照合同约定及时通知保险人，保险人可以按照合同约定增加保险费或者解除合同。被保险人未履行法律规定的通知义务的，因保险标的的危险程度显著增加而发生的保险事故，保险人不承担赔偿保险金的责任。对于"危险程度显著增加"的定义，司法解释（四）第四条规定："人民法院认定保险标的是否构成保险法第四十九条、第五十二条规定的'危险程度显著增加'时，应当综合考虑以下因素：（一）保险标的用途的改变；（二）保险标的使用范围的改变；（三）保险标的所处环境的变化；（四）保险标的因改装等原因引起的变化；（五）保险标的使用人或者管理人的改变；（六）危险程度增加持续的时间；（七）其他可能导致危险程度显著增加的因素。保险标的危险程度虽然增加，但增加的危险属于保险合同订立时保险人预见或者应当预见的保险合同承保范围的，不构成危险程度显著增加。"从本案来看，被保险车辆并没有出现司法解释（四）所规定的"危险程度显著增加"的现象，因此，也不存在违反《保险法》第五十二条的规定，投保人或被保险人也就没必要将做"顺风车"业务事件通知保险公司。事实上，即使每天都有顺风车业务，只要没有超载，就相当于是搭乘几个朋友而已，对汽车本身增加不了什么风险。即对于本案被保险车辆而言，无论有没有找到搭顺风车的乘客，一般都不可能增加行驶风险。

（3）本案中，保险公司没有向投保人提供保险条款，也无证据证明其尽了对"免除保险人责任的条款履行了明确说明义务"。从而可以认定，保险公司提供的保险条款中关于免除保险人责任的约定，应当属于我国《保险法》规定的"免除保险人责任的条款"。司法解释（二）第九条也规定："保险人提供的格式合同文本中的责任免除条款、免赔额、免赔率、比例赔付或者给付等免除或者减轻保险人责任的条款，可以认定为保险法第十七条第二款规定的'免除保险人责任的条款'。"我国《保险法》第十九条规定："采用保险人提供的格式条款订立的保险合同中的下列条款无效：（一）免除保险人依法应承担的义务或者加重投保人、被保险人责任的；（二）排除投保人、被保险人或者受益人依法享有的权利的。"本案中，保险公司根据"被保险车辆驾驶人员在事故中所负责任比例承担相应的赔偿责任，并在保险单载明的责任限额内按约定的免赔率免赔"的规定，属利用格式条款，免除保险人依法应承担的义务，排除被保险人依法应享有的权利，既不符合《保险法》的规定，也不符合公平原则。此外，我国《保险法》并

11

没有赋予保险合同订立双方在订立合同时对该法律规定有另做约定的权利。故应确认为无效条款。

【结论】

鉴于上面的分析，我们认为，徐某的诉讼请求有充分的事实和法律依据。最后，法院也判定保险公司根据合同约定赔偿徐某相关损失。

【启迪】

虽然我国政府并未明确定义顺风车为运营行为，但保险实务中，如果顺风车发生了交通事故，保险公司会以该车辆是在从事"营运"的过程中出险的理由而拒绝理赔。本案是在多种因素作用下，法院才判保险公司进行赔偿的。因此，也给我们带来了如下启迪：

（1）在类似本案的事故发生后，首先要分清顺风车与以营利为目的的网约车的区别。不要将充分利用道路和车辆资源，不额外增加道路资源消耗、作为城市交通体现分享经济的顺风车与专车、快车等网约车相混淆。前者属于互帮互助的性质，并非营运行为、不是以营利为目的；后者则是按照乘客的需求选择行车路线和出行时间，且是以营利为目的。

（2）在承保时，保险人对投保人就保险条款尤其是免责条款要进行明确说明或详细解释，并向投保人进行相关风险提示，如强调"如果是他人用手机等网约方式搭乘顺风车（即非营运车辆的被保险车辆），一旦发生车祸，会存在保险公司拒绝赔付的风险"。

（3）按照保费与风险相匹配的原则，私家车的保险费远低于营运车，因此，投保人如果要改变车辆用途从事运营，就应该及时向保险公司进行申报，并缴纳相应保费。否则，应自行承担相应风险。如果仅仅像本案被保险人一样，偶尔做一下顺风车，虽然不是以营利为目的，但如果在投保时有做顺风车的打算，建议也预先告知保险人，以避免合同成立后发生事故产生纠纷。

（4）保险人应根据时代发展的需要，对顺风车之类的车辆开发相应产品，以区分家庭用车、顺风车与专车、快车等网约车。

5. 失窃车辆保险代位追偿案

【案情简介】

李某为其自有的轿车向某保险公司投保了机动车辆损失险和第三者责任险（含交强险）并附加全车盗抢险，保险期限为一年。保险公司按时签发了保单，李某按约定交纳了保险费。保险期限内，该车被盗，三个月后仍未破案。依保险合同条款规定，李某从保险公司处获得45万元赔偿金。同时，保险公司取得李某的《权益转让书》，代位行使被保险人的一切追偿权利。后查实，车被盗后不久，王某买到此车。但该车随后被王某所在地工商行政管理局公平交易工商局没收。原因是王某无法提供购买该车的合法手续证明。至此，案件仍未侦破。但保险公司获悉被盗车辆被工商局没收后，向其提供相关的凭证证明，要求工商局返还该车。遭到拒绝后，保险公司随即将工商局诉讼至人民法院。

【不同观点】

第一种观点认为，工商局应向保险公司返还被盗车辆。保险公司向被保险人全额赔偿后，依法取得该车所有权及代位追偿权，该种权利并不因该车被盗或非法转让而改变。工商局在知道该车的合法所有者后，并在其提出返还要求时应予以返还。

第二种观点认为，尽管该车已确定属该保险公司所有，但工商局目前还不应向保险公司返还被盗车辆。理由是本案尚未侦破，该车不属有关退赃规定的范围，工商局无权擅自退赃。

【分析】

（1）我国《保险法》第六十条规定，因第三者对保险标的的损害而造成保险事故的，保险人自向被保险人赔偿保险金之日起，在赔偿金额范围内代位行使被保险人对第三者请求赔偿的权利。从该法条所包含的本义来看，权利代位的产生需要具备一些前提条件：①损害事故发生的原因及受损的保险标的，都必须属于保险责任范围。②损害事故的发生必须是由第三者的责任造成，肇事方应依法对被保险人承担民事损害赔偿责任。③保险人必须按合同约定对被保险人履行赔偿义务之后，才能进行权利代位。本案中，李某投保了机动车辆损失险并附加全车盗抢险。车辆被盗，且保险事故的发生由于第三者盗窃行为所致，第三者应承担法律责任；保险人按合同约定赔偿了李某全部保险金额45万元。因此，权利代位所需的三个前提条件均已满足，保险人依法取得对第三者即窃车犯的追偿权。此外，《保险法》第五十九条规定，保险事故发生后，保险人已支付了全部保险金额，并且保险金额等于保险价值的，受损保险标的的全部权利归于保险人。因此，从权属上，《保险法》已确定该车属该保险公司所有。

（2）保险人具有向第三者即窃车犯追偿的权利，但保险公司能否要求工商局在案件侦破之前返还被盗车辆呢？从法理上来看，代位追偿权实质上是债权的转移。李某的车辆被盗，其合法权益受到侵害。根据我国《民法总则》及其他相关法律规定，窃车犯必须对李某所受损失负责，即在李某与窃车犯之间产生了特定的债权关系。在保险人依法取得代位追偿权以前，也就是这种特定债权转移以前，由被保险人李某向窃车犯索偿，与保险人没有直接的法律关系。但是，在保险人依法取得代位追偿以后，李某与窃车犯之间的债权关系就转变为保险人与窃车犯之间的关系。但这种债权关系，其内容不应该因为转让而有所改变。根据有关法律规定，案件尚未侦破，该车不属退赃范畴。那么，在追偿权转移之前，李某无权要求工商局返还被盗车辆。在追偿权转移之后，只要该车未纳入退赃范畴，保险人也就无权要求工商局返还被盗车辆。

（3）债权转移，而债权内容不改变，这只是仅对某些方面而言的。实际上，法律对保险人行使代位追偿权有一定限制，如我国《保险法》第六十条就有这样的规定：①保险人只能在赔偿责任范围内行使代位追偿权，保险人代位追偿所得不得大于其向被保险人的赔偿额。②被保险人已从第三者取得损害赔偿但赔偿不足时，保险人可以在保额限度内予以补足，保险人赔偿保险金时，应扣减被保险人从第三者已取得的赔偿金额。③保险人行使代位追偿权，不影响被保险人就未取得赔偿的部分向第三者请求赔偿的权利。

【结论】

法院经审理后最终认定：轿车失窃案尚未侦破，何人作案尚未查明，原告要求被告返还财产没有法律依据，判决原告败诉。

法院的判决与第二种观点是一致的。第一种观点错在没有理解由第三者承担责任这种特定的债权关系，也没有理解有关法律对赃物退还的规定。

【启迪】

代位追偿权利的意义之一，是保险人通过代位追偿能挽回一部分损失，以维护保险人的正当权益。但是，现实中由于被保险人或保险人自己或第三者的原因可能无法实现这一意义。在本案中，由于案情更复杂一些，明知被保险标的在失窃后已经被扣押在工商管理部门，可保险人在取得对该被保险标的的所有权后却又不能获得对其的处置权利。这一方面说明我们的法律在这方面还处于空白状态，亟须完善有关法律法规；另一方面也说明保险人自身所面临的风险随时存在，保险人需要为自己设计周详的防灾防损计划，将自身的损失风险降到最低。

6. 保险合同终止后的追加索赔案

【案情简介】

某年 8 月，季某为其个人出租车向本地某保险公司投保了机动车辆车身险多种险种。保险合同约定期限为一年，投保金额为 16.8 万元，年缴保险费 8400 元。同年 9 月 27 日晚，该出租车被抢。司机王某为季某聘请，具有合格驾驶资格，也被歹徒杀害。事发后季某向保险公司提出索赔。经理赔程序审核，保险公司认为此事属于保险事故，理应赔偿，并于 10 月 3 日依据保险合同机动车辆保险附加盗抢险特约条款"保险车辆被盗抢后，按符合赔偿规定的金额 20% 绝对免赔率"的规定，赔偿季某共 13.44 万元。对此结果双方均表示同意。但在第二年 11 月，该案的抢劫犯及季某的出租车均被警方查获。因保险公司已对该车进行赔偿，警方将该车交给保险公司，由保险公司将车修理后重新办理牌照自行使用。此时季某却提出了异议，称既然车被找回并由保险公司修复使用，保险公司便应向季某追加赔偿。当这一要求遭到保险公司拒绝后，季某向法院起诉。

【不同观点】

第一种观点认为，季某的要求是合理的。一是为出租车投保的 16.8 万元保险金额仅是车的自身价值，不含办理车牌及行车执照等费用。因此，被保险车辆归保险公司后，对于保险合同未予保险的财产即该出租车牌照及行车执照中所含季某已交的费用及公共资源占有费用、管理费等（以下简称附加费），保险公司应予以补偿。二是保险公司既然获得了该出租车，20% 的绝对免赔率的条款应当无效，保险公司应追偿季某经济损失 33600 元及利息 14313.6 元。

第二种观点认为，季某的要求是不合法的。理由是，根据我国《保险法》及双方的保险合同条款规定，若保险公司全额赔偿，保险标的的所有权益归保险公司所有。保险公司已向季某做了全额赔偿，该出租车的所有权益便属于保险公司。牌照等是附属于车辆的，与车辆不能分割，同样也归保险公司所有。同时，保险合同是双方当事人自愿订立的结果，是双方当事人的真实意思表示。季某在保险理赔已结束、保险合同已终止后再要求 20% 的绝对免赔率的补偿条款是没有法律依据的。

【分析】

（1）我国《保险法》第五十九条规定，保险事故发生后，保险人已支付了全部保险金额，并且保险金额等于保险价值的，受损保险标的的全部权利归于保险人。本案中，附加盗抢险特约条款也明确规定"保险车辆被盗抢后，按符合赔偿规定金额的 20% 绝对免赔率赔偿"。保险公司赔偿季某 13.44 万元，适用了"20% 绝对免赔率"的规定，应视为已经向原告支付了"全部保险金额，且保险金额等于保险价值"。

（2）保费是保险合同中保险人承担保险风险的对价。一般来说，保险公司承担了多大风险及成本，就要求投保人支付相应的保费。保险公司承保的风险越大，收到的保费就越多。在附加盗抢险中，保险公司在设计保险条款、对收到的保费进行精算时已经将绝对免赔率考虑在内。即保险公司在拟定纯费率时已经将绝对免赔率对应的赔偿额排除在外。相应地，对于绝对免赔率对应的赔偿额，保险公司自然不应承担责任，否则对保险公司来说不公平。因此，本案口保险公司已经履行了全额赔付的义务，有权取得被盗车辆的所有权。

（3）保险公司于事故发生的当年 10 月 3 日对季某作出赔偿后，双方的保险合同关系即告结束，季某无权再根据效力已终止的合同向保险公司提出任何要求。因此，其要求保险公司赔偿其因延迟理赔造成的经济损失及"关于 20% 绝对免赔额条款无效一说"没有法律依据。

（4）我国《保险法》第二条规定："本法所称保险，是指投保人根据合同约定，向保险人支付保险费，保险人对于合同约定的可能发生的事故因其发生所造成的财产损失承担赔偿保险金责任，……"可见，保险公司只对其承保范围内的损失承担赔偿责任。该出租车所产生的牌照及行车执照费与附加费等财产并未投保，故保险公司无须承担责任。而且，车辆牌照及行车执照费与附加费等属于国家收费，而不是保险公司收费。车辆牌照及行车执照费与附加费等是车辆行驶所不可缺少的，它依附于车辆。若车辆的所有权转移，则车辆牌照及行车执照费与附加费等也自然转移。

【结论】

法院经审理后认为：原、被告所签订的机动车辆保险合同是双方当事人真实意思的表示，合法有效。原告要求保险公司赔偿该出租车牌照及行车执照费与附加费，因该项财产并未投保，故不予支持。保险公司理赔后，保险合同关系即结束，故原告无权再向保险公司提出经济要求。案件受理费4132元由原告负担。

当然，本案还可以这样处理，即被保险人将保险人赔偿的13.44万元退还保险公司，保险公司将被保险车辆归还被保险人。

【启迪】

出租车牌照及行车执照费、附加费等附加于机动车辆的财产也应经特别约定而投保，这样车主能扩大保障范围，保险公司也可增加业务收入。

7. 被保险车辆自燃致邻家车损失的索赔案

【案情简介】

某年5月12日，李某购得一辆新车，并于当日向某保险公司投保机动车辆损失险及第三者责任险（含交强险）。同年7月13日，李某驾车回家停车大约五分钟后，该车由于线路问题起火，并完全烧毁。事故发生时停在旁边的一辆邻家轿车也被烧坏。事发后，李某立即向保险公司报案，并向该车销售商打电话求救。保险公司迅速赶到现场，鉴定事故的原因为自燃，同时核定被烧坏的邻家轿车损失为32000元。该车生产厂商在接到销售商的通知后也赶到现场。经过勘验，厂方同意赔偿李某同型号的新车一辆。事后，李某向保险公司提出邻家轿车赔偿要求，遭拒绝后上诉法院。

【不同观点】

第一种观点认为，保险公司应拒赔。所发生的事故无论是车辆损失或是第三者责任损失均为自燃所致，而自燃并不属于保险责任范围。

第二种观点认为，保险公司应承担第三者责任损失。李某强调，保险公司在其投保时并未解释自燃导致他人损失属于除外责任，保险公司未履行其解释说明义务。

第三种观点认为，保险公司可先赔偿李某第三者责任损失，再行使代位追偿权，向厂商索赔。自燃导致投保车辆及邻家车受损，均系产品本身缺陷所致，应由厂商负责。

【分析】

（1）本事故的原因为自燃。根据《机动车辆保险条款》的定义，"自燃是指保险车辆因本车电器、线路、供油系统、货物自身等发生问题造成火灾"。经鉴定，车辆由于线路问题导致起火，而且原告（被保险人）也难以证明车辆是由于其他原因着火烧毁（即非自燃）。

（2）自燃导致邻家车受损并不属于第三者责任险承保的范围。本案中《机动保险车辆条款》对第三者责任险的定义是："被保险人或其允许的合格驾驶员在使用保险车辆过程中，发生意外事故，致使第三者遭受人身伤亡或财产的直接损毁，依法应当由被保险人承担的赔偿责任，保险人依照《道路交通事故处理办法》和保险合同的规定给予赔偿。"《机动车交通事故责任强制保险条例》第三条规定："本条例所称机动车交通事故责任强制保险，是指由保险公司对被保险机动车发生道路交通事故造成本车人员、被保险人以外的受害人的人身伤亡、财产损失，在责任限额内予以赔偿的强制性责任保险。"本案的关键在于：事故是否是"合格驾驶员在使用保险车辆过程中"发生或是"道路交通事故"。从案情介绍得知，车辆处于停放状态，且李某当时已离开车辆，因而并非在使用保险车辆过程中发生自燃而导致邻家车受损，也不是《机动车交通事故责任强制保险条例》中的道路交通事故。即该邻家车受损并不符合第三者责任险的构成要件，所以不属于第三者责任险的承保范围。

（3）自燃系产品本身缺陷所致。根据我国《产品质量法》第二十六条的规定，生产者应当对其生产的产品质量负责。产品质量应当不存在危及人身、财产安全的不合理的危险，有保障人体健康和人身、财产安全的国家标准、行业标准的，应当符合该标准。本案中，保险车辆自燃导致邻家车受损，说明该被保险车辆存在产品缺陷。因产品存在缺陷造成人身、他人财产损失的，受害人可以向产品生产者要求赔偿，也可以向销售者要求赔偿。本案中李某对邻家车承担了修理费用，据此可向其购买车辆的生产商或销售商提出索赔。

（4）我国《保险法》第十七条规定，保险人应向投保人说明保险合同的条款内容；有关于保险人责任免除条款的，保险人应明确说明，否则该条款不产生效力。李某强调保险公司在其投保时未解释自燃导致他人损失属于除外责任。若按"谁主张，谁举证"的一般原则，李某似乎应承担举证的责任。然而，在保险业务中，由于投保人或被保险人属于弱势方，其举证范围一般只包括用于证明保险合同存在的证据和用于证明事故的性质、原因、损失程度的证据。当投保人声称保险人并未明确说明保险合同条款时，一般应由保险人承担证明已经向投保人履行明确解释合同条款义务的举证责任。司法解释（二）第十三条规定，保险人对其履行了明确说明义务负举证责任。由于保险公司无法证明其展业时已向投保人进行了详尽的解释，故法院会作出有利于被保险人的解释。

【结论】

法院经审理认为，李某以其自有车辆向保险公司投保，并遵照合同有关规定履行义务，保险合同已成立。李某辩称保险公司在承保时未明确解释自燃导致他人损失属于除外责任，而保险公司并不能提出足够的证据证明其已向被保险人（李某）履行了解释说明义务。因此，判决保险公司赔偿李某的第三者责任损失，并承担诉讼费用。

我们认为，法院的判决只是在无法获得进一步事实的情况下的一种次优选择，并不完全令人满意。法院的判决最终重视了投保人的利益而在一定程度上忽视了保险人的利益。解释合同一般都通过口头进行，若投保人遭到保险公司拒赔后以保险人未履行明确解释合同条款义务来抗辩，则保险公司面临非常不利的局面。因为以口头进行解释合同时，往往没有谈话文字记录或语音记录，举证非常困难。

【启迪】

实际上，本案中事故发生所导致的损失是由于产品本身缺陷所致，不属于保险赔偿的范围。因产品存在缺陷造成人身、他人财产损失的，受害人可以向生产者要求赔偿，也可以向销售者要求赔偿。本案保险公司之所以败诉，关键在于保险公司无法提供足够证据证明己方已履行解释说明义务。但保险人在赔偿了李某的第三者责任损失后，可行使代位索赔权，向该邻家车的厂商或者销售者索赔。

尽管这样，通过本案，保险公司不得不注意以下几点：

（1）规范保险代理制度，督促保险代理人在开展业务时严格遵守各项规章制度，在签发保险单时向投保人或被保险人出具保险条款，并做详细解释，尤其是免责条款的解释。

（2）在具备条件的情况下，可对保险合同签订的整个过程进行录音录像，同时，在保险合同结尾处明确写明："该险种条款本人已阅，保险双方并无异议"，并且在投保人明白以后签字盖章以表确认。这样，一旦发生纠纷，保险人可以此作为已尽条款解释义务的证据。

（3）定期开展各项知识培训。即除进行业务知识培训以提高承保人员的业务素质外，还要有随时提高保险业务员的保险法律及保险相关法规、诉讼知识等方面知识的培训，以保证业务人员在开展业务时不因这方面的知识欠缺而影响保险公司的利益。

8. 被盗汽车复得后的保险赔款索回案

【案情简介】

某年9月9日，某市一小区居民刘某的小轿车在小区失盗，价值15万余元。案发后三个月，刘某得到了保险公司的全额赔款。保险公司在赔偿刘某后取得向刘某所在的小区物业公司的代位追偿权利，并向物业公司追偿了15万元的赔偿额。第二年2月8日，该市公安部门破获一起汽车盗窃团伙案后缴获了一批被盗汽车，刘某失窃的小轿车就在其中。在提供了有关证明材料后，刘某领回了小轿车，但发现损坏了一些零件，经修理后恢复正常，修理费花去 3000 元。小轿车被盗复得后，刘某并未通知保险公司，小区物业公司在向刘某追回 15 万元的赔款未果的情况下，向保险公司反映了这一情况。于是保险公司工作人员前往刘家，决定收回小轿车或让刘某退回赔款，但同样被刘某拒绝。

【不同观点】

第一种观点认为，小轿车是在保险有效期内被盗的，根据机动车辆保险附加盗抢险条款中的有关规定，刘某获得保险公司的赔款是正当的权益，不应该退回。现在刘某领回的小轿车是公安局破的案，领回失窃小轿车与保险赔款风马牛不相及。因此，刘某可以不退回赔款，也不必交出小轿车。

第二种观点认为，保险公司已经行使了代位追偿权利，其并没有受损失，而且刘某的小轿车复得已不在保险有效期内，再追回赔款或收回小轿车均是不恰当的。

第三种观点认为，无论保险公司是否已经行使了代位追偿权利，也无论是否在保险有效期内，保险公司均有权追回赔款或者收回被盗复得的小轿车。

【分析】

我们认为第三种观点基本正确，分析如下：

（1）机动车辆保险是一种损失补偿，是以补偿被保险人的实际损失为赔偿原则的。根据这一原则，保险公司必须在保险责任范围内对被保险人遭受的实际损失进行赔偿，不能以任何借口拒赔；被保险人通过保险可以使遭受的损失得到补偿，但不能因任何原因从保险补偿中获得其他经济利益（慈善性捐赠例外）。本案中的刘某，实质上通过保险补偿获得了额外利益，显然不符合保险的赔偿原则。

（2）本案适用于代位追偿权。我国《保险法》第六十条第一款、第二款规定："因第三者对保险标的的损害而造成保险事故的，保险人自向被保险人赔偿保险金之日起，在赔偿金额范围内代位行使被保险人对第三者请求赔偿的权利。前款规定的保险事故发生后，被保险人已经从第三者取得损害赔偿的，保险人赔偿保险金时，可以相应扣减被保险人从第三者已取得的赔偿金额。"保险公司的《机动车辆保险条款》也规定："因第三方对保险车辆的损害而造成保险事故的，保险人自向被保险人赔偿保险金之日起，在赔偿金额范围内代位行使被保险人对第三方请求赔偿的权利。"可见，代位追偿是保险人的法定权利。本案中的小轿车被盗，无疑是第三者——刘某所居住的小区物业公司管理不善而导致盗窃分子行窃的道德风险所致，它虽然与其他的财产追偿案内容不同，但本质并未改变。因此，保险公司在支付赔款后也取得了向第三者——小区物业公司追偿的权益。而小区物业公司在获悉刘某复得被盗窃的小轿车后，当然有理由要回支付给保险公司因代位追偿的 15 万元赔款。

（3）保险公司追回赔款或收回被盗的小轿车完全是保险合同规定的权利。我国《保险法》第五十九条规定："保险事故发生后，保险人已支付了全部保险金额，并且保险金额等于保险价值的，受损保险标的的全部权利归于保险人；保险金额低于保险价值的，保险人按照保险金额与保险价值的比例取得受损保险标的的部分权利。"保险公司的《机动车辆保险附加盗抢险条款》也规定："赔款后破案追回的保险标的，应当归保险人所有。被保险人如果愿意收回该项被追回的保险标的，其已经领取的赔款必须退还给保险人；保险人对被追回保险标的的损毁部分，可以按照实际损失给予赔偿"。因此，无论是否在保险期限内，被保险人只能选择一种处理方式。

【结论】

本案有两种结果：一是如果被保险人刘某向保险公司退回被盗复得的小轿车，则保险方不再收回赔款，同时还应支付其修理费；二是如果刘某不愿退回被盗复得的小轿车，则应退回保险方的赔款，其小轿车的修理费用仍可从保险方得到补偿。上述两种方案，任选一种均可。但无论哪种方案，保险公司均要退回代位追偿小区物业公司的15万元赔款，并扣除小轿车的修理费用3000元。

9. 肇事车辆逃逸的保险拒赔案

【案情简介】

某年3月，投保人李某为其家用轿车向A保险公司投保机动车辆保险，投保险种有车辆损失险、第三者责任险（含交强险）、附加盗抢险和不计免赔险，保险期限为一年。同年5月3日晚，李某驾车行驶在高速公路时，前方一辆大货车行错路而向后倒车，两车发生碰撞，由于大货车上所载货物超长致使李某当场死亡，轿车上一乘客受重伤抢救无效死亡，两名乘客受伤，被保险车辆受损严重。事发后，大货车驾驶员徐某驾车驶离交通事故现场。第二天交警将大货车驾驶员徐某查获，经交通管理部门责任认定：徐某因在高速公路违章倒车，负事故的全部责任。A保险公司在接到被保险人李某家属的报案和索赔申请后，以"无法向肇事方徐某行使代位追偿权"为由而不予立案受理，被保险人的家属遂将A保险公司诉至法院。

【不同观点】

第一种观点认为，不应该赔偿。理由是，一方面，经过交通管理部门认定，应由大货车一方负全部责任，而按照双方签订的《机动车辆保险合同》的约定，被保险人应当先向负有赔偿责任的第三方——大货车驾驶员徐某索赔，如果其不予支付，被保险人应提起诉讼，经法院立案后，保险人才予以赔付并获得代位追偿权。上述条款就保险公司与被保险人的权利与义务做了明确规定，其内容完全符合法律规定。被保险人的家属没有经过向大货车驾驶员徐某索赔并经法院立案等程序而直接向保险公司索赔，所以保险公司不予受理。另一方面，即便保险公司先受理了，也因为肇事大货车投保的B保险公司以肇事逃逸是除外责任为由而拒绝对第三者责任赔付，A保险公司向被保险人的家属赔付后无法行使代位追偿权从B保险公司追回赔付的款项，故而不能赔付。

第二种观点认为，应该赔偿。理由是，按照我国《保险法》的规定，事故发生后，只要具备索赔的条件，保险公司就应当赔偿，然后向第三者追偿的权利便依法属于保险公司了，这在法律上称为"代位追偿权"。

第三种观点认为，应该部分赔偿。理由是，第三者责任险对肇事逃逸车辆不赔，但按照《我国机动车交通事故责任强制保险条例》的规定，肇事逃逸的事故可以赔。因此，保险公司应按交强险规定进行赔付。

【分析】

（1）在机动车辆保险中，因第三者对保险标的的损害而造成保险事故，保险人在向被保险人赔偿保险金之后，在赔偿金额范围内享有代位行使被保险人对第三者请求赔偿的权利，此即为代位追偿，或称代位求偿。我国《保险法》第六十条规定："因第三者对保险标的的损害而造成保险事故的，保险人自向被保险人赔偿保险金之日起，在赔偿金额范围内代位行使被保险人对第三者请求赔偿的权利。前款规定的保险事故发生后，被保险人已经从第三者取得损害赔偿的，保险人赔偿保险金时，可以相应扣减被保险人从第三者已取得的赔偿金额。保险人依照本条第一款规定行使代位请求赔偿的权利，不影响被保险人就未取得赔偿的部分向第三者请求赔偿的权利。"代位追偿原则的应用，一是可以防止被保险人在一次损失中获得双重或多重补偿，防止道德风险。因为，若保险标的发生损失是由第三者的疏忽、过失或故意行为造成且该损失原因又属于保险责任事故，则被保险人既可以依据法律向第三者要求赔偿，也可以依据保险合同向保险人提出索赔。这样，如果不行使代位追偿权，被保险人因同一损失所获得的赔偿就会超过实际损失额，从而获得额外利益，违背了损失补偿原则。二是可以使被保险人及时得到经济补偿，并促使有关责任方承担事故赔偿责任。与向保险人索赔相比，由被保险人直接向责任人索赔通常需要更多的时间、物力和人力。三是可以维护保险人的合法权益。保险人通过代位追偿能挽回一部分损失，从而有利于维护保险企业的正当权益。

（2）我国《保险法》第十一条规定："订立保险合同，应当协商一致，遵循公平原则确定各方的权利和义务。除法律、行政法规规定必须保险的外，保险合同自愿订立。"投保人为其机动车辆投保若干个险种的目的是转移自身不能承受的风险，希望保险对其特定危险提供经济保障。如果按照A保险公司《机动车辆保险合同》的规定，被保险人自己向肇事的责任人追讨，那投保人或被保险人为什么还要花费一笔不少的、无用的保险费呢？这就意味着投保人或被保险人再花一笔诉讼费等费用帮助保险公司追讨赔款，这对投保人或被保险人是不公平的。我国《合同法》第三十九条规定："采用格式条款订立合同的，提供格式条款的一方应当遵循公平原则确定当事人之间的权利和义务，并采取合理的方式提请对方注意免除或者限制其责任的条款，按照对方的要求，对该条款予以说明。"同时，《合同法》第四十条规定："格式条款具有本法第五十二条和第五十三条规定情形的，或者提供格式条款一方免除其责任、加重对方责任、排除对方主要权利的，该条款无效。"我国《保险法》第十九条也规定："采用保险人提供的格式条款订立的保险合同中的下列条款无效：（一）免除保险人依法应承担的义务或者加重投保人、被保险人责任的；（二）排除投保人、被保险人或者受益人依法享有的权利的。"因此，A 保险公司《机动车辆保险合同》的"被保险人自己向肇事的责任人追讨"规定是对投保人或被保险人不公平的无效条款。

（3）本案中徐某造成了重大事故并发生逃逸现象是事实，但其行为并不影响被害方李某家属向 A 保险公司索赔。因为被害者家属并没有声明放弃向肇事者行使民事赔偿的权利。即尽管我国《保险法》第六十一条规定："保险事故发生后，保险人未赔偿保险金之前，被保险人放弃对第三者请求赔偿的权利的，保险人不承担赔偿保险金的责任。保险人向被保险人赔偿保险金后，被保险人未经保险人同意放弃对第三者请求赔偿的权利的，该行为无效。被保险人故意或者因重大过失致使保险人不能行使代位请求赔偿的权利的，保险人可以扣减或者要求返还相应的保险金。"但被保险人家属并没有违反这一规定。A 保险公司以徐某肇事逃逸，其所投保的 B 保险公司不会赔偿徐某而会导致 A 保险公司的利益受损，进而拒绝赔偿李某家属的理由是没有法律根据的。保险公司经营的就是风险，这种风险包括自身所面临的有代位追偿权利而无法行使的风险。

（4）我国交强险的法律性质与商业险不同。商业险是投保人为分散风险、"转嫁"自身责任而投保的险种，交强险则更具有公益性质，它的首要目的在于为交通事故受害人提供基本保障，及时、合理地填补其遭受的损害，进而维护社会大众的安全与权益。基于上述目的，《机动车交通事故责任强制保险条例》未将交通肇事逃逸列入免除保险公司赔偿责任的情形之中。我国《侵权责任法》第五十三条规定："机动车驾驶人发生交通事故后逃逸，该机动车参加强制保险的，由保险公司在机动车强制保险责任限额范围内予以赔偿；机动车不明或者该机动车未参加强制保险，需要支付被侵权人人身伤亡的抢救、丧葬等费用的，由道路交通事故社会救助基金垫付。道路交通事故社会救助基金垫付后，其管理机构有权向交通事故责任人追偿。"本案肇事车辆在 B 保险公司投了保，根据《侵权责任法》上述规定，B 保险公司应该在交强险责任限额范围内予以赔偿。即使肇事车辆没有参加交强险，也应由道路交通事故社会救助基金进行垫付后再追偿。《机动车交通事故责任强制保险条例》第二十四条规定："国家设立道路交通事故社会救助基金（以下简称救助基金）。有下列情形之一时，道路交通事故中受害人人身伤亡的丧葬费用、部分或者全部抢救费用，由救助基金先行垫付，救助基金管理机构有权向道路交通事故责任人追偿：（一）抢救费用超过机动车交通事故责任强制保险责任限额的；（二）肇事机动车未参加机动车交通事故责任强制保险的；（三）机动车肇事后逃逸的。"也就是说，对于机动车肇事后逃逸的情形，可由救助基金管理机构先行垫付，然后再向肇事者进行追偿。因此，第一种观点是完全错误的。

【结论】

案件经过法院公开审理，作出了如下判决：根据我国《保险法》第十一条、第六十条、第六十一条和我国《合同法》第三十九条、第四十条、第五十六条、第六十条，《侵权责任法》第五十三条，以及《机动车交通事故责任强制保险条例》第二十四条，判决 A 保险公司在保险合同约定的范围内支付李某家属的实际损失额。

【启迪】

投保人与保险人通过签订合同建立法定保险关系，双方的权利义务都必须严格遵守。保险人不能因为无法代位追偿所赔付的款项而推脱其依合同应承担的赔偿责任，这种不尊重合同约定、不顾被保险人利益的做法也会引起保险消费者的不信任，从而影响保险人自身的经营发展，保险人应引以为戒。

10. 被保险人将车交由无证驾驶人驾驶肇事的保险索赔案

【案情简介】

某个体运输老板李某曾为自有的运输车辆投保了机动车辆保险、第三者责任保险（含交强险）和车上人员责任保险等多种险种。一天，李某驾车途中想休息一下，但又怕运货时间耽搁，便让随车的表弟王某（无驾驶证）驾驶，自己在副驾驶位置上睡觉。王某驾车肇事，造成一名行人死亡与李某重伤的重大交通事故。案发后，李某的妻子与王某协商，由李某顶罪，并一起向调查这起事故的民警作伪证。同时，李妻拿着保险单等证明向保险公司索赔。保险公司以没有参加交通事故调查等为由拒绝赔偿，保险合同双方产生了争议。

【不同观点】

首先是对李某夫妻及王某涉嫌何种犯罪，存在不同观点。

第一种观点认为，李某明知表弟王某没有驾驶证，仍将自己的运输车交给其驾驶，导致重大交通事故发生，李王兄弟因此均构成了交通肇事罪。

第二种观点认为，李某主观上具有隐匿罪证包庇犯罪的目的，王某主观上具有隐匿罪证逃避罪责及帮其兄获得保险赔偿的目的，李某妻子主观上具有诈骗保险金和包庇罪犯的目的。李王互为证人，互做伪证，李某构成伪证罪；王某构成交通肇事罪和伪证罪；李妻构成包庇罪和保险诈骗罪。

第三种观点认为，李妻让李某替王某顶罪投案，意图让王某逃避法律制裁，又使自家能得到保险赔偿。因此，李妻和李某共同构成包庇罪和保险诈骗罪；王某构成交通肇事罪。

其次，在对保险公司是否应付赔偿问题上又有不同的观点。

第一种观点认为，保险公司不应该赔偿。理由是，李某一方面违反了我国《道路交通安全法》第十九条第一款"驾驶机动车，应当依法取得机动车驾驶证"的规定；另一方面违反了《机动车辆保险合同》中关于事故发生后及时报险等保险条款的规定。此外，李妻诈骗保险金的目的非常明显。因此，保险公司不应该赔偿。

第二种观点认为，保险公司应该部分赔偿。理由是，虽然李某违反了我国《道路交通安全法》和保险合同的有关规定，但其投保的车上人员责任保险的保险责任范围包括车上人员的人身伤亡，也包括司机本人由于机动车辆在行驶过程中发生意外事故而导致的损害。因此，从车上人员责任保险这个险种来说，投保人或被保险人可以获得保险合同规定的赔偿金额。

第三种观点认为，保险公司应该赔偿。一是李某让其表弟驾驶的行为是过失行为，而非故意行为。故意行为不构成刑事责任，但会追究他的民事责任，赔偿被害人的经济损失。二是李某驾驶疲劳，若坚持驾驶也易发生交通事故，为了保证货物的及时运输，让其表弟驾驶是情理之中的事情。三是李妻与王某协商，由李某顶罪，李妻拿保险单到保险公司索赔完全是李妻的个人行为，而非被保险人李某的行为。四是李某在事故中受重伤，他作为投保人或被保险人不可能及时向保险公司报险，向保险公司索赔也只能由其妻子代劳。因此，保险公司不能以没有及时报险或诈骗保险金为由而拒绝赔偿。对于本案，保险公司应该在合同约定的赔偿金额内全部赔偿。

【分析】

首先，关于是否犯罪的问题我们觉得第三种观点比较正确。

（1）李某不构成交通肇事罪。李某虽然主观上明知表弟王某没有驾驶证而让其驾驶车，但交通肇事的后果是由王某造成的。因此，王某构成交通肇事罪。从理论上来讲，交通肇事是一种过失犯罪，不存在共同犯罪。本案中李某对事故的发生虽有责任，但不构成刑事责任，可以追究他的民事责任，赔偿被害人的经济损失。

（2）李妻与王某不构成伪证罪。伪证行为必须发生在刑事诉讼过程即侦查、起诉、审判过程中；主体是一般主体中的"特殊主体"，即只能是刑事案件中的证人、鉴定人、记录人、翻译人。本案中的李某若神志清醒，则主观上具有隐匿罪证包庇犯罪的目的；反之，则不具有隐匿罪证包庇犯罪的目的。王某主观上具有隐匿罪证逃避罪责及帮李妻获得保险赔偿的目的，他们尽管互为证人，并向公安机关做了伪证，但他们的行为和主体显然不符合伪证罪的基本特征。

（3）李妻让李某替王某顶罪，并隐瞒了王某驾车肇事的事实，向公安机关做了不实的供词，目的是让王某的犯罪行为不被司法机关发觉，逃避法律的惩罚，自己又能获得保险赔偿，应构成包庇罪和保险诈骗罪。

其次，在保险公司是否赔偿方面，我们的分析是：

（1）本案中李妻合同身份的确定。我国《保险法》第二十一条规定："投保人、被保险人或者受益人知道保险事故发生后，应当及时通知保险人。故意或者因重大过失未及时通知，致使保险事故的性质、原因、损失程度等难以确定的，保险人对无法确定的部分，不承担赔偿或者给付保险金的责任，但保险人通过其他途径已经及时知道或者应当及时知道保险事故发生的除外。"在本案中，李某虽然是重伤，但没有死亡，《机动车辆保险合同》的投保人或被保险人均是李某，当保险事故发生后，李某固然是保险金赔偿的请求人，而李妻既不是合同的投保人也不是合同的被保险人，在李某没有死亡的情况下，李妻也不是合同保险金的受领人。也就是说，李妻不是《机动车辆保险合同》的当事人，她没有权利领取保险赔偿金，除非投保人或被保险人李某委托她去领取。我国《保险法》第二十二条第一款规定："保险事故发生后，按照保险合同请求保险人赔偿或者给付保险金时，投保人、被保险人或者受益人应当向保险人提供其所能提供的与确认保险事故的性质、原因、损失程度等有关的证明和资料。"由于李妻并非合同的当事人，其提供的证据也就与保险合同无关。这样，投保人或被保险人也就没有违反我国《保险法》。保险公司不能以我国《保险法》第五条："保险活动当事人行使权利、履行义务应当遵循诚实信用原则"和第二十七条第一款与第三款："未发生保险事故，被保险人或者受益人谎称发生了保险事故，向保险人提出赔偿或者给付保险金请求的，保险人有权解除合同，并不退还保险费""保险事故发生后，投保人、被保险人或者受益人以伪造、变造的有关证明、资料或者其他证据，编造虚假的事故原因或者夸大损失程度的，保险人对其虚报的部分不承担赔偿或者给付保险金的责任"为由拒绝赔偿。

（2）机动车辆商业第三者责任保险的保险责任，是被保险人或其允许的合格驾驶员在使用保险车辆过程中发生意外事故，致使第三者遭受人身伤亡或财产的直接损毁，依法应当由被保险人支付的赔偿金额，保险人依照《道路交通安全法》《保险法》和保险合同的规定给予赔偿。本案中，被保险人尽管要负民事赔偿责任，但很显然其不符合《保险法》及保险合同的赔偿规定。至于车上人员责任险，是被保险人只有在投保第三者责任险的基础上才能投保的险种，也就是其赔偿的条件首先要符合第三者责任保险的规定。由此可见，李某购买的保险险种，由于其违法行为均会遭到保险公司拒赔。

（3）《机动车交通事故责任强制保险条例》第二十二条规定，驾驶人未取得驾驶资格的，保险公司在机动车交通事故责任强制保险责任限额范围内垫付受伤人员的抢救费用，并有权向致害人追偿。也就是说，对于本案被保险人车辆在交强险项下，保险公司可以先行垫付第三方受伤人员的抢救费用，但同时有向王某追偿的权利。

（4）李某是否违反有关法律法规的问题。①我国《道路交通安全法》第九十九条规定，将机动车交由未取得机动车驾驶证或者机动车驾驶证被吊销、暂扣的人驾驶的，由公安机关交通管理部门处200元以上2000元以下的罚款，可并处拘留15天的处罚。可见，李某违反了我国《道路交通安全法》的规定。②我国《侵权责任法》第六条第一款规定："行为人因过错侵害他人民事权益，应当承担侵权责任。"该法第八条规定："二人以上共同实施侵权行为，造成他人损害的，应当承担连带责任。"可见，本案李某要承担侵权的连带责任。③根据《机动车辆保险合同》，驾驶员无有效驾驶证包括在除外责任保险条款中，即如果被保险车辆由无有效驾驶证的人员驾驶所发生的事故，保险公司不负责赔偿。再者，如果李某在交通事故中受重伤，但神志清醒，当其妻子与王某合谋由他来顶罪而他并不反对，则李某也犯了隐匿罪证包庇犯罪罪以及保险诈骗罪。④我国《保险法》第一百七十四条规定，投保人、被保险人或者受益人编造未曾发生的保险事故，或者编造虚假的事故原因或者夸大损失程度，骗取保险金的依法给予行政处罚。⑤我国《刑法》第一百九十八条规定，投保人、被保险人或者受益人对发生的保险事故编造虚假的原因或者夸大损失的程度，骗取保险金数额较大的，处五年以下有期徒刑或者拘役，并处一万元以上十万元以下罚金；数额巨大或者有其他严重情节的，处五年以上十年以下有期徒刑，并处二万元以上二十万元以下罚金；数额特别巨大或者有其他特别严重情节的，处十年以上有期徒刑，并处二万元以上二十万元以下罚金或者没收财产。由此可见，即使李某没有犯隐匿罪证包庇犯罪罪以及保险诈骗罪，保险公司以其违反我国《道路交通安全法》《保险法》和根据《机动车辆保险合同》的除外责任就可以拒绝赔偿李某的保险金请求。

【结论】

由于保险公司拒绝赔偿的理由充分，该案争议以拒赔而终止。

【启迪】

（1）本案实质上是一个由非保险合同当事人制造的保险诈骗案。目前，我国各家保险公司机动车及第三者责任险业务上报的综合赔付率一般在55%左右，但其中有相当数额的保费被投保人骗保或假赔案吞噬，这给保险公司带来了巨大的损失。骗赔是一些保户及其利益相关人受利益驱使而失信于保险公司的行为。因此，一方面，保险公司要检视自身是否在理赔工作上有疏忽，是否对骗赔现象的忽视而给骗赔提供了生存的机遇；另一方面，保户和保险公司以及社会相关部门要共同努力，尽可能杜绝骗赔现象，保证保险业的健康发展。

（2）驾驶机动车必须依法取得相应的驾驶证方可驾驶机动车上路行驶；车辆所有权人对自己所有的机动车负有妥善管理的责任，禁止将机动车交给无相应驾驶证的人驾驶。《道路交通安全法》第十九条第一款规定："驾驶机动车，应当依法取得机动车驾驶证。"《侵权责任法》第六条第一款规定："行为人因过错侵害他人民事权益，应当承担侵权责任。"本案中，李某虽然不是本次事故的当事人，但是他将被保险汽车交给无驾驶证的王某违法上路行驶才导致重大交通事故，其行为上有重大过错，所以要承担连带赔偿责任。因此，广大机动车驾驶人员更要吸取本案的经验教训，切莫将自己的爱车交给无驾驶证的人驾驶，以免给自己造成经济损失或招来不必要的麻烦。

11. 受害的第三者直接向保险公司索赔案

【案情简介】

某年9月2日傍晚，陈某在下班后驾驶摩托车回家途中，被某出租公司的出租车撞倒，造成髋骨骨折，其所驾驶的摩托车也部分损坏。陈某被撞后当即被送至某医院住院治疗，同年10月3日出院。其间的医疗费、车辆估损鉴定费、修理费等费用全部由陈某垫付。同年12月11日，交通管理部门在调查后作出了交通事故责任认定书，认定出租车的驾驶员应负事故的全部责任。但受害方与肇事方分歧较大，尽管交通管理部门多次协调，双方当事人还是无法达成损害赔偿协议，第二年2月8日调解终结。4月7日陈某依据法律的有关规定向其所在市城区人民法院起诉，要求出租车公司及肇事驾驶员承担赔偿责任，同时依据我国《保险法》的规定向承保出租车的某保险公司追诉赔偿，要求赔偿其各种损失近 20 万元。

【不同观点】

在保险公司是否赔偿的问题上产生了赔与不赔两种不同的看法。

第一种观点认为，保险公司应该赔偿。机动车辆保险设第三者责任险种的本意是保护受到被保险人损害的第三者的利益，而《保险法》第六十五条规定，保险人对责任保险的被保险人给第三者造成的损害，可以依照法律的规定或者合同的约定，直接向该第三者赔偿保险金。因此，受害者向保险公司追诉赔偿是成立的。保险公司应该按照保险合同规定赔偿第三者的经济损失。

第二种观点认为，保险公司不应该赔偿。保险公司与受害者之间不存在契约关系，即保险公司并非侵权法律关系当事人，不应在原、被告三方关系中成为责任主体，原告直接向被告保险公司请求赔偿没有法律依据，也没有合同约定，故原告陈某要求被告保险公司赔偿的请求是不合法的，保险公司当然不应该赔偿。

【分析】

（1）保险关系与民事损害关系有明显区别。本案中，一方面，出租车公司与保险方的保险合同是依法签订的，现该出租车公司的被保险车辆肇事，如果事故发生的原因是保险责任范围内的，保险方对此应承担保险责任。这是由被保险人出租车公司与保险公司之间已构成的保险合同关系所决定的。另一方面，陈某是被出租车撞伤，且由出租车承担全部责任，陈某与出租车公司之间构成了民事损害赔偿关系。保险赔偿和民事损害赔偿是有不同法律依据的两种独立存在的民事关系，应该分别处理。即原告陈某与出租车公司发生的关系是道路交通事故民事损害赔偿法律关系，而出租车公司与保险公司建立的是保险合同法律关系。陈某并非保险合同法律关系当事人，其将保险人与某出租公司及肇事驾驶员列为共同被告，是不符合法律规定的。我国《侵权责任法》第二条、第三条规定，侵害民事权益，应当按照本法承担侵权责任；被侵权人有权请求侵权人承担侵权责任。换言之，根据《侵权责任法》的规定，不存在侵权的行为，则不存在责任。本案中保险公司对陈某并无过错，并非共同侵权人。即从这个意义上说，陈某是无权向保险公司索赔的，将保险公司当作共同被告没有法律依据。

（2）我国《保险法》第二十二条第一款规定："保险事故发生后，按照保险合同请求保险人赔偿或者给付保险金时，投保人、被保险人或者受益人应当向保险人提供其所能提供的与确认保险事故的性质、原因、损失程度等有关的证明和资料。"保险公司的《机动车辆保险条款》也规定："被保险人索赔时，应当向保险人提供保险单、事故证明、事故责任认定书、事故调解书、判决书、损失清单和有关费用单据。"由此可见，在机动车辆保险中，向保险人请求赔偿的人为投保人或被保险人或受益人，而并非受害的第三者。事实上，因为陈某与保险公司之间不存在契约关系，因此，他是不可能提供有关保险单之类的索赔材料的。在没有收到被保险人有关索赔材料之前,保险公司是不应承担赔偿责任的。

(3)我国《保险法》第六十五条规定:"保险人对责任保险的被保险人给第三者造成的损害,可以依照法律的规定或者合同的约定,直接向该第三者赔偿保险金。责任保险的被保险人给第三者造成损害,被保险人对第三者应负的赔偿责任确定的,根据被保险人的请求,保险人应当直接向该第三者赔偿保险金。被保险人怠于请求的,第三者有权就其应获赔偿部分直接向保险人请求赔偿保险金。责任保险的被保险人给第三者造成损害,被保险人未向该第三者赔偿的,保险人不得向被保险人赔偿保险金。"从本法条可知,受害的第三者请求保险公司索赔,必须具备以下四个条件:一是被保险人对第三者应负的赔偿责任要事先确定;二是有法律或合同规定的,保险人可直接向第三者赔偿保险金;三是在法律确定被保险人对第三者的赔偿责任后,被保险人请求保险人对第三者进行赔偿;四是如果被保险人怠于请求赔偿的,第三者有权就其应获赔偿部分直接向保险人请求赔偿保险金。可见,本案受害的第三者刘某向保险公司索赔的条件除了第三条不符外,其他三条都符合,因此,陈某有权就其应获赔偿部分直接向出租车司机的承保人请求赔偿保险金。

(4)任何国家的法律制度都同时兼具两个目标:一是通过各种民事法律制度与经济法律制度等来保障受害人的利益;二是通过刑事法律制度等来惩罚致害人。但若致害人并无赔偿能力,即使受到了刑事法律的制裁,受害人仍然不能按照法律规定得到其应当得到的经济补偿,其结果就是使相应的民事法律规定成为一纸空文。在本案中,依照法律规定,出租车司机不仅应当承担相应的刑事责任并受到刑事处罚,而且应当赔偿伤者的医疗费用、误工工资等。然而,如果该司机没有赔偿能力,即使将车主判刑,车祸中的受害方陈某依然无法得到其应当得到的损害赔偿,其合法利益仍然会落空,从而使相应的民事法律规定根本无法贯彻实施。但因该车主参加了机动车辆第三者责任保险,则只要车祸属于保险责任事故范围,受害人的合法权益就可以从承保人那里获得保障。这就是《保险法》第六十五条第一款规定的本意,即"保险人对责任保险的被保险人给第三者造成的损害,可以依照法律的规定或者合同的约定,直接向该第三者赔偿保险金"。此外,我国《道路交通安全法》第七十六条也规定,机动车发生交通事故造成人身伤亡、财产损失的,由保险公司在机动车第三者责任强制保险责任限额范围内予以赔偿。该法第七十五条对被伤害者的抢救费用还规定:"……肇事车辆参加机动车第三者责任强制保险的,由保险公司在责任限额范围内支付抢救费用;抢救费用超过责任限额的,未参加机动车第三者责任强制保险或者肇事后逃逸的,由道路交通事故社会救助基金先行垫付部分或者全部抢救费用,道路交通事故社会救助基金管理机构有权向交通事故责任人追偿。"我国《机动车交通事故责任强制保险条例》第三十一条也规定,保险公司可以向被保险人赔偿保险金,也可以直接向受害人赔偿保险金。

【结论】

(1)本案被告某保险公司与被告出租车公司签订有机动车辆第三者责任险保险合

同，出租车公司作为被保险人。因被保险的机动车发生保险事故给第三者造成了损失，其依据法律规定和合同约定要求被告即某保险公司承担赔偿责任，是没有疑义的，但陈某作为受害的第三者是不能直接将保险公司作为被告进行诉讼的，除非其根据《保险法》第六十五条及《道路交通安全法》《机动车交通事故责任强制保险条例》等的规定向保险公司索赔遭拒。

（2）根据《保险法》第六十五条、《道路交通安全法》第七十六条、《机动车交通事故责任强制保险条例》第三十一条的规定，受害的第三者刘某对保险公司具有直接的保险金赔偿请求权。

12. 物业公司管理不善导致汽车丢失的代位追偿案

【案情简介】

被保险人 A 于某年 3 月为其轿车向某保险公司投保了车辆损失险、第三者责任险（含交强险）、盗抢险等险种，其中盗抢险的保险金额为 36 万元。9 月，该车在某物业公司开办的汽车停车保管站保管时被盗。物业公司与业主之间签订的《停车场汽车保管协议书》（以下简称《停车保管协议书》）约定：业主车辆在汽车停车保管站遭损或被盗，物业公司最高赔偿业主 15 万元。其保险公司依据保险合同的约定，在扣除免赔额等费用后向被保险人支付保险赔偿金 25.8 万元。随后，被保险人向保险人签发了《权益转让书》，保险人取得该车项下价值 25.8 万元的代位追偿权。当保险公司向该物业公司索赔时遭到拒绝，保险公司便向法院起诉该物业公司，索赔金额为 25.8 万元。

【不同观点】

本案涉及被保险人、保险人与物业公司三方，因此，意见也存在于三者之间。

第一种观点即被保险人方认为，被盗轿车的价值是 36 万元，尽管其与物业公司签订有《停车保管协议书》，但该协议书是"霸王合同"，其最高赔偿 15 万元并不是业主的真实意思表现。因此，在获得保险公司的赔偿后，物业公司还应该补偿业主 36 万元的差额 10.2 万元。

第二种观点即保险公司方认为，由于物业公司管理不善，导致其赔偿被保险人的车辆被盗损失 25.8 万元，这理所当然应由物业公司补偿。

第三种观点即物业公司方认为，其与业主之间签订的《停车保管协议书》是公平有效的，是双方当事人的真实意思表现。因此，其只能赔偿业主 15 万元。业主索赔 36 万元，违背了协议的规定，当然不能答应。而保险公司与物业公司并没有任何协议，保险公司也就不能从物业公司获得任何损失补偿。

【分析】

（1）我国《合同法》第八条规定："依法成立的合同，对当事人具有法律约束力。当事人应当按照约定履行自己的义务，不得擅自变更或者解除合同。依法成立的合同，受法律保护。"我国《民法总则》第一百三十三条规定："民事法律行为是民事主体通过意思表示设立、变更、终止民事法律关系的行为。"该法第一百三十六条同时规定："民事法律行为自成立时生效，但是法律另有规定或者当事人另有约定的除外。行为人非依法律规定或者未经对方同意，不得擅自变更或者解除民事法律行为。"由此可见，被保险人A与物业公司签订的《停车保管协议书》是有效合同，其规定"若在该停车场丢失车辆，保管站的最高赔偿限额为15万元"是合同双方均同意的条款。被保险人A不能在事故发生后，以物业公司不能赔偿其整车损失金额36万元就说该协议是强制的。因为被保险人A在签订合同时或以后至事故发生前，并没有表示异议或遵循我国《合同法》进行再补充合同。我国《合同法》第六十一条就规定："合同生效后，当事人就质量、价款或者报酬、履行地点等内容没有约定或者约定不明确的，可以协议补充；不能达成补充协议的，按照合同有关条款或者交易习惯确定。"事实上，《停车保管协议书》有约定而且明确。因此，该协议是一份有效合同。根据我国《合同法》第六十条的规定，当事人应当按照约定全面履行自己的义务。在被保管的汽车丢失后，物业公司必须按照合同规定进行赔偿，这也是法律规定的内容。如我国《合同法》第三百七十四条规定："保管期间，因保管人保管不善造成保管物毁损、灭失的，保管人应当承担损害赔偿责任，但保管是无偿的，保管人证明自己没有重大过失的，不承担损害赔偿责任。"现物业公司愿意按合同规定赔偿被保险人A汽车损失15万元，这是其全面履行义务的表现，也是完全遵循了合同的规定。

（2）我国《保险法》第六十一条规定："保险事故发生后，保险人未赔偿保险金之前，被保险人放弃对第三者请求赔偿的权利的，保险人不承担赔偿保险金的责任。保险人向被保险人赔偿保险金后，被保险人未经保险人同意放弃对第三者请求赔偿的权利的，该行为无效。被保险人故意或者因重大过失致使保险人不能行使代位请求赔偿的权利的，保险人可以扣减或者要求返还相应的保险金。"本案投保人即被保险人是先签保险合同，后签《停车保管协议》，再发生保险事故。因此，从顺序上来讲，并不是被保险人在保险事故发生后，在保险人未赔偿保险金之前放弃了对物业公司请求赔偿的权利，也不是在保险人向被保险人赔偿保险金后，被保险人擅自放弃对物业公司请求赔偿权利的。换言之，被保险人并没有违反《保险法》第六十一条的规定。

（3）我国《保险法》第六十条规定："因第三者对保险标的的损害而造成保险事故的，保险人自向被保险人赔偿保险金之日起，在赔偿金额范围内代位行使被保险人对第三者请求赔偿的权利。前款规定的保险事故发生后，被保险人已经从第三者取得损害赔偿的，保险人赔偿保险金时，可以相应扣减被保险人从第三者已取得的赔偿金额。保险人依照本条第一款规定行使代位请求赔偿的权利，不影响被保险人就未取得赔偿的部分向第三者请求赔偿的权利。"本案被保险人未从致害人物业公司处得到任何补偿，而是由保险公司对其进行了 25.8 万元的赔偿。为此，保险公司自其赔偿之日起，在赔偿金额范围内取得了代位行使被保险人对第三者物业公司请求赔偿的权利。但因按 A 被保险人与保管站之间签订的《停车保管协议书》规定，保管站的最高赔偿限额为 15 万元。因此，在保险公司赔偿被保险人后，保险公司从物业公司最多能追回 15 万元赔偿金，且必须是以 A 被保险人的名义进行追偿。当然，是否能够代位追回 15 万元赔偿金，这仅仅是保险公司与物业公司之间的事情。有可能追回，也有可能追不回，追不回的结果是保险公司可能面临经营风险。

【结论】

基于以上分析，我们认为，虽然保险人已经依据保险合同赔付了被保险人 25.8 万元，但其享有的代位追偿权利已只能在 15 万元金额之内；同时，被保险人没有向物业公司再追回保险公司已经赔偿的金额和被盗车辆实际价值之间的差额的权利。

13. "按责赔付" 的保险合同纠纷案

【案情简介】

某年 11 月 26 日，原告徐某（以下简称原告）在被告 W 保险公司（以下简称被告）为其所有的车辆投保了包括机动车辆损失保险、交强险、第三者责任险在内的若干保险，保险期间自当年 11 月 27 日 0 时至第二年 11 月 26 日 24 时。双方在机动车辆损失保险条款中约定，保险人依据被保险车辆驾驶人在事故中所负的事故责任比例，承担相应的赔偿责任；被保险车辆方负同等事故责任的，事故责任比例为 50%。投保当年的 12 月 7 日晚上，原告朋友张某驾驶原告的被保险车辆与异向行驶的一大货车相撞，造成被保险车辆损坏。此事故经交通管理部门依法认定肇事者双方负同等责任。原告因该事故支付被保险车辆的车辆修理费、拖车费共计 6.5 万元。原告报案后被告进行了现场查勘，却拒绝理赔原告的全部损失。被告认为既然保险合同中约定"按责赔付"，交通事故认定书中认定为同等责任，所以对原告主张的车辆维修费等损失只同意承担 50% 的赔偿责任。在协商未果的情况下，徐某将保险公司告上了法庭。

【不同观点】

本案的争议焦点为被告是否应当按照保险事故发生时被保险车辆驾驶员在事故中的责任比例承担相应的赔偿责任（以下简称"按责赔付"）。为此，有如下两种观点：

第一种观点认为，保险公司不应该赔偿。理由是，保险合同是原告与被告之间的合意，合同未违反法律、行政法规的强制性规定，应为合法有效。本案的保险作为商业保险，保险公司有权与投保人约定保险公司承担责任的依据和基础，既然双方签订了保险合同，则保险条款合法有效，双方均应依据保险条款的约定行使权利并承担义务。既然保险合同中约定，保险公司依照被保险人在事故中的责任比例承担责任，则司法机关对此应予尊重。因此，保险公司不应该被判赔。

第二种观点认为，保险公司应该赔偿。理由是，"按责赔付"这一条款属于免责条款，我国《保险法》第十九条规定："采用保险人提供的格式条款订立的保险合同中的下列条款无效：①免除保险人依法应承担的义务或者加重投保人、被保险人责任的；②排除投保人、被保险人或者受益人依法享有的权利的"。因此，法院应判该条款无效。

【分析】

原、被告争议的焦点为机动车辆损失保险条款中保险公司依据被保险人在事故中的责任比例承担赔偿责任的规定是否有效，此规定通常被称为"按责赔付"条款。目前，国内各大保险公司使用的机动车辆损失保险合同普遍采用了"按责赔付"条款。这一条款在实践中引起很大争议，因为按照这一条款的规定，会经常出现有责任才赔，以及责任大多赔、责任小少赔、无责不赔的情况，这很可能会导致驾驶人故意加重自己的责任，极易引发道德风险，不利于良好社会秩序的建立，不符合社会道德标准。鉴于此案，我们认为，虽然双方约定有"按责赔付"条款，但我国《保险法》第六十条第一款规定："因第三者对保险标的的损害而造成保险事故的，保险人自向被保险人赔偿保险金之日起，在赔偿金额范围内代位行使被保险人对第三者请求赔偿的权利。"在因第三者对保险标的造成损害的保险事故中，保险人是否向被保险人赔偿保险金，并不以该保险事故发生时被保险车辆驾驶员在事故中是否承担责任或者承担多少责任为标准。即使该保险事故发生时被保险车辆驾驶员在事故中不承担任何责任，保险人依然可以通过对第三者的代位追偿在赔付被保险人保险金之后获得补偿。同时，《保险法》并没有赋予保险合同双方在订立合同时对该法律规定有另做约定的权利。因此，"按责赔付"的约定，是利用格式条款免除保险人依法应承担的义务，排除被保险人依法应享有的权利，根据我国的《保险法》第十九条的规定应当认定为无效。即在《保险法》已明确规定被保险人向保险公司申请理赔，保险公司予以赔偿后即取得代位求偿权的情况下，保险公司"按责赔付"条款的设置，明显违反了我国《保险法》第十九条的规定，不仅排除了被保险人依法享有的向保险公司主张赔偿的权利，而且免除了保险公司应当赔偿的义务，故应确认为无效条款。因此，在本案中，一审法院判决认定被告在机动车损失险项下应当向原告承担赔偿义务，是符合《保险法》精神的。

【结论】

本案经人民法院调查后认为：原告与被告签订的保险合同是当事人真实意思表示，内容不违反法律规定，合法有效，当事人均应自觉履行。在合同履行期间，原告所投保车辆发生交通事故后，被告应承担相应的保险赔偿责任。因此，人民法院于第二年4月16日作出如下判决：被告W保险公司应于判决生效后十日内向原告徐某支付保险赔偿金6.5万元，并驳回原告的其他诉讼请求。宣判后，原、被告均未上诉，判决已发生法律效力。

14. 机动车被盗后发生交通事故的保险索赔案

【案情简介】

某窃贼在驾驶所盗的丁某被保险轿车过程中，违规行车与李某驾驶的摩托车相撞，导致摩托车损坏和李某受伤的严重交通事故后弃车逃逸。受害人李某从交通管理部门得到车主信息后要求丁某及其车辆承保人某保险公司进行赔偿，但遭到拒绝。李某便将车主丁某与保险公司告上了法院，要求法院判两者进行赔偿。

【不同观点】

第一种观点认为，法院应判不赔。理由是，根据我国《侵权责任法》的规定，被保险车辆被盗后发生交通事故致人损害，应由肇事人盗贼承担赔偿责任，被盗机动车所有人不承担赔偿责任。因此，本案事故造成的损失不属于保险责任范围，法院理所当然会判不赔。

第二种观点认为，法院应该判赔。因为机动车第三者责任保险（含交强险）的定义就是被保险机动车发生道路交通事故造成本车人员、被保险人以外的受害人人身伤亡、财产损失的，由保险公司依合同规定责任限额范围内予以赔偿。

第三种观点认为，法院应判第三者责任险不赔，但交强险应该赔偿。根据第三者责任险合同免除责任条款的规定，被保险机动车被盗窃、抢劫、抢夺期间造成人身伤亡或本车以外的财产损失，保险人不负责赔偿；而交强险是公益性险种，理所当然应该赔付。

【分析】

由于肇事司机违反法律实施盗窃行为，以不正当手段窃取丁某的车辆，在使用被盗车辆时肇事，对肇事司机即窃贼追究刑事责任以及民事上的侵权责任是不容置疑的。但李某是否可以从丁某及保险公司获得保险赔偿，我们的分析是：

（1）从法律规定来看，我国《侵权责任法》第五十二条规定："盗窃、抢劫或者抢夺的机动车发生交通事故造成损害的，由盗窃人、抢劫人或者抢夺人承担赔偿责任。保险公司在机动车强制保险责任限额范围内垫付抢救费用的，有权向交通事故责任人追偿。"《机动车交通事故责任强制保险条例》第二十二条也规定，被保险机动车被盗抢期间肇事的，保险公司在机动车交通事故责任强制保险责任限额范围内垫付抢救费用，并有权向致害人追偿；但造成受害人的财产损失，保险公司不承担赔偿责任。由此可见，法律法规对被盗抢的机动车辆的规定有如下三方面的含义：一是被盗窃车辆发生交通事故的，受害人的近亲属只能向盗窃人请求支付赔偿款，而不能向车辆管理人或者车辆所有人索要赔偿款；二是当交通事故发生后产生抢救费时，如果是交强险承保人垫付的，可向致害人即盗窃人、抢劫人或者抢夺人进行追偿；三是由此造成受害人财产损失的，保险公司不承担赔偿责任。因此，就本案而言，李某没有理由向丁某索赔；对于保险公司而言，被保险车辆交强险的承保人最多只是对受害人李某垫付抢救费，而不是对李某进行保险赔付。即保险公司承担的是人身抢救费垫付责任，而非摩托车损失及人身伤害的赔付责任。而且，保险公司垫付抢救费后，有权向交通事故责任人追偿。当然，如果保险公司能够实现对责任人的追偿，则保险公司有权向交通事故责任人进行追偿；如果保险公司向责任人追偿后得不到赔偿，则由保险公司自行承担。

（2）从保险合同所体现的法律关系角度来看，保险合同中的法律关系主体是被保险人和保险人，而非其他人，因他人造成的事故责任不属于保险合同责任范围。构成保险事故和赔偿责任必须有以下要素：一是行为主体必须是被保险人或其允许的驾驶员使用保险车辆；二是行为主体必须持有效驾驶证开车；三是必须发生意外事故。而本案中盗贼显然是保险合同关系的第三人，而非合同的行为主体，因其造成的意外事故而致使摩托车及其驾驶员的损伤责任不应属于保险合同的责任范围，保险人理应拒赔。

（3）根据商业保险公司提供的《机动车辆保险条款》《机动车第三者责任保险条款》的规定，非被保险人允许的驾驶人使用被保险机动车，不论任何原因造成的对第三者的损害赔偿责任，保险人均不负责赔偿。同时规定，被保险机动车被盗窃、抢劫、抢夺期间造成第三者人身伤亡或财产损失，保险人不负责赔偿。因此，本案保险公司对受害人李某的索赔可以拒绝，即使被保险人丁某来索赔也不符合商业保险合同的规定。从而，保险公司可以理直气壮地拒赔受害人的索赔要求，这也是法律的规定。

（4）从保险的本质和经营特征来看，保险的职能在于补偿风险事故造成的损失，以风险为经营对象，但又不是所有风险，而是不确定的纯粹风险，对于违反法律和社会公共秩序而引发的风险不予承保。盗贼偷窃被保险车辆是一种犯罪行为，他既不是被保险人，也不是被保险人允许的驾驶人员，即使是被保险人或其允许的驾驶人员因违法造成的事故，保险也不能负保险责任，就是有公益性质的交强险也不例外。因而，保险公司对此拒赔是理所当然的。

【结论】

由以上分析可知，法院应判本案被保险人无责，而保险公司最多垫付李某受伤的抢救费用，且在垫付后可向致害人即盗窃人进行追偿。

15. 保险合同解除后退还保费纠纷案

【案情简介】

某年1月，A公司与某保险公司签订了五份机动车辆保险合同，合同约定保险期限为一年。当天A公司就向保险公司交纳了3.5万元保险费。同年4月至10月期间，上述保险合同项下保险标的物四次出险，A公司及时将出险事实通知了保险公司，保险公司对出险车辆进行了定损。其后，A 公司与保险公司达成了自修协议，A 公司依此协议对受损车辆进行了维修，并将维修费发票交付给保险公司，但保险公司未及时向 A 公司支付保险赔款。同年 11 月 14 日，A 公司向法院提起诉讼，要求保险公司解除保险合同、退还其所交的全部保费，并赔偿其所交保费的利息损失。11 月 16 日，法院通知保险公司应诉。保险公司同意解除保险合同，并退还合同解除后至到期日止的保险费，但不同意退还全部保险费。

【不同观点】

是退还全部保险费还是退还部分保险费的争议在被保险人与保险人之间产生：

第一种观点即被保险人 A 公司方认为，自己与保险公司签订了机动车辆保险合同并按约交纳了保险费，在出险后也及时通知了保险公司并提供了相应的索赔单据，完全履行了合同义务。但保险公司却未能及时履行赔偿义务，损害了 A 公司的利益，故 A 公司要求解除保险合同并退还全部保险费。

第二种观点即保险公司方认为，投保人终止合同的，依据我国《保险法》第五十四条的规定，保险人应收取自保险责任开始之日起到保险合同解除之日止期间的保险费，剩余部分退还投保人。

【分析】

（1）我国《保险法》第十四条规定："保险合同成立后，投保人按照约定交付保险费，保险人按照约定的时间开始承担保险责任。"本案投保人 A 公司按约定交付了保险费，在保险期间内 A 公司的被保险车辆发生了保险事故，A 公司作为投保人已履行通知和协助调查的义务，保险人有责任对保险车辆的损失进行赔付。可是，保险公司却迟迟不肯支付保险赔偿金，这说明保险公司没有遵守《保险法》和保险合同的规定。

（2）投保人对于保险合同有法定任意解除权，但合同解除并不消灭已经开始的保险责任。我国《保险法》第十五条规定："除本法另有规定或者保险合同另有约定外，保险合同成立后，投保人可以解除合同，保险人不得解除合同。"即法律赋予投保人以任意解除合同的权利，当事人可以随时行使，受法律保护。本案中，A 公司要求解除与保险公司签订的保险合同，法院应支持其诉讼请求。同时，我国《保险法》第五十四条规定："保险责任开始前，投保人要求解除合同的，应当按照合同约定向保险人支付手续费，保险人应当退还保险费。保险责任开始后，投保人要求解除合同的，保险人应当将已收取的保险费，按照合同约定扣除自保险责任开始之日起至合同解除之日止应收的部分后，退还投保人。"

（3）我国《保险法》第二十三条第一款、第二款规定："保险人收到被保险人或者受益人的赔偿或者给付保险金的请求后，应当及时作出核定；情形复杂的，应当在三十日内作出核定，但合同另有约定的除外。保险人应当将核定结果通知被保险人或者受益人；对属于保险责任的，在与被保险人或者受益人达成赔偿或者给付保险金的协议后十日内，履行赔偿或者给付保险金义务。保险合同对赔偿或者给付保险金的期限有约定的，保险人应当按照约定履行赔偿或者给付保险金义务。保险人未及时履行前款规定义务的，除支付保险金外，应当赔偿被保险人或者受益人因此受到的损失。"本案中，被保险人 A 公司在保险标的出险后，及时将出险情况通知保险人，并与保险公司达成了自修协议。在对受损车辆进行了维修并将发票交付给保险公司后，保险公司却因自身原因不能及时理赔，违反了《保险法》上述规定，从而依法"除支付保险金外，应当赔偿被保险人或者受益人因此受到的损失"。

【结论】

法院经审理认为：

（1）A 公司与某保险公司签订的保险合同为有效合同。合同成立后，A 公司依约交纳了保费，在投保车辆发生保险事故后，履行了通知、协助调查等应尽义务。保险公司也对保险事故造成的损失进行了定损，并就受损车辆的修理与 A 公司达成了自修协议，应视为部分履行了义务。

（2）保险公司在收到 A 公司索赔请求后，因内部原因未及时进行理赔，存在过错。A 公司要求解除其与保险公司签订的五份保险合同的诉讼请求，因该解除权是法定任意解除，当事人可随时行使，法院予以支持；但其行使单方解除权应通知对方，合同自通知到达时解除。A 公司未能举证证明其曾通知保险公司解除合同，故合同解除的日期应自保险公司收到法院送达的 A 公司要求解除合同的诉状之日计算。

（3）保险公司的保险责任自 A 公司支付保险费后，即依合同约定时间开始，至 A 公司解除通知到达时止。保险公司有权收取自保险责任开始之日起至合同解除之日止的保险费，剩余部分应予退还。在 A 公司未解除合同前，保险公司对保险标的发生的保险事故，仍应承担保险责任。

（4）A 公司要求保险公司退还五份保险合同项下的全部保险费及自缴纳之日起的利息的诉讼请求，法院认为缺乏事实与法律依据，不予支持。法院依据我国《合同法》第四十四条、第九十六条，《保险法》第十三条、第十四条、第十五条、第二十三条、第五十四条的规定判决，A 公司与保险公司签订的五份保险合同自某年 11 月 16 日解除。保险公司退还 A 公司保险费 3000 元，并同时承担合同解除前被保险人的保险损失。

【启迪】

（1）本案是一起因保险人未及时赔付引起投保人解除合同并要求退还保费的案件。本案中，保险人接到被保险人的事故报案后，虽然对于保险标的物受损程度进行了核定，但对于赔款的拨付却处于懈怠状态，这样的拖赔行为显然违反了《保险法》以及保险合同所规定的及时赔付义务，导致被保险人的权益受损，有违保险合同订立之目的。随着保险业务的快速增加，保险理赔活动也会随之增加，为了避免本案这样的事情再次发生，保险人应当尽快在规定的时间内将核定结果通知被保险人；对属于保险责任的，尽量在与被保险人或者受益人达成赔付保险金的协议后十日内履行赔付保险金义务。

（2）从投保人的角度，虽然投保人依据法定的任意解除权而解除合同，但合同的解除时间应以通知保险公司的时间为准，故在投保人未通知保险人的情况下，只能认定法院送达应诉通知为合同解除的日期，而保险公司则收取此日期前对应的保费并将剩余部分退还投保人。尽管保险人对在此日期前发生的保险事故仍应承担赔偿责任，但投保人也损失了一部分退回的保险费。因此，保险消费者也要知法懂法以及了解保险理赔、保险诉讼的程序，以避免不必要的损失。

16. 新能源汽车全损索赔案

【案情简介】

某年 2 月 21 日，李某在某新能源汽车 4S 店购买了一辆实际售价为 18.98 万元的纯电动轿车。购车后，按 4S 店的要求，李某在该 4S 店的某保险公司的代理处为该新能源车投保了机动车车辆损失保险、第三者责任保险（含交强险）及不计免赔率特约险。随后，第二年、第三年均自该保险公司承保，保险费直接从该保险公司的 APP 软件连接的李某网银卡划款支付。第三年连续无事故续保时，李某凭多年购买保险所积累的知识，发现所收保费除了交强险有减免后，其他均没有减免。李某便仔细查看了历史保险单，这才发现自己的新能源汽车在第一年、第二年投保时，几份保险单上的保险金额均是 28.98 万元（含国家对新能源汽车生产商补贴的 10 万元）而不是 18.98 万元或扣除年折旧率 10% 后的折旧额。鉴于此，李某在第三年投保时提出，保险金额不能包含国家的 10 万元补贴，且应在最少扣减购车原价 20% 的折旧额后计算，即保险金额最多应该是 15 万元左右。如果保险公司仍按 28.98 万元承保，则在发生全损事故赔付时，不能说投保人或被保险人是超额投保且超额的部分无效，而应按 28.98 万元赔偿。但该保险公司的业务员说所有保险公司承保新能源汽车，均是按原始购买价格承保，没有减国家补贴与扣减折旧费的先例。最后，李某在交涉未果的情况下，不得不仍然按保险金额是 28.98 万元缴纳了第三年的机动车车辆损失保险、第三者责任保险（含交强险）与不计免赔率特约险的保费（事后，保险公司送了几份洗车券、加油券等给李某）。在第三年的保险期间内，李某驾驶该车辆因躲闪不当发生单方交通事故，造成车辆全损，而保险公司仅同意赔付李某按当时购车实际支出的 18.98 万元在每年按 10% 折旧后的 13.84 万元。李某不服，将该保险公司诉至其所在城区的人民法院，要求法院判该保险公司赔付其保险金 28.98 万元。

【不同观点】

第一种观点认为，保险公司应该按承保价值赔偿。理由是，我国《保险法》第五十五条规定，投保人和保险人约定保险标的的保险价值并在合同中载明的，保险标的发生损失时，以约定的保险价值为赔偿计算标准。何况被保险人当初投保时，还向承保人提出了超额承保的质疑。

第二种观点认为，保险公司应按被保险车辆发生事故时的实际价值来赔偿。理由是，根据损失补偿原则，保险补偿以不超过实际损失为限、以不超过保险利益为限，这样，一方面能实现保险的经济补偿职能，另一方面能防止投保人或被保险人利用保险渔利，并能减少道德风险的发生。

【分析】

(1) 新能源汽车承保无统一规范，"霸王条款"损害消费者权益。近几年来，我国新能源汽车产业发展迅速，尤其在实行小客车指标调控政策的城市，购买新能源汽车成为更多人的选择。然而，国内保险公司针对新能源汽车的保费计算目前没有统一规范，不同保险公司、不同地区之间都有差异。有的新能源汽车承保公司按汽车销售商上传到新能源汽车销售平台的官方指导价来确定保险金额，也就是国家补贴前的车价来承保；有的是将国家补贴价加入车价中承保，如本案；不同地方、不同年度政府补贴的额度不同，同一型号、同一售价的新能源汽车的承保金额也不同。新能源汽车消费者就投保金额无任何自主选择的权利，而保险公司也基本上不明确告知投保人这一"霸王条款"，即使像本案李某提出异议也无可奈何。但一旦发生损失理赔，保险公司却把国家补贴部分扣除。很明显，这种"霸王条款"式合同严重损害了消费者的权益。

(2) 新能源汽车超额承保、理赔却按实际价值赔偿，是典型的"高保低赔"行为。所谓高保低赔，是指投保人或被保险人投保车辆损失保险时按照新车购置价投保，当被保险车辆发生道路交通事故、保险金额大于实际价值时，保险公司按照被保险车辆的实际价值来进行赔偿。从本案来看，已经使用了近三年的汽车，本应在折旧的基础上承保（一般小轿车的折旧率每年在10%左右，如本案车辆购置时的价格是18.98万元，第二年投保时，其车辆实际价值应为17.082万元，第三年投保时应为15.3738万元，依此类推），当车辆发生事故或者受损，保险公司将按照实际价值（出险时的新车购置价扣除折旧）进行赔付（即本案如果保险公司是按折旧价承保的，则发生事故后，其最多赔付15万元左右）。但承保人承保时不仅按新车购置价承保，而且加了国家补贴给汽车生产商的10万元。很明显，这种承保方式增加了投保人近一倍的成本。而发生事故时却要按实际价值13万多元来理赔，很明显违反了我国《保险法》第五十五条第一款、第三款的规定："投保人和保险人约定保险标的的保险价值并在合同中载明的，保险标的发生损失时，以约定的保险价值为赔偿计算标准。""保险金额不得超过保险价值。超过保险价值的，超过部分无效，保险人应当退还相应的保险费。"

(3) 我国《保险法》第十七条规定："订立保险合同，采用保险人提供的格式条款的，保险人向投保人提供的投保单应当附格式条款，保险人应当向投保人说明合同的内容。对保险合同中免除保险人责任的条款，保险人在订立合同时应当在投保单、保险单或者其他保险凭证上作出足以引起投保人注意的提示，并对该条款的内容以书面或者口头形式向投保人作出明确说明；未作提示或者明确说明的，该条款不产生效力。"从本案来看，保险公司不仅没有明确说明其承保合同的内容，而且当投保人李某自己提出疑问时，其业务员还以所谓行规来搪塞，很明显违反了《保险法》这一法条的规定，因而该条款对投保人不产生效力。

（4）我国《保险法》第十二条规定，财产保险的被保险人在保险事故发生时，对保险标的应当具有保险利益；保险利益是指投保人或者被保险人对保险标的具有的法律上承认的利益。该法第四十八条还规定："保险事故发生时，被保险人对保险标的不具有保险利益的，不得向保险人请求赔偿保险金。"法律规定保险利益原则的意义一方面在于遏制赌博行为及道德风险的发生；另一方面在于明确保险人所承担的财产保险补偿责任，即被保险人向保险人请求赔偿，不得超过保险利益的金额或价值。例如，本案被保险车辆全部损失，如果按购买价，被保险人李某的实际损失只有 18.89 万元；如果按折旧价，则其只有不到 15 万元的实际损失。但如果李某按保险公司的承保价 28.89 万元要求赔偿，则其就有可能获得 10 多万元的额外利益，现实中就有可能滋生道德风险，这是法律绝不允许的。也就是说，本案的保险补偿不能超过李某所具有的保险利益。

【结论】

本案从上述理论分析，为了整治保险公司不诚信的行为，法院应该按《保险法》第五十五条第一款的规定，判保险公司以约定的保险价值 28.89 万元进行赔偿；但为了避免被保险人获得额外利益，产生道德风险，法院又必须遵循保险补偿原则。为此，法院做了如下判决：一方面根据损失补偿原则，被保险人不能从保险中获益；另一方面，鉴于保险公司承保时是按照车辆的购置价格加国家补贴款进行的承保，其超额承保的部分无效。因此，判保险公司应按实际价值进行赔偿，即赔偿李某 14.7 万元（按折旧天数计）；同时，保险人相应退还其前两个年度多收的保险费及其相应产生的利息。尽管李某对此判决不甚满意，但经法官反复调解，最后还是接受了这一结果。

【启迪】

（1）规范承保程序，避免类似争议。本案中，保险公司在承保时，未核实投保人实际购车价格，就以车辆实际购买价值加国家补贴款作为保险限额承保，导致车辆全损后双方发生争议，进而保险的诚信原则、损失补偿原则受到了损害，与当事人发生冲突。因此，保险行业或企业应尽快出台新能源汽车专属保险，针对新能源汽车的车身结构、零部件构成、电池续航里程等，明确承保价格（是否包含政府补贴、是否折旧等）与赔偿界限（是否包括电池自燃、短路、碰撞损失等风险），最大限度地保证投保人或被保险人利益，避免类似争议再次发生。

（2）保险公司在承保时要将保险价值、保险标的、如何理赔等充分告知消费者，尊重消费者的选择权、公平交易权。否则，会因违反《保险法》的规定而付出代价。

（3）从诚信原则、损失补偿原则的立法目的来看，其主要是为了防止投保人利用保险合同赚取额外利益，并遏制由此可能引发的道德风险。但在机动车辆损失保险"高保低赔"情形中，企图利用财产合同取得非法利益的并非一定是投保人，也可能包括保险人。因此，法律、法院对这种不诚信的行为，尤其是保险人的不诚信行为应积极发挥司法规制作用，保障投保人与被保险人的合法权益，保障保险市场的良性运转。

17. 摩托车紧急避险导致的车祸索赔被拒案

【案情简介】

某年 1 月 12 日，张某驾驶其奥迪轿车行驶到一弯路时，在借道超车时由于天冷路滑驶入逆行道，与迎面而来的摩托车相遇，摩托车司机当即向右打轮避让奥迪轿车时致使摩托车侧翻，造成摩托车受损、一名乘客重伤及摩托车司机本人轻伤的交通事故，合计损失达 18.98 万元，张某的车未受任何损害。经交警大队处理认定，张某在此次交通事故中负全部责任。在事故处理结案及获得交强险赔偿后，张某再持商业保单以"第三者责任损失"为由向保险公司索赔，但遭到拒赔。张某随即将保险公司诉上法庭，要求法院判保险公司赔偿。

【不同观点】

（1）不应该赔偿。该观点认为，两车并没有发生意外碰撞事故，第三者损失并非直接毁损（没有产生碰撞），而是间接损毁，它不属于商业保险责任范围，因而不能赔偿。

（2）应该赔偿。该观点认为，两车虽然没有碰撞，但这是在采取紧急避险的情况下的结果，否则后果更为严重，而第三者的损失通过交通管理部门裁定由被保险人负责，且交强险已进行了赔付。因此，根据商业第三者责任保险合同的规定，保险公司应该进行赔偿。

【分析】

（1）所谓"紧急避险"是指用损害一种合法权益的方法保全另一种受到正在发生的危险威胁的合法权益的紧急措施。我国《刑法》第二十一条第一款规定："为了使国家、公共利益、本人或者他人的人身、财产和其他权利免受正在发生的危险，不得已采取的紧急避险行为。"紧急避险造成损害，是指行为人在遭到紧急危难的情况下，为避免或救护一个较大的合法权益使之不受损害，不得已而对某一较小的利益所致的损害。但紧急避险必须具备三个条件：首先必须是确实存在严重危险并且别无他法解救的情况下采取的；其次是所损害的利益必须小于被保全的利益；最后是采取措施必须得当，不得超过必要的限度。摩托车司机因紧急避险造成的损失是由引起险情的被保险人张某的行为直接导致，其损害自身的合法权益小于被避险的两车相撞后的合法权益，其采取的措施不是因自然原因引起的，而是由于被保险人张某在道路拐弯处占了对方的路面，在即将发生碰撞危险时，摩托车司机不得已采取的突发性行为。避让了张某，导致自身车子侧翻，摩托车司机的行为属于紧急避险。紧急避险带来的损失理应由张某承担责任。这次事故虽然未发生碰撞，第三者的损失仍可认定为直接损毁。

（2）我国《民法总则》第一百八十二条规定："因紧急避险造成损害的，由引起险情发生的人承担民事责任。危险由自然原因引起的，紧急避险人不承担民事责任，可以给予适当补偿。紧急避险采取措施不当或者超过必要的限度，造成不应有的损害的，紧急避险人应当承担适当的民事责任。"这说明不论是受损害的还是被避险的合法权益，都是受国家法律保护的，只有当损害的合法权益小于被避险的合法权益时，紧急避险的行为才是对社会有益的。所以，紧急避险不具有刑法意义上的社会危害性，而具有合法性。就本案而言，险情是由张某所引起的，而且摩托车司机紧急避险又没有超过必要限度，所以，张某应承担民事赔偿责任。

（3）按照保险公司与被保险人签订的《机动车辆保险合同》规定，被保险人在使用车辆过程中发生意外事故，致使第三者遭受人身伤亡或财产损毁，依法应由保险人支付的赔偿金额，保险人依照保险合同的规定给予赔偿。

【结论】

经过上述分析，我们认为：这起交通事故是因紧急避险引发的，对此所造成的损害赔偿，应由被保险人张某来承担，而张某应当承担的民事赔偿责任构成机动车辆第三者责任险的保险责任，保险人应当在合同约定的范围内赔付被保险人。

【启迪】

组成交通的要素有人、车、路。人是关键，一方面，作为投保人或驾驶员要加强交通安全意识，遵纪守规，不能抢红灯、抢道行驶等，以避免或减少交通事故带来自身和他人的损失。因为尽管我国《道路交通安全法》早已实施，第三者责任保险必须购买，但一旦发生车祸产生民事赔偿，保险公司也只能在保险限额内赔偿，超过的部分还是要肇事者自己来承担。不仅如此，肇事者还有可能要负刑事责任。另一方面，针对频繁发生的被保险车辆交通事故，保险人在承保时既要严格把好承保质量关，使那些不遵守交通法规的人不易参保，又要在保险经营过程中严格按照保险合同的约定来行使权利和履行义务，既不夸大权利缩小义务，也不无原则地扩大自身的责任。

18. 向企业追偿员工过失责任的争议案

【案情简介】

某年 5 月 8 日，某小型建筑队在为 W 工厂维修成品库库棚的施工中，有关人员违反安全操作规程，酿成了一场火灾，烧毁库内 1 万余只电视机显像管，直接经济损失达400 余万元。火灾后，该工厂向其财产保险承保人 A 保险公司索赔，保险公司经调查核赔后，支付被保险人赔款 400 余万元，该厂也把追偿权移交给 A 保险公司。A 保险公司依《保险法》《合同法》及《侵权责任法》等法律向建筑队追偿赔款，但建筑队以"谁（个人）出的事，谁负责"为由，拒绝赔偿。代位追偿八个月都没成功后，保险公司不得已向法院提起了诉讼。

【不同观点】

本案发生后，究竟如何对待追偿，人们众说纷纭，争议激烈。概括起来，主要有三种观点。

第一种观点认为不应该追偿。理由是，其一，保险公司的责任就是赔，不应该追，尽管追偿在法律和保险合同上有明文规定，而实际上是行不通的，不必照办；其二，肇事者受刑法制裁就行了，不应再要其法人组织承担经济责任，而影响该建筑队其他职工的经济利益；其三，对小微企业应该扶持，如果追偿，就会使它们的发展生产受到影响，与党的政策不符，而且还会破坏保险公司的声誉；其四，不利于保险宣传，不利于保险业务的扩展。

第二种观点认为应该追偿。理由是，其一，应严格按法律和保险合同规定办事，不然就无法维护法律及合同的严肃性；其二，如果工厂没有参加保险，他们也应依据有关法律向建筑队追偿，如今该厂保了险，保险公司也不能把保险合同责任外的损失统统包下来；其三，政策、法律都是鼓励先进，鞭策落后，惩罚犯罪的，保险公司绝不能助长落后；其四，保险公司支付赔款后，代位追偿权是其法定的权益。

第三种观点认为，追偿工作困难重重，能追则追，不能追就算了。

【分析】

当地法院受理此案后，建筑队进行了反诉，认为维修施工协议中规定的施工发生火灾由建筑队负责是无效条款，并认为火灾的主要责任在于 W 工厂管理不严，从而只肯赔偿库棚本身的部分损失，拒绝赔偿库内成品的损失。W 工厂在答辩中，认为建筑队反诉与事实不符。审判人员经过反复调查了解以及听取各方在法庭上的辩论，在确定事实的基础上，做了如下分析：

（1）施工协议中规定施工发生火灾由建筑队负责，是建筑队法人代表签字同意的，该条款作为施工协议的内容之一，应视为有效条款。

（2）建筑队在施工过程中忽视安全生产而引起火灾，给 W 工厂造成巨大经济损失，应负赔偿责任，A 保险公司向建筑队进行代位追偿是符合法律规定的。

（3）事先 A 保险公司、W 工厂确实做了防损检查工作，也充实了消防器材。虽然消防管理制度上仍然有欠缺之处，但这与失火并无因果关系。因此，应把一般的工作缺点与构成火灾的损害赔偿责任区分开。

（4）火灾发生后，施工人员不会使用灭火器，将其整个投进火里而未起灭火作用，最终酿成了大火。

据此，法院判决由建筑队负此次火灾的全部赔偿责任。

【结论】

最后，在事实和法律面前，建筑队终于承认应负全部赔偿责任，但提出此次火灾是施工人员不懂灭火器的使用所致，属于过失责任，而建筑队经济承受能力有限，希望保险公司给予照顾。事故发生后的第二年10月8日，经法院出面调解达成追偿协议：建筑队付给保险公司赔偿总额400余万元的30%，即120余万元，分两年偿清。建筑队在接到调解书的第二天，立即将首次清偿的60万元支票送到A保险公司，并对A保险公司同意减免其70%的赔款表示非常感激，同时表示要认真吸取教训，做好安全工作。

【启迪】

（1）开展追偿工作能够促进全社会的安全管理。在消防部门的火灾统计数字中，有很大一部分是由于他人——第三者造成的。通过追偿，能直接触动酿成火灾者的切身利益，有助于促进他们重视安全生产、健全规章制度和依法办事。

（2）开展追偿工作能促进保险业务的健康发展。一方面，使人们懂得保险经济关系是具有法律严肃性的一种经济关系；另一方面，保险公司的正当权益得到了保障。

（3）保险追偿案件会随着保险业务的扩展而增加，这是一个必然趋势。因此，无论是对保险公司、被保险人，还是对法院、法律顾问处或律师们来说，都有必要重视法律知识的学习，在懂法的条件下维护经济法规和保险条款的严肃性。

19. 保险事故未发生的索赔案

【案情简介】

某饲料公司于某年2月18日为其固定资产、原料及存货等财产向某保险公司足额投保财产保险综合险，保险期限为一年。保险公司签发了保险单，饲料公司按约定交纳了保险费。同年6月2日，饲料公司所在地的县防汛指挥部下达了本地进入防汛紧急状态的通告，通告称：预计6月4日本地水位将达到或超过25.7米，超过历史最高水位，经上级政府批准，实施应急转移方案。该方案要求所有非防汛人员转移，其财产也尽可能就近转移到安全地区。第二天，保险公司根据此方案，对饲料公司发出《隐患整改通知书》，该通知书督促饲料公司尽快转移财产，并强调如果不按整改意见办理，保险公司将依《保险法》的规定解除保险合同，并对合同解除前发生的保险事故不承担赔偿责任。保险公司在将整改通知书送达饲料公司的当天，就派人对饲料公司需要转移的原料及存货进行了清点、登记，饲料公司立即雇车将这些物品运送到安全地区。由于当地政府组织及时，饲料公司并未遭受洪水，但饲料公司付出了财产转移费用13万元。汛期过后，饲料公司即向保险公司索赔，保险公司以洪水事故没有发生为由而拒赔，饲料公司遂上诉至法院。

【不同观点】

第一种观点认为，财产的转移是根据保险公司的通知而实施的，故开支的13万元财产转移费用应由保险公司承担。

第二种观点认为，保险理赔应在保险事故发生之后，而本案洪水事故并没有发生。饲料公司为防止洪水发生而产生的财产转移费用不属于保险责任范围内的损失，保险公司向饲料公司下达的《隐患整改通知书》只是协助饲料公司转移财产，这既是保险公司行使保护国家财产安全的权利，也是饲料公司尽保护国家财产安全的义务，故对该转移费用不予赔偿。

第三种观点认为，财产转移行为的实施是为了饲料公司和保险公司两者的利益，并由两者共同实施，故双方都应对财产转移费用承担一定的责任。

【分析】

我们认为，第三种观点是正确的，理由如下：

（1）防灾防损费用是保险补偿支出中不可或缺的一部分，主要包括预防和抑制灾害损失两大费用。饲料公司接到洪汛通知后及时转移被保险财产到安全地带，属于预防措施。为鼓励被保险人采取措施防灾防损，保险公司通常应对被保险人因施救、整理、保护被保险财产所支付的合理费用予以补偿，只是以保险金额为限。我国《保险法》第五十七条规定："保险事故发生时，被保险人应当尽力采取必要的措施，防止或者减少损失。保险事故发生后，被保险人为防止或者减少保险标的的损失所支付的必要的、合理的费用，由保险人承担；保险人所承担的费用数额在保险标的损失赔偿金额以外另行计算，最高不超过保险金额的数额。"

（2）本案合同双方所使用的《财产保险综合险条款》中也规定，保险事故发生时及保险事故发生后被保险人支付的必要的施救费用由保险人负责赔偿。这些规定的目的在于鼓励投保人或者被保险人尽可能减少财产损失，保证社会财富的安全。由此可见，防灾防损费用是保险补偿支出中不可或缺的一部分。但是，这些条款中明确规定，保险公司赔偿施救费用是以保险事故的发生为前提的，属于事后赔偿。而在本案中，饲料公司转移保险财产而支出的合理费用，实际上应被视作双方基于保险合同为防止可能发生的洪水事故而事前采取预防措施所发生的经济损失。如果保险公司对没有发生保险事故时支付的转移保险财产的费用损失不予理赔，这又明显有悖于防灾防损的实质。因此，对于防灾防损的措施之一——灾害预防所发生的合理费用，保险公司应该予以合理补偿。

（3）我国《保险法》第五十一条第二款规定："保险人可以按照合同约定对保险标的的安全状况进行检查，及时向投保人、被保险人提出消除不安全因素和隐患的书面建议。"本案中，保险公司向饲料公司发出《隐患整改通知书》，要求其尽快转移财产，这是保险人为维护保险标的的安全而采取的预防措施，也是其对饲料公司发出的新要约。对于这个措施与要约，被保险人饲料公司同意并配合保险公司实施了这一防灾防损方案。因此，转移费用也可以看作是饲料公司代替保险公司支付的防灾防损费用，同时也说明饲料公司接受了这一要约并实施了投保财产的转移。只是情况紧急，双方对转移投保财产的费用如何处理未做约定。在新要约的情况下，根据我国民法及合同法的有关规定，被保险人所发生的合理的防灾防损费用也可以得到适当处理。

【结论】

由上述可见，保险公司督促饲料公司转移财产，饲料公司实施了转移，是保险合同双方为了共同的利益所为，并且是共同实施完成的。根据公平原则和无过错责任原则，保险公司和饲料公司应共同承担民事责任。因此，双方都应对财产转移费用承担一定的责任。最后，饲料公司与保险公司在法院的主持下达成调解协议，由保险公司承担8万元费用，其余费用由饲料公司自行承担。

【启迪】

本案告诉我们，防灾防损既是投保人或被保险人应尽的义务，也是保险公司经营过程中的重要一环。一方面，投保人或被保险人在保险期间必须遵守各有关安全法规，同时在保险期间保险方提出了防灾防损的建议，均应及时采取，否则由此引起的损失将由投保人或被保险人自己负责。另一方面，保险公司通过采取有效的防灾防损服务措施，既有利于降低自身的赔付率以提高经济效益，又能够减少社会财富的损失或浪费，提高保险的社会效益。

20. 露堆财产受损索赔案

【案情简介】

某年6月21日，某乡办企业为其固定资产及流动资产全额向保险公司投保了团体火灾保险，并对其堆放在露天广场的原材料加保了露堆财产特约保险，总保险金额为69万元。同年10月5日，该地区突然来了一场暴风雨，风力速度为每秒21.5米，降雨量达每小时34毫米（均为当地气象站提供的资料）。由于风大雨大，使该厂财产受损45万余元，材料受损26万元。事故发生后，该厂向保险公司报告了险情，并提出全额索赔。

【不同观点】

保险公司派员查勘现场后，发现受损露堆财产虽用塑料布覆盖，但因所用塑料布已陈旧不堪，全部被暴风雨毁坏。因此，保险公司在核实房屋损失预先赔付后，对露堆财产的赔付发生了争议。其主要观点有：

第一种观点认为，该厂露堆财产的损失为暴风雨这一自然灾害所致，保险公司应赔偿其全部损失。理由是，其一，据当地气象部门提供的资料，该厂所遭遇的正是露堆财产特约保险中的暴风雨责任，保险公司应对保险责任范围内的灾害事故造成的损失负赔偿责任；其二，该厂按账面余额投保，属足额保险，根据保险赔偿原则，足额保险应在保险金额限度内按实际损失赔偿。

第二种观点认为，保险公司只能赔付该厂的房屋损失，不应赔付其露堆财产损失。理由是，该企业的露堆财产受损是被保险人安全防护措施不当所致。

第三种观点认为，可以通融赔付。理由是，其一，该厂属乡镇企业，这次遭灾受损惨重，如果保险公司不赔，该厂将会破产；其二，该厂所在乡的一百余家企业均参加了团体火灾保险，在以往几年中极少发生过赔案，从考虑保源和增强信誉的角度出发，保险公司可以赔付。

【分析】

上述观点均有片面之处，正确的观点应是赔付中考虑事实，根据事实分清责任，由保险公司与受损企业分担损失。

（1）可保财产与特约可保财产的保险责任是有区别的，不能混为一谈。本案中的受损房屋和露堆财产虽然同属于该企业的保险财产，但后者要经过特别约定才能承保，对它的处理仅适用于《露堆财产保险特约条款》的规定。

（2）该企业遭受的确实是暴风雨这一自然灾害。根据《露堆财产保险特约条款》关于"本保险单承保的露堆财产因遭受暴风、暴雨所致的损失，由保险人负责赔偿"的规定，保险人应予赔偿。

（3）虽然该企业用陈旧的塑料布覆盖露堆财产是不符合有关安全防护措施规定的，可以拒赔，但是，本案显然属于特大暴风雨，应予特殊处理。理由在于：①保险公司承担的暴风责任为每秒 17.2 米以上，本案中的暴风已达每秒 21.5 米；②保险公司承担的暴雨责任为每小时 16 毫米以上，本案中的暴雨已达每小时 34 毫米；③本案中的暴风雨不仅造成了露堆财产的损失，而且将周围（包括该企业）的房屋、树木刮倒。据此可以断定，即使用新塑料布覆盖露堆财产，也会受损。

（4）该企业露堆财产损失虽然是必然的，可以按特大暴风雨赔付，但也应看到其中有被保险人忽视安全防护措施的因素，这一因素决定了其对露堆财产的损失程度负有责任。从这一事实出发，我们主张在实际赔付中扣除一定比例的赔款作为对被保险人未尽有关义务的惩罚，这是符合保险条款和我国《保险法》第五十一条、《合同法》第六十条以及《财产保险合同条例》中关于被保险人义务规定的精神的。

（5）至于第三种观点，其理由不充分，实际上是一种糊涂观点。因为保险关系是一种合同关系，只能按合同规定办事，通融赔付也要以事实为依据。如果无原则地讲照顾、通融，则是保险经营中不可取的。

【结论】

经过多次争论，并向该企业做解释说服工作，本案得以协商解决。受灾企业的房屋损失由保险公司全额赔付，露堆财产的损失则由保险公司承担 85% 的赔偿责任。该企业共计从保险公司获得了 41 万多元赔款。

21. 被保险财产库存地址变动后受损的索赔案

【案情简介】

A 地的甲工厂为其拥有的全部固定资产和流动资产向某保险公司投保团体火灾保险综合险并附加自燃险。其中固定资产 500 万元，流动资产 100 万元，投保总金额 600 万元；保险费 2.5 万元，保险期限一年，保险公司及时签发了保单。甲工厂按约定交纳了全部保费。在财产保险合同及所附的财产明细表中，均写明投保的流动资产包括产成品、原材料及产品存放于本厂仓库、车间，并在保险单所附的工厂简图中标明了仓库、车间的位置。合同签订一个月后，甲工厂与 B 地的 Y 贸易公司签订了由 Y 贸易公司为甲工厂代销产品的合同，并当即在一周内两次向 Y 贸易公司发运产品共计 2000 件，货款 22 万元。Y 贸易公司将代销产品存放于自有 1 号仓库。但此时 B 地区连日持续高温，五天后该批产品自燃起火，烧毁 1200 件产品。Y 贸易公司当即将剩余 800 件产品转移至 B 地郊区其另一仓库。七天后，库内被转移的产品再次自燃起火，全部烧毁。在此之前，甲工厂并未向保险公司就货物转移及事故发生情况做任何通知。经公安部门某消防科学研究所对两次火灾进行鉴定，结论为"两次火灾均为骤然自燃所致"。火灾发生后，甲工厂向保险公司提出索赔，遭到拒赔后向法院提起诉讼。

【不同观点】

第一种观点认为，保险公司应赔偿。甲工厂将产品发往 B 地 Y 贸易公司代销，其财产所有权并未转移，产品仍属甲工厂所有，也属于保险合同承保范围，现发生了自燃火灾导致产品受损，保险公司应在附加的自燃险中进行赔付。

第二种观点认为，保险公司不应赔偿。理由有：一是委托代销的产品是否属于承保财产取决于其是否符合保险合同的约定。本案中委托代销产品被运离约定保险地点，不应再属于保险财产。二是即使委托代销产品被运离约定地点后仍属于保险财产，但事件发生后甲工厂未向保险公司履行危险增加的通知义务，且由于增加的危险导致了该产品的损失。

【分析】

本案实际上涉及两个问题：一是代销的产品是否仍属于保险范围；二是甲工厂未就产品存放地点变更通知保险公司是否影响到保险合同的有效性。下面分别进行分析。

（1）团体火灾保险承保的是被保险人的财产及其相关利益。在合同中，被保险人的财产及其相关利益在发生保险责任范围内的灾害事故而遭受经济损失时，保险人将按合同约定对被保险人进行赔偿。按照团体火灾保险合同条款的规定，保险公司承保的财产包括：①属于被保险人所有或与他人共有而由被保险人负责的财产；②由被保险人经营管理或替他人保管的财产；③其他具有法律上承认的与被保险人有经济利害关系的财产。从本案来看，我国《民法总则》第一百六十二条、第一百六十四条第一款规定："代理人在代理权限内，以被代理人名义实施的民事法律行为，对被代理人发生效力。""代理人不履行或者不完全履行职责，造成被代理人损害的，应当承担民事责任。"甲工厂与Y贸易公司签订了代销产品合同，两者之间的关系实际上是一种代理法律关系。甲工厂要代销的产品被发往B地Y贸易公司仓库，其所有权并未变更，仍属甲工厂所有；Y贸易公司在代理权限内处置产品的后果也由甲工厂承担。因此，按照合同及相关法律规定，被代销的2000件产品可以成为保险公司承保的财产。然而，保险公司承保财产是附有一定条件的。此案中，保险公司与甲工厂就被保险财产的存放地点做了约定，其真实意思在于抑制被保险财产的风险程度，理应得到甲工厂的遵守。甲工厂在事先未经保险公司同意的情况下变更存放地点，直接导致该2000件产品不再属于保险公司承保范围。

（2）本案合同双方签订的团体火灾保险综合险合同条款明确规定："在保险合同有效期内，如有被保险人名称变更、保险标的占用性质改变、保险标的地址变动、保险标的危险程度增加、保险标的的权利转让等情况，被保险人应当事前书面通知保险人，并根据保险人的有关规定办理批改手续。"本案中甲工厂将2000件产品发往B地Y贸易公司后，由于B地连日持续高温，该批产品自燃可能性增加，即危险程度增加，但甲工厂并未书面通知保险公司。这显然违反了保险合同约定的被保险人应尽的义务。之所以规定被保险人此项通知义务，原因在于保险标的占用性质、地址等的变动都可能导致其危险程度增加，而标的危险程度增加将导致保险公司承担责任的风险扩大，保险公司有必要对这些变动情况进行审查以决定是否继续承保。一般来说，保险公司在要求被保险人适当补交保险费后进一步承保。若保险标的危险程度增加，而保险公司毫不知情，也不能增收保费，这不符合诚信原则，对保险公司来说是不公平的。我国《保险法》第五十二条明确规定："在合同有效期内，保险标的的危险程度显著增加的，被保险人应当按照合同约定及时通知保险人，保险人可以按照合同约定增加保险费或者解除合同。保险人解除合同的，应当将已收取的保险费，按照合同约定扣除自保险责任开始之日起至合同解除之日止应收的部分后，退还投保人。被保险人未履行前款规定的通知义务的，因保险标的的危险程度显著增加而发生的保险事故，保险人不承担赔偿保险金的责任。"当然，若事故的发生不是因为增加的危险所致，而是由保险合同责任范围内的风险所致，则无论投保人或被保险人是否就危险程度增加履行通知义务，保险公司都必须进行保险赔偿。本案中，投保的产品是由于增加的危险（产品转至B地后持续高温，而在A地并无持续高温）而发生自燃受损，甲工厂却未履行保险标的的危险增加通知义务，因而保险人应拒绝赔偿损失。

【结论】

法院经审理后认为，甲工厂与保险公司签订的财产保险合同，已明确约定投保产品的坐落地点为A地本厂内仓库及车间。甲工厂擅自将投保的产成品从本厂仓库转移至B

地，在加大了标的物危险程度后，未及时通知保险公司并办理批改手续，违背了保险公司《团体火灾保险条款》"在保险合同有效期内，如有被保险人名称变更、保险标的占用性质改变、保险标的的地址变动、保险标的的危险程度增加、保险标的的权利转让等情况，被保险人应当事前书面通知保险人，并根据保险人的有关规定办理批改手续"的规定。因此，甲工厂应自行承担由此而造成的经济损失。

我们认为，法院的判决与上述第二种观点相符，是正确的。但是判决理由可以更深入地进行阐述。本案中发往 B 地的产品仍属承保产品，只是由于甲工厂违背危险增加通知义务才导致了保险公司不承担赔偿责任。然而，这句话实际上是自相矛盾的。既然已经承认其仍然是承保产品，含义当然是指该产品仍属于保险责任范围，那么就不存在拒赔的理由。这一问题的实质应是，由于保险标的的地点发生变更，未履行危险增加通知义务，原来的承保财产已不再是承保财产，故保险公司不应赔偿。虽然两种说法结论一样，但后一种说法的推理过程更符合逻辑。

【启迪】

（1）从广义上来说，被保险人的危险增加通知义务属于诚信原则的内容。诚信原则的基本含义是，保险双方在签订和履行保险合同时，必须以最大的诚意履行自己应尽的义务，互不欺骗和隐瞒，恪守合同的约定与承诺，否则将导致保险合同无效。保险活动中之所以要遵循诚信原则，其原因在于保险经营活动的特殊性。一方面，保险条款一般由保险人事先拟定或由管理机关制定，具有较强的专业性和技术性，一般的投保人难以对其充分理解，这就要求保险人坚持诚信原则。另一方面，在保险活动中，保险标的始终控制在投保人或者被保险人手中，投保人或被保险人对保险标的的价值及风险状况最了解，保险人往往不可能对保险标的进行详细、完整的调查研究。要维护保险人的利益，使保险经营活动正常进行，就要求投保人或被保险人必须将保险标的在合同订立与执行过程中的情况如实告知保险人。保险标的的危险状况直接影响到保险人是否承保以及保险费率的确定，是关于保险标的的重要事实，保险人有权利了解其内容，而被保险人则有义务履行告知或通知义务。

（2）被保险人在详细了解合同条款后，要十分注意自身义务的履行情况。本案中甲工厂若在将投保产品发往 B 地之前按保险公司的要求书面通知保险公司、办理相关批改手续，需要的情况下补交一定保险费，则可在损失发生后获得保险赔偿，减少自己的损失。

22. 企业欠缴保险费的诉讼案

【案情简介】

某年 4 月，某企业在当地保险公司投保了团体火灾保险，保险金额为 3611.287 万元，保险费为 72225 元，保险双方当事人当即签订了保险合同。在保险合同内，对保险责任、保险期限及缴纳保费等做了规定。但是，合同签订后，该企业迟迟不按规定交付保险费，保险公司多次派人催告均无效果，于是保险公司向当地法院提起诉讼。

【不同观点】

第一种观点认为，企业投保的财产保险属自愿性质的保险。既然企业不愿缴纳保险费，当其遭受损失时保险公司拒赔就是了，况且全国各地保险公司均有保险费收不到的现象，保险会计科目表中还有"应收保费"科目，因此，保险公司不应向法院起诉。

第二种观点认为，保险服务不是商品，保险人与被保险人的关系并不平等，有的被保险人交了保险费，但未遭灾受损，等于白交了保险费。因此，保险公司不必过于认真。

第三种观点认为，保险合同的生效一般以收到保险费为条件，现在未收保险费，合同一开始就没有效力。因此，保险人的权益不能得到法律保障。

第四种观点认为，保险公司起诉有理、合法，被保险人应向保险人补交拖欠的保险费。

【分析】

我们认为，第四种观点基本正确，但还不全面，因为被保险人不仅应补交拖欠的保险费，而且要补交部分利息或违约金。理由是：

（1）自愿保险是指保险的实施方式，即投保人可以自由投保，他人不得强制。但是，一旦签订了保险合同，就要受合同的约束，保险合同对保险双方履行责任和义务的强制性是不以自愿保险的保险方式而改变的。我国《保险法》第十四条就规定："保险合同成立后，投保人按照约定交付保险费，保险人按照约定的时间开始承担保险责任。"我国《合同法》第六十条第一款也规定："当事人应当按照约定全面履行自己的义务。"保险合同是双务、有偿合同。投保人负有支付保险费的义务，同时享有保险赔偿的权利，保险人享有收取保险费的权利，并负有承担保险合同约定的保险责任的义务。

（2）保险人与被保险人之间的关系是平等的关系。我国《合同法》第三条规定："合同当事人的法律地位平等，一方不得将自己的意志强加给另一方。"该法第五条也规定："当事人应当遵循公平原则确定各方的权利和义务。"保险公司经营的是各种自然风险和人为风险，而各种风险又具有偶发性和不平衡性。因此，对于单个的保险合同来说，保险人与被保险人的关系似乎并不对等。但是，风险是客观存在的，不在今天发生，也可能在明天发生；不在此地发生，也可能在彼地发生。保险人收取的保险费组成了保险基金，最终还是要赔付给各被保险人，它是取之于民、用之于民的社会互助事业。由此可见，保险经济关系作为一种特殊的经济关系，单个保险合同当事人双方的权利和义务不对等并不影响当事人双方在总体上权利和义务的对等。

（3）团体火灾保险合同作为特定的保险合同，合同双方均应以我国《保险法》、保险公司《团体火灾保险综合险条款》为依据，履行自己的义务。我国《保险法》和保险公司《团体火灾保险综合险条款》均规定缴付保险费是被保险人最基本的义务，也是保险合同赖以建立和履行的基础和条件。因此，被保险人未按规定缴费，实质上是未履行保险合同规定的义务，保险人依法享有向其索要的权利。

（4）在本案中，当时未收费是经保险人同意的，分期缴费也是保险经营中允许的，它是从有利于被保险人的目的出发的，而该企业当时投保也是为了使企业财产得到保险保障，如果违背当事人双方订约时的真实意图，显然不妥。因此，合同无效说是错误的。

（5）被告拖延缴费日期，显然违约。因为我国《合同法》第八条规定："依法成立的合同，对当事人具有法律约束力。当事人应当按照约定履行自己的义务，不得擅自变更或者解除合同。依法成立的合同，受法律保护。"同时，《合同法》第七十七条第一款规定："当事人协商一致，可以变更合同。"我国《保险法》第二十条规定："投保人和保险人可以协商变更合同内容。变更保险合同的，应当由保险人在保险单或者其他保险凭证上批注或者附贴批单，或者由投保人和保险人订立变更的书面协议。"也就是说，只有在不可抗力的破坏、双方协商同意、当事人一方发生合并或分立等情况出现时，才可能变更或解除合同。现在，被告未发生上述事件，合同继续有效。在保险合同有效期内不按合同办事，就是违约行为。被保险人的违约必然损害保险公司的利益，因此，该企业不仅应缴清所欠保险费，而且应缴付违约金，以示惩罚。

【结论】

根据有关法规和条款规定，法院最后判决该企业一次性付清拖欠的保险费，后经保险公司同意，分三期缴费，并于当时付了 3.7 万元保险费，这起保险费纠纷案暂告结束。

【启迪】

（1）保险合同是特殊的经济合同，一经签订，就具有法律的严肃性，保险双方都应遵守。本案中的保险公司敢于利用法律来维护自身的合法权益，是非常正确的，它说明合法的权益会得到法律的保护。

（2）保险公司要依法办事。现在有的保险公司常常出现应收保费大量挂账的情况，有的公司甚至与被保险人签订空头保单挂在账上做应收保费，一旦出险，就用赔款抵作保险费收入。这种经营方式实质上是与保险的宗旨相悖的，它不仅影响保险企业自身的经济效益，而且给保险的社会效益带来了消极影响。因此，保险公司要依法办事。

（3）保险公司的工作人员要董法。上述案例表明，假如该保险公司的工作人员不懂法，就不会向法院起诉，其自身利益也无法得到维护。

23. 保险标的危险程度增加索赔案

【案情简介】

某年 3 月 12 日，某乡镇企业以其生产设备等财产（不包括厂房，厂房为租借使用）向某保险公司投保企业财产综合险，保险金额达 250 万元。同年 8 月 3 日，该企业将其生产设备搬至河边一仓库内。由于考虑到可能会遇到洪水，保险标的危险程度会增加，该企业搬运后书面通知了保险公司。保险公司要求该企业增交一定的保费，但该企业不同意，并表示如果需要增加保费，就退保。保险公司不愿失去这笔业务，答应以后再与该企业进行商议。但双方在以后一直未就此事商议。同年 9 月 5 日晚，由于暴雨，河水猛涨，导致该企业仓库被水浸长达十个小时。事发后，该企业领导迅速向保险公司报案。经过双方核定，该企业实际损失金额为 110 万元。该企业就此向保险公司提出索赔，但遭拒赔。于是，该企业向法院提起了诉讼。

【不同观点】

（1）保险公司不应该赔偿。该观点认为，投保企业在保险标的危险程度增加后未增交保险费，违反了合同约定，故不应对其赔偿。

（2）保险公司应赔偿全部损失。该观点认为，尽管投保企业在保险标的危险程度增加后未增交保险费，但保险公司曾同意以后再与该企业进行协商，后来又一直未商议，这应视作保险公司默认合同继续有效。故保险公司应该赔偿全部损失。

（3）保险公司应部分赔偿。该观点认为，尽管投保企业在保险标的危险程度增加后未增交保险费，但保险公司并没有终止合同，因而保险公司应该对企业在扣除危险增加所增加的损失部分后给予赔偿。

【分析】

（1）我国《保险法》第五条规定："保险活动当事人行使权利、履行义务应当遵循诚实信用原则。"诚信原则要求保险合同当事人双方必须如实履行告知义务。投保人或被保险人的告知义务是指其必须将与保险标的有关的一切重要事实（指足以影响到保险人是否承保、是否终止合同以及决定是否增减保险费率的事实）告诉保险人。及时将危险增加的情况通知保险人是投保人履行告知义务的一项重要内容。因为保险标的危险程度增加对于保险人来说是重要事实，保险人收取的保费是根据保险标的特定情况下的危险程度，按照费率表核定的。保险标的危险程度增加，将导致保险人承担的责任增加。所以，在保险责任开始后，发生任何保险危险或其他危险程度的变化时，被保险人有义务告知与该变更有关的全部重要事实。在本案中，被保险人将保险标的危险程度可能增加的情况及时通知了保险人，就这一情况而言，被保险人没有违反我国《保险法》的诚信原则。

（2）所谓"危险程度增加"，是指签订保险合同时未曾预料或未予估计的危险因素的增加，这种危险因素是在保险合同订立后新出现的。投保人不履行"危险程度增加"的通知义务，因保险标的危险程度增加而发生的保险事故，保险方不负赔偿责任。我国《保险法》第五十二条规定："在合同有效期内，保险标的的危险程度显著增加的，被保险人应当按照合同约定及时通知保险人，保险人可以按照合同约定增加保险费或者解除合同。保险人解除合同的，应当将已收取的保险费，按照合同约定扣除自保险责任开始之日起至合同解除之日止应收的部分后，退还投保人。被保险人未履行前款规定的通知义务的，因保险标的的危险程度显著增加而发生的保险事故，保险人不承担赔偿保险金的责任。"由此可见，一方面，如果被保险人（或投保人）对保险标的危险程度增加没有及时通知保险人，因保险标的危险程度增加而发生的保险事故，保险方不负赔偿责任；另一方面，如果造成事故的危险因素并非属于投保人所未告知的"危险程度增加"的因素所致即与"危险程度增加"的因素无关，则不能影响保险人负赔偿的责任。此外，被保险人或投保人履行了危险程度增加的通知义务，保险人不管有没有要求增加保险费或在要求增加保险费而投保人或被保险人是否补交保险费的情况下，保险人不得以因保险标的危险程度增加而不负发生保险事故后的赔偿责任。因为法律只规定被保险人未履行通知义务的，因保险标的危险程度增加而发生的保险事故，保险人不承担赔偿责任。按照上述保险法条款的规定，在合同双方当事人没有其他特别约定的情况下，被保险人应该得到保险标的受损后的保险补偿。

（3）如果保险人在法律规定的一定时期内放弃了其本可享受的权利，事后就不得再主张该项权利。这是诚信原则的一项重要内容，即"弃权和禁止反言"。若被保险人在保险标的危险程度增加时，履行了通知义务，保险人在得知标的危险增加后将享有抗辩权或解约权，其有权要求投保人增加保费，或者解除保险合同。若保险人在一定期限内未做任何意思表示，保持沉默，则视为弃权。保险人弃权后不得再向投保人或被保险人主张增加保险费或解除合同。在本案中，保险标的危险程度增加后，投保企业及时履行了告知义务，保险人也要求被保险人增加保费，但被拒绝。保险人要求被保险人增加保险费遭拒绝后理应立刻解除保险合同，并通知被保险人。但保险人害怕失去这笔业务，抱着侥幸的态度拖而不决，应视为对解除保险合同的暂时弃权，或者说保险人默认投保人或被保险人可以不补交保险费而享受的权利不变。这样，在保险期间内，保险合同还是有效合同。发生水灾后，保险人却因被保险人或投保人未增交保费为由拒赔，显然就违背了保险合同的"弃权和禁止反言"这一诚信原则。

【结论】

前述第二种观点是正确的。投保人履行了危险程度增加的告知义务后，保险人未正式解除合同，合同继续有效，保险人应按照合同规定，在遵循保险补偿原则的前提条件下在保险金额范围内按实际损失履行赔付义务。

【启迪】

保险合同是投保人与保险人约定保险权利和义务关系的协议，双方都应该严格遵守，享有其规定的权利，履行其规定的义务。保险公司明知投保人违约，却不行使自己解除保险合同的应有权利，而是抱着侥幸的心理，只顾短期利益，不为公司的长期经营着想，最终付出了代价。

24. 租赁厂房合同过期后的保险索赔案

【案情简介】

A公司某年4月8日向本市W工厂租借厂房一间，当生产车间使用，合同约定租赁期为一年，若有一方违约，则违约方必须支付违约金。同年5月16日，A公司向当地保险公司投保团体火灾保险，期限为一年，足额投保下保险金额为50万元。由于A公司产品旺销，欲向W工厂续租厂房一年，遭到拒绝。第二年4月8日至24日间，W工厂多次与A公司交涉，催促其尽快搬走。A公司经理多次向W工厂解释，并表示愿意支付违约金。最后，W工厂法人代表只得要求A公司最迟在5月11日前交还厂房，否则将向法院起诉。5月4日，A公司某职员不慎将洒在地上的汽油引燃，造成火灾，导致厂房内A公司生产设备损失26.8万元，另厂房屋顶烧塌，需修理费10万元。A公司向保险人索赔生产设备损失和厂房屋顶损失共计36.8万元。

【不同观点】

本案发生后，保险公司内部理赔人员一致认为，厂房内设备属团体火灾保险的保险责任范围，保险人理应赔偿其损失，但是，由于租赁合同已经到期，对厂房屋顶修理费用是否赔偿则产生了争议。

第一种观点认为，由于租赁合同到期，租赁行为不再存在，A公司对W工厂厂房已不存在保险利益，所以保险人不需赔偿。

第二种观点认为，虽然租赁合同到期，但最终W工厂法人代表又明确提出新的要求，即A公司应最迟在5月11日前交还厂房。这应视作W工厂对A公司在此期间内继续使用厂房的同意。故A公司对W工厂厂房仍具有保险利益，保险公司应该予以赔偿。

第三种观点认为，由于A公司故意拖延使用W工厂厂房，属违约行为。W工厂法人代表是在无奈的情况下才再提出新的要求。A公司违约行为在先，其对厂房不具备保险利益，保险人不应给予赔偿。

【分析】

(1) 我国《保险法》第十二条第二款、第六款规定："财产保险的被保险人在保险事故发生时，对保险标的应当具有保险利益。保险利益是指投保人或者被保险人对保险标的具有的法律上承认的利益。"即在财产保险中，被保险人在保险事故发生时，对依法享有他物权的财产享有保险利益。他物权是指权利人在他人之物上享有的权利。我国《民法总则》第一百一十四条规定："民事主体依法享有物权。物权是权利人依法对特定的物享有直接支配和排他的权利，包括所有权、用益物权和担保物权。"我国《物权法》第一百一十七条规定："用益物权人对他人所有的不动产或者动产，依法享有占有、使用和收益的权利。"可见，本案承租人对其承租的房屋拥有使用权，故对其具有保险利益，保险合同有效。

（2）本案的关键在于租赁合同期满后，保险合同是否仍具有法律效力，或者说，原来的租赁合同期满后，它们两者之间是否还具备租赁关系。我国《民法总则》第一百二十九条规定："民事权利可以依据民事法律行为、事实行为、法律规定的事件或者法律规定的其他方式取得。"法律虽然未对租赁这一经济行为规定特定的法律形式，但根据《民法总则》第一百二十九条的规定，租赁合同的签订可以采用书面形式、口头形式或者其他形式。W 工厂法人代表最终同意 A 公司在 5 月 11 日前交还厂房，是 W 工厂对 A 公司在租赁合同到期后继续使用厂房行为的认可。而且，如果 A 公司未因火灾导致厂房屋顶烧塌，就不用支付相应的修理费用，而且还可通过继续使用厂房获得经济利益。从以上两点分析来看，保险事故发生时，A 公司对厂房具有保险利益，厂房仍然是保险标的。

（3）衡量投保人或被保险人对保险标的是否具有保险利益的标志，是投保人或被保险人是否因保险标的的损害或丧失而遭受经济上的损失，即当保险标的安全时，投保人或被保险人可以从中获益；反之，当保险标的受损时，投保人或被保险人必然会遭受经济损失，则投保人或被保险人对该保险标的具有保险利益。本案中 A 公司对超过租赁期占用的厂房因火灾被烧而致损失肯定要负赔偿责任，即厂房这一保险标的受损，被保险人 A 公司必然会遭受经济损失。因此，A 公司对厂房是具有保险利益的。

【结论】

本案中的火灾事故属意外事故，A 公司对厂房具有保险利益。火灾事故在保险期限内发生，完全属于保险责任范围，保险人应向 A 公司赔偿 26.8 万元的设备损失及 10 万元的房顶修理费。

【启迪】

保险利益原则是保险业务中应遵守的基本原则之一，一方面，被保险人在保险事故发生时对被保险财产一定要有保险利益；另一方面，财产保险合同生效后，若被保险人失去了对保险标的的保险利益，财产保险合同随之失效。在索赔时，衡量被保险人对保险标的是否具有保险利益的标志是看被保险人是否因保险标的的损害或丧失而遭受经济上的损失。

25. 被保险财产未受损失索赔案

【案情简介】

某年 11 月 26 日，某小区一楼房发生火灾，保户赵某除在火灾中抢救出了自家的一套家庭影院机外，其他财产遭到焚毁，损失达 8 万余元。火灾过后，赵某来到他所投保的保险公司索赔，该保险公司经办人员一看保险单，就拒绝了赵某的索赔要求。原来，赵某虽然投保了家庭财产保险，但他只为家庭影院机等个别电器投了保，其他受损财产均未参加保险。赵某看到保险公司拒赔，总觉得自己救出家庭影院机太亏，但又无可奈何。

【不同观点】

本案发生后，人们议论纷纷，其观点主要有以下三种。

第一种观点认为，保险公司拒赔是按合同办事。赵某的被保险财产既然未受损失，就不应获得保险赔款。如果保险公司赔偿了其损失，则保险合同的法律严肃性就无法维护。

第二种观点认为，保险公司拒赔合法不合理。如果赵某抢救的不是被保险财产，而是其他未保险财产，保险公司必然要赔偿其家庭影院机的损失，但现在赵某抢救的是被保险财产而非其他财产，要索赔又不符合保险合同的规定，不索赔又太不近情理。

第三种观点认为，保险公司应该奖励赵某的施救行为。赵某的索赔虽然不符合保险合同的规定，但如果保险公司不表示一下可能会影响到被保险人对被保险财产的施救积极性。因此，保险公司有必要对赵某给予一定的奖励。

【分析】

我们认为，本案是一个典型的保险财产未受损案例，它涉及如何正确理解保险合同内容的问题，赵某的索赔不仅是合理的，也是合法的要求。理由是：

（1）被保险财产是赵某冒着危险，并以损失其未保险财产为代价抢救出来的，如果赵某不愿付出损失未保险财产的代价，被保险财产遭受损毁是火灾的必然后果，这样，就属于保险公司应该赔偿的范围。现在，赵某冒险抢救出被保险财产，受损的财产却是未保险财产，显然形式变了，但并不能改变其付出代价的性质，无疑地，这种代价应该由保险公司分担。

（2）赵某牺牲未保险财产，目的是抢救被保险财产，即使不属于保险合同中关于被保险财产的损失赔偿规定，也可以视为一种为抢救保险财产而支付的施救费用，符合我国《保险法》第五十七条"保险事故发生时，被保险人应当尽力采取必要的措施，防止或者减少损失。保险事故发生后，被保险人为防止或者减少保险标的的损失所支付的必要的、合理的费用，由保险人承担；保险人所承担的费用数额在保险标的损失赔偿金额以外另行计算，最高不超过保险金额的数额"的规定；也符合赵某与保险公司签订的家庭财产保险合同中关于"因防止灾害蔓延或因施救、保护所采取必要的措施而造成保险财产的损失和支付的合理费用由保险人负责赔偿"这一条款的规定。

（3）赵某的行为，是一种值得赞扬和鼓励的行为，保险公司应该实事求是，对具体问题要具体分析，特殊情况特殊处理。如果拒赔，既与保险的有关原则及条款相抵触，也不利于促进投保人对保险财产的防灾防损及积极施救。

（4）上述分析说明，保险公司赔偿赵某的损失是其应尽的义务，但赔偿金额应控制在赵某投保的保险金额限度内。本案中赵某的未保险财产损失达8万余元，超过了其保险财产价值，赵某不可能从保险公司获得全部赔偿；同时，其他受损财产由于笨重或零碎，也不易施救，赵某即使放弃抢救保险财产而去抢救未保险财产，也不可能全部救出。因此，赵某的损失只能得到部分补偿。

【结论】

赵某向保险公司索赔是合理合法的要求，保险公司应在保险金额限度内给予一部分或全部赔偿。

26. 出险后未及时报案的家财险索赔案

【案情简介】

张某为其自有房屋及屋内财物等财产向某保险公司分公司投保了家庭财产综合保险并附加盗窃保险。保险期限为一年。保险公司及时签发了保单。投保人按合同约定交纳了全部保费。一天，张某回家后发现家庭财产被盗，他迅速到派出所报案。经公安人员现场勘查，被盗财物包括家用电器、床上用品及现金1300元，实际价值共计11020元。一个月后此案还没告破，这时张某才想起自己参加了家庭财产保险。他急匆匆地取出保险单来到保险公司索赔，但遭到拒绝。

【不同观点】

第一种观点认为，保险公司应赔偿。张某虽未及时通知保险公司，但事出有因，为遗忘所致，并非张某故意不履行通知义务。而且，张某在发现财产被盗后立刻到派出所报案，并会同公安人员对现场做了勘查，对被盗财产价值做了损失鉴定。保险公司虽然未到案发现场查验损失，但公安人员做的勘查应具备法律效力，可作为保险公司理赔的依据。保险公司理应赔偿。

第二种观点认为，保险公司不应赔偿。理由是，根据我国《保险法》及家庭财产保险合同条款的规定，出险后及时通知保险公司是投保人或被保险人应尽的义务，而本案

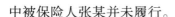
中被保险人张某并未履行。

【分析】

处理本案的关键在于，出险后投保人由于遗忘未履行及时通知义务是否可以成为保险公司拒赔的理由。下面我们逐步进行分析。

（1）我国《保险法》第二十一条规定："投保人、被保险人或者受益人知道保险事故发生后，应当及时通知保险人。故意或者因重大过失未及时通知，致使保险事故的性质、原因、损失程度等难以确定的，保险人对无法确定的部分，不承担赔偿或者给付保险金的责任，但保险人通过其他途径已经及时知道或者应当及时知道保险事故发生的除外。"《保险法》此法条作出此规定的目的主要有五个方面：①便于保险人迅速调查事故真相，不致因拖延时日而使证据灭失，影响责任的确定；②便于保险人及时采取措施协助被保险人处理保险事故，抢救被保险财产，尽量减少损失；③使保险人有必要的准备赔偿或给付保险金的时间；④使被保险人不因保险人滥用"及时"一词推卸责任而丧失索赔权益；⑤使保险人遵循诚信原则履行合同相应的义务（如防灾防损义务、赔付义务等）。保险事故发生的通知义务，是被保险人或受益人获得保险赔偿或给付的必要法律程序。保险事故发生后，投保人或被保险人可用书面形式或口头形式通知保险公司（法律要求采取书面形式的必须采取书面形式）。本案中，张某在发现保险事故一个月后才通知保险公司，就我国《保险法》第二十一条而言，违反了《保险法》规定的出险及时通知义务，影响了保险公司对事故真相的调查。但该法条同时规定，如果投保人或被保险人是故意或者因重大过失未及时通知的，致使保险事故的性质、原因、损失程度等难以确定的，保险人才对无法确定的部分不承担赔偿或者给付保险金的责任。本案被保险人张某因为一时忘记而未通知保险公司，而非故意或者非因重大过失未及时通知，因其迅速到派出所报了案，在案子未得到破解后，才想起有保险，且本案损失是确定的11020元。

（2）根据该保险公司《家庭财产综合保险条款》的规定，若被保险人不履行出险通知义务，则保险人有权拒绝赔偿，或解除保险合同。该保险的附加险种盗窃保险的条款中也明确规定，"保险事故发生后，被保险人应当保护现场，立即向当地公安部门如实报案，同时通知保险人。"张某与保险公司签订的保险合同是确定二者权利和义务的依据，事故发生后立即通知保险公司是张某应该尽的义务。问题是，《保险法》《家庭财产综合保险条款》中没有规定具体的报险时限。所谓"及时""立即"，则有多种情况下的解释。因此，仅仅就法律、条款用词而言，保险公司拒赔的理由不充分。

（3）在实践中，保险人拒赔须排除以下情况：①投保人或被保险人在得知保险事故发生后，由于不可抗力的原因，无法履行通知义务。如在海中遇险，通信设备全部失效。在这种情况下，投保人或被保险人并无过错，标的受损责任不能完全由其来承担。在实际处理中可由双方平均承担标的损失责任。②由于保险公司本身的原因，致使投保人或者被保险人无法履行出险通知义务。如在投保人或被保险人只能采取电话通知的情况下，保险公司的电话系统出现故障导致通知无法进行。在此情况下，若保险公司电话系统的故障是由于其自身原因造成的，则投保人和被保险人无须承担任何责任。

（4）我国《保险法》第二一六条规定："人寿保险以外的其他保险的被保险人或者受益人，向保险人请求赔偿或者给付保险金的诉讼时效期间为二年，自其知道或者应当知道保险事故发生之日起计算。"这意味着被保险人的索赔时限法律规定为两年，被保险人只要不超过两年时间，其索赔权利并不消灭。

【结论】

由上述分析可知，前面两种争论的观点都带有片面性。张某未履行其本可以履行的出险通知义务，其自身有一定的责任，但依据我国《保险法》关于索赔时限的规定，被保险人只要在两年内不自愿放弃其索赔的权利，两年内就可以随时向保险公司索赔。

【启迪】

出险通知义务是保险活动中投保人或被保险人最基本的义务之一。每个参加保险的人都应给予其足够的重视。本案至少给我们带来了两个方面的启迪：

（1）要让自己拥有出险后"及时通知"的意识。由于他人的犯罪活动造成损失，一方面要向公安部门报案，另一方面也要及时通知保险公司，做到"两报"都不误。这样有利于保险公司核定损失，避免日后理赔中的纠纷。

（2）要注意通知的方式。出险后，被保险人最好是迅速找出保单，亲自去所投保的保险公司履行通知义务。若情况紧急，现场需要看管或抢救，也可打电话及时告知保险公司。

27. 房产转卖期间受损的保险索赔案

【案情简介】

某年2月10日，张某为其所有的房屋及屋内财产向某财产保险公司足额投保家庭财产保险，保险期限为一年。保险公司及时签发了保单。张某则按合同约定交纳了全部保费。房屋的保险金额为300万元，其他财产的保险金额为10万元。同年6月9日，其购买新房一套，并拟将原有住房卖给李某。7月16日，李某未付清全部房款就入住，双方商定一星期后去住建部门办理过户手续并付清所有房款。不料，7月20日，李某家由于煤气泄漏引发火灾，致使房屋遭受严重损失。事发后，张某向保险公司提出索赔，遭拒赔后向法院起诉。

【不同观点】

第一种观点认为，保险公司应该赔付。理由是，虽然已和李某约定买卖房产，且李某已付部分房款，但双方未办理过户手续，也未进行所有权转移登记，因而房屋仍属张某本人所有，张某有权向保险公司索赔。

第二种观点认为，保险公司不应赔偿。其理由有两个：一是张某已将房屋卖出，且已收到部分房款，因此，他对该房屋不再具有保险利益；二是本案家财险合同明确规定："在保险期限内，保险标的被转卖、转让或赠与他人，或保险标的的危险程度增加时，应在七日之内通知保险公司，并办理批改手续。"房屋转卖应指房屋转卖的实际行为，而不是以转卖手续全部完成为条件。在发生房屋转卖的情况下，张某并未在7日内（6月9日至7月20日，超过七日）将该情况通知保险公司，保险公司可免于承担责任。

第三种观点认为，保险公司应该部分赔偿。理由是，张某只收到部分房款，对房屋还具有部分保险利益。当房屋因意外事故而灭失时，张某还拥有部分索赔权。

【分析】

本案的关键之处在于两点：一是房屋出险时张某是否具有保险利益，二是张某是否违反了及时通知义务。实际上，这两个问题都与房屋转卖是否已经完成有很大的关系。下面我们分别进行分析。

（1）我国《保险法》第十二条第二款、第六款分别规定："财产保险的被保险人在保险事故发生时，对保险标的应当具有保险利益。""保险利益是指投保人或者被保险人对保险标的具有的法律上承认的利益。"由此可见，张某向保险公司索赔的前提是其对该房屋仍然具有保险利益，而保险利益必须是为法律所承认的利益。本案中，张某对该房屋是否具有为法律所承认的利益，要看其所有权是否已经转移给李某。那么，怎样确定所有权的转移呢？我国目前对不动产所有权转移实行的是登记制度，房屋所有权的转移以房产证办理的时间为准。我国《物权法》第六条、第九条规定，不动产物权的设立、变更、转让和消灭，应当依照法律规定登记。经依法登记，发生效力；未经登记，不发生效力。本案中房屋的出售虽已经双方协商同意，且张某已收到部分房款，但是买卖双方未向住房交易管理部门申请办理过户登记手续。因而从法律上来讲，其房屋的所有权并未移转，张某仍是该房屋的所有人。这样，张某对该房屋就具有保险利益。

（2）保险公司在本案审理中辩称，房屋转卖应指房屋转卖的实际行为，而不是以转卖手续全部完成为条件。而本案涉及的是保险合同，房屋转卖在法律上的解释是指房屋所有权的转移。对于处于转卖过程中、手续尚未全部完成的房屋不能视作"房屋转卖"。这里涉及保险合同的词义解释原则。一般来说，对保险合同的解释遵循文义解释、意图解释、专业解释、有利于被保险人和受益人解释等原则。在本案中，房屋转卖的解释应适用专业解释原则，即对保险合同中使用的专业术语应按照其所属专业的特定含义来进行解释。在这里，应对"房屋转卖"按法律上的特定含义解释，即前面已给出的"房屋所有权的转移"。因此，保险公司对房屋转卖的辩词是没有法律依据的，房屋转卖应从房屋所有权转移即房屋买卖双方办理所有权转移登记算起。

（3）房屋转卖并未完成，保险公司认为"在发生房屋转卖的情况下，张某未在7日内将该情况通知保险公司，保险合同因此失效"是不成立的。即使张某收到了李某的全部房款，7 月 16 日至 7 月 20 日之间并未超过 7 日，拟买的日期并不是真正卖的日期，因此火灾事故发生在保险合同有效期内，保险公司没有理由拒绝赔偿。

【结论】

法院最终判决保险公司败诉，其理由与我们的分析一致。

不同观点中的第一种观点是正确的，由于房屋所有权并未转移，张某仍然是房屋所有人，对该房屋具有保险利益。张某也未违反合同义务，故张某有权向保险公司索赔。不同观点中的第二种、第三种没能正确认识"房屋转卖"的含义，而且认为张某的通知义务应从张某拟转让房屋时算起，则更无法律依据。

值得指出的是，保险公司在赔偿张某后，可以获得向煤气泄漏责任人追偿的权利。

【启迪】

张某虽然最终获得了赔偿，但本案仍然对投保人有所启迪。保险合同约定的各项义务，无论是投保人或是保险人都应该严格履行。本案中，一方面，若事故发生于张某将房屋交付给李某使用 7 日之后，则保险公司完全有理由拒赔。理由是，张某将房屋交于他人控制之下，可能导致危险程度增加，需要向保险公司申请办理保单的批改手续。因为不同的人对房屋的管理方法、使用情形、维护保养等会有较大的差异，房屋控制人的变动将导致房屋风险的变动，而这种变动是被保险人所能预知和控制得了的，属于客观的危险变更，被保险人应将此种情况事先通知保险公司，并办理批改手续，否则保险公司将不承担由此而增加的任何赔偿责任。另一方面，尽管房屋没有过户，但如果房款全部付清，李某就成为事实上的房屋所有人，张某对该房屋就没有了经济利益关系，即房屋受损，张某不会受损，从保险补偿原则出发，张某就没有权利向保险公司索赔。

28. 家居房屋改变使用性质的保险纠纷案

【案情简介】

张某于某年 10 月在某房地产开发商处购买了一套房屋，首付 20% 后，余款向某银行申请个人住房按揭，同时向银行指定的保险公司购买了个人抵押贷款房屋保险，保险期限为 20 年。买房后的第二年 12 月，投保人张某所购房屋发生火灾，张某立即通知了保险公司和银行，以火灾责任向保险公司索赔。保险公司查证后以房屋违反了合同规定、改变了使用性质为由拒绝赔偿。于是保险合同双方产生了纠纷。

【不同观点】

第一种观点即保险公司方认为，张某购买该房屋后，并没有自住，而是由张某任法定代表人的广告公司当作办公室使用，火灾是工作人员操作不当引起的。张某的个人住房性质已经发生变化，保险标的危险程度增加，但张某没有通知保险公司并申请变更，故不能赔偿。

第二种观点即被保险人方认为，该被保险房屋自购买开始即作为办公室使用，与房地产开发商签订的商品房买卖合同中的补充协议也明确规定开发商同意在该楼大厅设置该公司告示牌，房地产开发商的广告宣传也是商住，该房屋的使用性质没有改变，保险公司应该赔偿。

【分析】

（1）一方面，张某购买的房屋属于住宅，但用途是作为办公室使用，保险公司房屋保险经办人员对该房屋的用途应该是知道的。因为张某与开发商订立的商品房买卖合同中已写明，该房屋作为办公室使用，可以在一楼大厅设置告示牌。张某就该房屋向银行申请按揭，按照银行的要求向保险公司购买了个人抵押贷款房屋保险，这些均可证明该房屋作为办公用房，而保险公司业务人员在办理保险房屋时，是以商品房买卖合同为主要依据的。另一方面，个人住房作为公司办公室使用，并不违反国家法律规定，只要经过环保等有关部门同意，个人住房可以向工商部门申请作为公司注册地址，可以作为办公室使用。

（2）我国《保险法》第五十二条规定："在合同有效期内，保险标的的危险程度显著增加的，被保险人应当按照合同约定及时通知保险人，保险人可以按照合同约定增加保险费或者解除合同。保险人解除合同的，应当将已收取的保险费，按照合同约定扣除自保险责任开始之日起至合同解除之日止应收的部分后，退还投保人。被保险人未履行前款规定的通知义务的，因保险标的的危险程度显著增加而发生的保险事故，保险人不承担赔偿保险金的责任。"其中"危险程度增加"是指在保险合同有效期内，保险标的发生保险责任范围内的事故的可能性增加。增加的原因主要表现为两种：一是保险标的因用途变更或因使用性质变更而导致危险程度增加；二是保险标的作为设备已经老化或安全设备撤除而导致危险程度增加，或外界因素发生变化而导致其危险程度增加。但是，本案中，张某所投保的房屋的使用性质并没有违反商品房买卖合同和个人抵押贷款房屋保险合同的规定，因此，危险程度并没有增加，保险公司拒赔于法无据。

【结论】

保险公司应该赔偿。

【启迪】

随着住房制度的改革，我国个人贷款购买房屋的居民越来越多，有的买房是为了自己居住，有的是为了办公商用，还有的是为了投资（如出租），等等。房屋的使用性质不同，其所面临的风险当然不同。但是，目前房屋用途尽管不一，但采用的法规基本上是针对个人住宅房屋性质来制定的，如贷款银行的《个人住房贷款管理办法》、房屋开发商的商品房买卖合同、保险公司的个人抵押贷款房屋保险合同等，这样，就保险而言可能会带来一些新的纠纷，如本案例就反映出了个人住房抵押贷款保险条款方面存在的问题，不管所购房屋用于自己居住还是用来办公，费率是相同的。因此，保险人在目前不能改变有关法规规定的情况下，在承保时，一定要弄清楚投保人所购买的房屋将来的实际用途，不同用途的房屋，保险费率应该根据风险的高低来特别约定费率。

29. 家庭财产重复保险索赔案

【案情简介】

某年1月，王某向某保险公司投保了家庭财产保险及附加盗窃险，保险金额为10万元，期限一年。同年3月，王某所在单位为每名职工在另一保险公司投保了家庭财产保险及附加盗窃险，每人的保险金额为5万元，期限一年。两家保险公司分别向王某出具了保险单。投保当年的8月，王某家中起火，王某及时报警并参与抢救，同时通知了两家保险公司。灾后经现场勘验后认定，王某损失家庭财产价值5万元。王某于是先后分别向两家保险公司提出赔偿5万元的要求。两家保险公司以王某重复投保，造成保险合同无效为由拒绝赔偿。王某遂向法院提起诉讼，要求两家保险公司按合同的约定各赔偿5万元的经济损失。

【不同观点】

第一种观点认为，保险公司不应该赔偿。王某违反了诚信原则，自己已经为家庭财产投保了家庭财产保险，当其工作单位再为其购买时，他应该告之单位不要再为他的家庭财产购买保险。

第二种观点认为，保险公司应该赔偿。王某与其单位是两个不同的主体，他们分别与两家保险公司签订的保险合同是合法、有效的合同，根据合同双方权利与义务对等的原则，两家保险公司分别收了保险费，就应该根据合同规定分别赔偿被保险人。

第三种观点认为，保险公司应该比例赔偿。王某与其单位分别为其家庭财产所投保的保险属于重复保险，根据《保险法》的规定，在对重复保险的保险标的发生保险事故理赔时，应该实行重复保险分摊原则。因此，两家保险公司应负分摊财产损失的责任，进行比例赔偿。

【分析】

（1）所谓诚信原则，是指当事人订立保险合同及在合同有效期内，应依法向对方提供影响其作出是否缔约及缔约条件的全部实质性重要事实，同时绝对信守合同中的约定与承诺。本案中，王某没有违反诚信原则。一方面，王某本人与保险公司签订的合同，是合法、有效的合同，合同双方都没有违反诚信原则；另一方面，王某与其所在的工作单位是劳动合同关系，其工作单位与保险公司签订的保险契约中的要求遵循诚信原则不能约束王某，只能约束其工作单位与保险公司双方。

（2）我国《保险法》第五十六条第一款规定："重复保险的投保人应当将重复保险的有关情况通知各保险人。"该法条第四款规定："重复保险是指投保人对同一保险标的、同一保险利益、同一保险事故分别与两个以上保险人订立保险合同，且保险金额总和超过保险价值的保险。"在本案中，王某仅仅是他与保险公司签订的保险合同的投保人，而其单位购买的团体家庭财产保险的投保人是其工作单位，而非王某。因此，从这个意义上来说，王某没有违反我国《保险法》的上述规定。

（3）根据保险合同的性质，在保险理赔中应遵守损失补偿原则。即当保险标的发生保险责任范围内的损失时，被保险人有权按照合同的约定，获得保险赔偿，用于弥补被保险人的损失，但被保险人不能因损失而获得额外的利益。本案中，虽然投保人王某没有将其家庭财产进行重复保险，但是，他的家庭财产因为不同的投保人而产生了重复保险确是事实。也就是说，同一保险标的的保险金额超过了保险价值。根据损失补偿原则，王某不能因损失而获得额外的利益，即王某只能在他的家庭财产实际损失内获得补偿。我国《保险法》第五十六条第二款规定："重复保险的各保险人赔偿保险金的总和不得超过保险价值。除合同另有约定外，各保险人按照其保险金额与保险金额总和的比例承担赔偿保险金的责任。"因此，本案中王某可以从两家保险公司获得比例赔偿。也就是说，上述观点中第三种观点是比较正确的。

（4）我国《保险法》第五十六条第三款规定："重复保险的投保人可以就保险金额总和超过保险价值的部分，请求各保险人按比例返还保险费。"本案尽管王某本人及其单位均为其家庭财产进行投保，但因均是不足额投保，即两份保险合同的保险金额总和没有超过保险价值，所以，不存在要求保险公司按比例返还保险费问题。

【结论】

法院经审理认为，王某的家庭财产在两家保险公司投保，王某及其单位分别与保险公司签订的合同均为有效合同。王某家中起火所致的损失属于保险合同的赔偿责任范围，保险公司理应按合同约定承担赔偿责任。鉴于王某的家庭财产在两家保险公司被重复保险，从损失补偿原则出发，王某不能获得超过保险价值的赔偿。按照法律规定，两家保险公司应按照其保险金额与保险金额总和的比例承担赔偿责任。据此，王某要求获得双倍赔偿的诉讼请求和两家保险公司以合同无效而拒不赔偿的辩解主张，均于法不符，应予驳回。法院依照我国《保险法》第五十六条的规定，判决两家保险公司分别赔偿王某2.5万元。

【启迪】

本案中，王某虽然没有将其家庭财产重复保险，但是其家庭财产因为不同的投保人而产生了重复保险这一事实，因其家庭财产在两被告保险公司均被投保，在同一保险期间内，同一保险标的就同一保险事故分别向两家保险公司主张同一保险利益，就属于重复保险。如果他知道单位要给他保了险的家庭财产再购买保险，就应该将自己已经购买了保险的事情告之其单位。一是避免发生保险事故索赔时产生不必要的纠纷；二是可以为单位节省保险费用。

30. 精神病人自损被保险财产诉讼案

【案情简介】

某公司职工李某于某年3月19日，为其一台价值1.8万元的电视机向保险公司投保了家用电视机综合保险，交纳保险费300元，保额为2万元，保险期一年。同年6月1日下午，李某因精神分裂症复发，将被保险电视机从三楼宿舍阳台扔出，电视机全损。事后，被保险方李某家人向保险方提出索赔，保险方以电视机损失不属保险责任范围为由，决定拒赔。为此，被保险人家人向法院提起了诉讼。

【被保险方起诉与一审判决】

被保险方在保险方拒赔后，向当地法院提起诉讼，诉请保险方按保险合同赔偿其电视机损失2万元。一审法院经过调查后认为，原告李某在投保时具有完全行为能力，但原、被告签订的保险合同主要条款未具备，即保险人的免责或限制自身责任的条款未对投保人说明，违反了我国《合同法》第三十九条第一款"采用格式条款订立合同的，提供格式条款的一方应当遵循公平原则确定当事人之间的权利和义务，并采取合理的方式提请对方注意免除或者限制其责任的条款，按照对方的要求，对该条款予以说明"的规定，也违反了我国《保险法》第十三条第一款、第二款"投保人提出保险要求，经保险人同意承保，保险合同成立。保险人应当及时向投保人签发保险单或者其他保险凭证。保险单或者其他保险凭证应当载明当事人双方约定的合同内容。当事人也可以约定采用其他书面形式载明合同内容"的规定，是无效合同；被告在签订保险合同时只将《保险简介》交给原告，当原告精神分裂症复发造成被保险财产损失并提出索赔时，才拿出《保险条款》并以此作为拒赔的理由，其行为违反我国《保险法》第五条"保险活动当事人行使权利、履行义务应当遵循诚实信用原则"及我国《合同法》第六条"当事人行使权利、履行义务应当遵循诚实信用原则"的规定，是民事欺诈行为，应当承担民事赔偿责任；原告在签订保险合同时，没有向被告索要《保险条款》，也有过错。据此，法院依据我国《保险法》第十七条"订立保险合同，采用保险人提供的格式条款的，保险人向投保人提供的投保单应当附格式条款，保险人应当向投保人说明合同的内容。对保险合同中免除保险人责任的条款，保险人在订立合同时应当在投保单、保险单或者其他保险凭证上作出足以引起投保人注意的提示，并对该条款的内容以书面或者口头形式向投保人作出明确说明；未作提示或者明确说明的，该条款不产生效力"，《保险法》第三十条"采用保险人提供的格式条款订立的保险合同，保险人与投保人、被保险人或者受益人对合同条款有争议的，应当按照通常理解予以解释。对合同条款有两种以上解释的，人民法院或者仲裁机构应当作出有利于被保险人和受益人的解释"，以及我国《合同法》第四十一条"对格式条款的理解发生争议的，应当按照通常理解予以解释。对格式条款有两种以上解释的，应当作出不利于提供格式条款一方的解释"及《合同法》第四十二条"当事人在订立合同过程中有下列情形之一，给对方造成损失的，应当承担损害赔偿责任：（一）假借订立合同，恶意进行磋商；（二）故意隐瞒与订立合同有关的重要事实或者提供虚假情况；（三）有其他违背诚实信用原则的行为"的规定，判决：①被告返还原告保险费300元；②被告赔偿原告经济损失1万元；③被告负担案件受理费1200元。至此，一审原告胜诉。

【保险方上诉】

一审判决后，保险方不服，向地区中级人民法院提起上诉。上诉理由有三个：

（1）保险方拒赔是符合保险合同规定的。因为保险方承担的保险责任是有明确规定的，并不是被保险人的任何意外损失均由保险方负责；同时，《保险简介》只是一种宣传材料，不能取代保险合同，更不能作为赔偿的依据。既然本案中被保险人的损失不在《保险条款》规定的保险责任范围，保险方就不能承担赔偿责任。

（2）一审法院认为保险合同未具备主要条款，属无效合同是错误的。因为双方所签订的保险合同符合《保险法》第十八条"保险合同应当包括下列事项：（一）保险人的名称和住所；（二）投保人、被保险人的姓名或者名称、住所，以及人身保险的受益人的姓名或者名称、住所；（三）保险标的；（四）保险责任和责任免除；（五）保险期间和保险责任开始时间；（六）保险金额；（七）保险费以及支付办法；（八）保险金赔偿或者给付办法；（九）违约责任和争议处理；（十）订立合同的年、月、日"的规定，只不过保险方未把《保险条款》交给投保人。显然，一审法院是把《保险条款》未交给投保人误认为未具备主要条款，而任何保险合同的《保险条款》都是由保险人事先拟订，经过投保人认可以后生效的。

（3）保险合同用《保险简介》做宣传，发生损失时按《保险条款》规定确定赔偿与否不是欺诈行为。因为《保险简介》只是一种宣传资料，它虽然是根据《保险条款》的主要内容编写的，但不能等于《保险条款》，也不可能像《保险条款》那样详细阐述清楚，其作用只在宣传保险、吸引保户，保户投保时当然要以保险合同及保险条款为准。

基于上述理由，保险方以原判认定性质不准、适用法律不当为由，请求中级法院撤销原判决。

【二审（终审）判决】

地区中级人民法院经过公开审理，认为：保险方开展保险业务手续齐备，保险责任范围清楚。当事人李某在投保时具有完全民事行为能力，虽然签合同时保险方未出具《保险条款》，但李某对此无异议并自愿在保险单上签字，说明李某对保险责任范围做了认可，故合同是双方当事人真实意思表示的结果，属有效合同，保险方不应负赔偿责任，李某在精神分裂症复发时，将被保险电视机砸坏而向保险方索赔是没有法律依据的。现被保险财产已损坏灭失，原保险合同已无继续存在的实际意义。根据我国《民事诉讼法》第一百一十八条的规定，二审法院作出终审判决：①撤销县法院一审判决；②撤销李某与保险方的保险合同；③保险方退还李某所交保险费300元及其利息4.76元；④案件受理费一审1200元、二审1200元合计2400元均由李某承担。至此，二审以原被告胜诉告终。

【分析】

我们认为，法院的终审判决是正确的，维护了保险方的正当权益。

第一，保险方承担的不是无限责任，而是只承担《保险条款》中的保险责任，即除了保险合同中明确规定承担的保险责任外，其他的风险损失均为除外责任，并非像人们所理解的那样，以为除外责任之外的一切风险损失均是保险责任。本案中被保险财产的损失虽然是被保险人精神分裂症复发时所为，为意外事故，但《保险条款》的保险责任中并无此项责任，从而只能认定为除外责任。因此，对一般财产保险合同中保险责任的认识，应以保险责任为准，而不能以除外责任作为衡量标准。

第二，《保险条款》是保险合同的既定内容。在我国，任何保险业务均以保险方事先拟定并印制好保险条款为前提条件，保险条款是各种保险合同的既定内容。本案中，保险方未在签单时将《保险条款》交给投保人，虽然应该承认是工作上的疏忽，但绝不能改变条款作为合同规定内容的法律效力。因此，应当认定保险合同是有效合同，保险双方的权利、义务应受保险合同及保险条款的规范。

第三，既然保险合同有效，被保险财产的损失又不在保险责任范围内，保险方拒赔无疑是正确的。

因此，一审错判，二审正确，可以作为处理类似赔案的判例依据。

31. 不足额投保的货运险索赔案

【案情简介】

某年11月25日，某五金商业公司从北京发运20套组合音响设备，价值12万元。当该公司在12月5日去当地火车站提货时，发现有七套因野蛮装卸而损坏了，损失达1.5万余元，但货运部门却开具证明，让其向保险公司索赔。因该公司是不足额投保，保险公司只能赔付7500余元，被保险人不能接受，遂将保险公司告到法院，要求判保险公司赔偿剩余未赔偿的部分。

【不同观点】

第一种观点认为，本案已与保险公司无关。理由是，保险公司已按保险合同的规定履行了赔偿义务，被保险人的其余损失应从货运部门获得补偿。

第二种观点认为，保险公司根本不应赔偿。理由是，音响设备的损坏是货运部门野蛮装卸所致，理应让被保险人直接找货运部门索赔。

第三种观点认为，保险公司应进行赔付。理由是，投保人购买保险的目的就是获得损失补偿，况且投保人是老客户，货运部门也是平常不能得罪的关系方。

【分析】

本案争议的焦点是货运部门是否应负赔偿责任。我们的分析如下：

（1）货运部门对本案的损失应负赔偿责任。我国《合同法》第三百一十一条规定："承运人对运输过程中货物的毁损、灭失承担损害赔偿责任，但承运人证明货物的毁损、灭失是因不可抗力、货物本身的自然性质或者合理损耗以及托运人、收货人的过错造成的，不承担损害赔偿责任。"本案中的音响设备受损，并非因不可抗力、货物本身的自然性质或者合理损耗以及托运人、收货人的过错造成的。因此，作为承运方的货运部门应依法负赔偿责任。

（2）本案与保险合同仍有关系，即保险公司在赔付被保险人的部分损失后，有权向责任方追偿。我国《保险法》第六十条第一款规定："因第三者对保险标的的损害而造成保险事故的，保险人自向被保险人赔偿保险金之日起，在赔偿金额范围内代位行使被保险人对第三者请求赔偿的权利。"本案中，保险公司已履行了保险合同规定的赔偿义务，同时依法取得了向责任方追偿的权益，即保险公司可以向责任方代位追偿，追偿金额为所赔金额7500余元。因此，不能说保险公司与本案无关。

（3）不足额投保，只能比例赔付。根据保险补偿原则以及保险合同的约定，保险公司的赔偿以不超过保险金额为限。本案是不足额投保，保险公司只能按照保险金额与出险时财产实际价值的比例来赔偿被保险人的损失。即投保人不足额投保，被保险人的损失只能得到保险公司的部分补偿。

（4）被保险方的损失虽已从保险公司得到50%的补偿，但还有50%的损失未获得补偿，这一部分损失应由货运部门赔偿。因为被保险人依法享有对货运部门的全部赔偿请求权，现虽然转让了一部分索赔权给保险公司，但这并不影响其向货运部门继续索取另一部分未获得补偿的损失赔款。我国《保险法》第六十条第三款就规定："保险人依照本条第一款规定行使代位请求赔偿的权利，不影响被保险人就未取得赔偿的部分向第三者请求赔偿的权利。"

【结论】

由以上分析可知，本案的发生牵涉被保险人、货运部门、保险人三方。正确的处理结果如下：

（1）货运部门对被保险人的损失负全部赔偿责任。

（2）被保险人已从保险人那里获得50%的损失补偿，还有权从货运部门获得另外50%的损失补偿，即被保险人的经济利益应完全得到保障。

（3）保险人既然支付了 7500 余元赔款，就自动取得了向责任方追偿的权益，因此，保险公司有权向货运部门追回全部赔款。

【启迪】

本案带给我们的启迪有：

（1）在货物运输保险中，若保险标的控制在第三方即对货物的运输负有承运责任的承运方手中，则货物一旦交付运输，被保险人即不再对货物负有安全管理责任。这种现象表明，承运方对货物运输保险的影响很大，任何货物运输保险赔案都离不开承运方的配合与协助，其中许多赔案甚至与承运方有直接的责任关系，需要采用代位追偿的手段来维护保险双方的正当权益。

（2）因第三者对保险标的的损害而造成保险事故，保险人在向被保险人赔偿保险金之后，只能在赔偿金额范围内享有代位行使被保险人对第三者请求赔偿的权利，对没有赔偿的部分则不得主张代位权。

（3）保险人行使代位追偿权，并不影响被保险人就未取得赔偿的部分向第三者请求赔偿的权利。

32. 水果运输受损的保险纠纷案

【案情简介】

某年 6 月 21 日，张某从 H 省运输鲜桃 3.8 万斤至 C 省，当时向起运地某保险公司设在火车站的保险代办站投保了货物运输综合保险，保险金额为 8 万元，缴纳保险费 2400 元，由于延误 29 个小时发车等原因，这批鲜桃运到 100 公里处的 Z 站加冰时，发现部分桃子已腐烂，损失达 1.5 万元。事后，投保人张某向保险公司索赔，但遭到拒绝，遂向当地某铁路运输法院起诉。投保人张某认为，鲜桃既然投保了货物运输综合保险，保险公司就负有保障其安全完好运到 C 省的责任，现这批货物已经受损，而且并非投保人的过错造成，保险公司应承担赔偿责任。而保险公司认为，鲜桃受损与保险方无关，因为导致鲜桃腐烂的原因有两个：①货物是处于热状态的鲜货，由于加冰保温车厢在运输中融化到一定程度时要加冰，可该批鲜桃在装运时没有按规定加冰，并且未留通风道；②铁道部门延误 29 个小时后才发车。第一个原因是投保人未履行保险公司货物运输保险合同第七条规定"被保险人应严格遵守国家及交通运输部门关于安全运输的各项规定。还应当接受并协助保险人对保险货物进行的查验防损工作，货物包装必须符合国家和主管部门规定的标准"和我国《保险法》第五十一条第一款"被保险人应当遵守国家有关消防、安全、生产操作、劳动保护等方面的规定，维护保险标的的安全"的义务规定；第二个原因则是《货物运输保险条款》第六条所规定的除外责任——"因运输延迟新造成的损失和费用"。因此，保险方没有赔偿的义务。

【法院调查与分析】

某铁路运输法院受理本案后，经过调查和取证，对案情做了如下分析：

（1）这批鲜桃的损失主要是承运方违章作业造成的，如装运过程中不按规定加冰、不留通风道、延误发车等。因此，承运方应负主要责任。

（2）投保人在投保后，一直与货物随车同行，但未对被保险财产进行安全管理，直到鲜桃腐烂严重才发现，显然没有尽到责任。因此，投保方也有一定责任。

（3）保险方没有按照保险条款上"对鲜、活货和动物暂不予承保"的规定，承保了这批鲜桃，且收取了保险费，其承保本身就有过错；承保后，装载时又没有到现场进行监督，提出安全管理意见，采取措施消除不安全因素。因此，保险方违反了我国《合同法》第六十条"当事人应当按照约定全面履行自己的义务。当事人应当遵循诚实信用原则，根据合同的性质、目的和交易习惯履行通知、协助、保密等义务"以及《保险法》第五十一条第二款"保险人可以按照合同约定对保险标的的安全状况进行检查，及时向投保人、被保险人提出消除不安全因素和隐患的书面建议"等规定，从而应对本案负一定责任。

【结论】

最后，法院裁定：保险方、投保方、承运方都负有不同程度的责任，保险人应承担的责任为这批鲜桃损失的20%，即保险公司应赔偿投保方损失3000元。

【启迪】

本案是经铁路运输法院判决的一起由保险方、投保方、承运方共担责任的货物运输保险纠纷案件。它有如下启迪：

（1）处理案件必须以所有与之有关的法规和条款为依据，全面理解法规和条款精神。本案中的保险方、投保方看起来似乎并无直接责任，但根据我国《保险法》《合同法》及保险条款的有关规定，他们又均应承担一定责任。这种处理结果有利于教育有关各方在进行经济业务活动时尽职尽责。

（2）保险公司在强调投保人或被保险人应履行各项义务时，其自身也应履行有关义务，不能将保险方的义务狭隘地理解为赔偿，它还应包括按条款办事、进行防灾防损检查等内容。

（3）要加强对保险代办站的管理和业务指导。目前，我国的保险代办站遍布全国，其兼职或专职的工作人员达到保险系统正式从业人员的几十倍，但从素质上看，绝大部分代办人员保险业务知识懂得太少，如本案中代办人员将条款中"暂不予承保"的鲜、活货承保了就是一个例证。因此，有必要加强对代办站的管理和业务指导，发挥其积极作用。

33. 货物被抛海的保险索赔案

【案情简介】

某年 8 月 12 日，某水运公司一艘货船承运了黄某的一批水泥，在东南沿海航行时，该船从收音机内收听到中央人民广播电台的气象预报，知悉在几小时内该船航行地区可能有 8 级以上大风，船长手机天气软件也显示船舶所在区域可能将有 8 级以上大风。没多久，该地区风浪加大，船身倾斜，风大浪急威胁着船舶的安全。为了保护船及船上人员的安全，船长遂决定抛弃承运的全部水泥，其价值为 8.7 万元（全船货物价值 12 万元，船舶价值 14 万元），水泥抛弃后，海面也风平浪静了，8 级以上大风并没有发生，船舶安全抵港。由于所运水泥在保险公司投保了货物运输保险，黄某就依据共同海损的有关规定，要求保险公司赔偿其 8.7 万元的货物损失。但保险公司以不构成共同海损为由，拒绝支付赔款。

【不同观点】

本案发生后，有同意保险公司拒赔的，也有赞成黄某索赔的。

第一种观点认为，保险公司可以拒赔。因为船舶并未真正遇上特大风暴，没有构成共同海损的前提条件，也就不应有共同海损了。

第二种观点认为，保险公司应该赔付。因为船长抛弃货物，是基于"官方"预报和当时风浪加大、船身倾斜的事实而作出的决定，理应视为共同海损，从而要求保险公司赔偿其货物损失是合理的。

第三种观点认为，保险公司只能赔偿一部分损失。因为抛弃的货物虽全为黄某所有，但这是为了保护船舶及其他货物以及船上人员的安全而采取的行动。因此，其损失只能由有关各方分摊，这是符合保险原则的，也是实事求是地解决纠纷的途径。

【分析】

我们认为，第一种观点是正确的。理由是：

（1）我国《海商法》第一百九十三条第一款规定："共同海损，是指在同一海上航程中，船舶、货物和其他财产遭遇共同危险，为了共同安全，有意地合理地采取措施所直接造成的特殊牺牲、支付的特殊费用。"可见，共同海损是海洋货物运输保险中的一个特殊概念，构成共同海损的条件是：采取措施时确实存在着危及船货共同安全的必然危险；牺牲或费用的支出必须是非常性的，而且是有意和合理的。

（2）中央台预报该地区将有 8 级以上大风以及手机天气软件显示的相同信息，仅属于预测性的概率警报，并不是本案中船舶真正遇到的事实，即船舶并未存在必然的危险。因此，抛弃货物的损失并不是合理的。

（3）虽然船舶在航行中出现了风浪加大和船身倾斜等情况，但这在船舶航行中是经常性的现象，尤其是该船舶一贯航行于这一水域，应该具备这种适航能力。船长抛弃货物的行为，实质上是在听了或看了天气预报后的主观判断失误所致，而不是紧急避险。

【结论】

上述分析表明，本案中被保险货物的损失不属于共同海损责任，而是作为承运人——船方或船长判断失误所致，这是货物运输保险中的除外责任。因此，保险公司可以拒赔。同时，黄某应向船方索赔，并有权从船方——水运公司获得货物损失补偿。

34. W轮货损追偿案

【案情简介】

某年6月30日，当装载着我国某粮油公司从B国进口的3万吨散装大豆（已在国内某保险公司投保）的W轮抵达我国F新港时，其所装大豆严重受损。保险公司在获悉受损信息后立即派员进行了检验。经查，承保的2、4、6、7舱大豆损失巨大，货物表层已形成一层硬结霉变层，霉变货物呈灰白色，有明显水湿痕迹。7月17日，出入境检验检疫局对该批货物出具了验残证书。保险公司根据保险合同的约定赔偿某粮油公司1010万元，同时取得了对导致货物损失的W轮的追偿权。

W轮始建于20××年，在T国注册，挂T国国旗，船东为T国甲公司。鉴于W轮为外轮，一旦离港将难以向其追偿。同年7月13日，保险公司就以粮油公司的名义向F市海事法院提出了保全申请，取得了国内某银行代某国际保赔协会提供的2000万元人民币现金担保。同年8月10日，保险公司以粮油公司的名义在F市海事法院对T国甲公司提起诉讼。

【原被告之间的争议】

在诉讼过程中，原、被告之间关于货物损失的原因及原告是否有诉讼权等问题产生了争议。

（1）原告方认为，就货物损失而言，本案中装船港的检验报告及清洁提单证明涉案货物在装船时品质完好，而验残证书证明货物在卸货时已经损坏。被告对于在其掌管期间的货损原因负有举证责任，否则应当承担举证不能的赔偿责任。被告方认为，涉案货物含水量超标、破损率高是货物损坏的主要原因，发货人应该承担货物损失的主要责任。W轮的船级社是以严格著称的国际RB船级社，其适航适货性毋庸置疑。被告同时提供了"甲板部工作日志"和"货舱通风时间摘录"，证明在整个航行途中，船员尽到了妥善、谨慎照管货物的义务。但原告指出，"货舱通风时间摘录"显示该轮在阴雨天气下仍对货物进行通风，恰恰证明被告未能履行谨慎照料货物的义务，且被告提供的工作日志没有签字和盖章，且内容与证据保全的"航海日志"相矛盾，证明有伪造嫌疑。

（2）对于是否具有诉讼权的问题，原告认为，粮油公司通过订立贸易合同购买涉案货物，足额支付了贸易合同项下的款项，同时通过合法途径取得提单，是合法的收货人。原告凭以提取货物、被告凭以交付货物的证据均为提单，说明在被告交付货物时即认可了原告作为合法收货人的身份。被告辩称，涉案提单是一份提示提单，托运人 W 公司首先进行了空白背书，然后 B 公司又将提单记名背书给 J 银行，而 J 银行没有再继续背书转让提单，由此推断，提单受让人应当是 J 银行，原告粮油公司不具有诉讼权。

【法院审理和判决】

第二年 7 月 6 日、18 日 F 市海事法院两次公开开庭审理了 W 轮货损案。海事法院根据双方辩论和相关事实于 7 月 18 日判决原告胜诉，被告赔付原告人民币 1018.5 万元。

一审宣判后，船东对一审判决结果不服，于判决当年 8 月 22 日向 F 市高级人民法院提起上诉，请求撤销 F 市海事法院的判决，改判船东不承担任何赔偿责任。二审过程十分艰难，争议焦点仍集中在货损原因和诉讼权上，但预料不到的事情发生了。一是船东代理律师引用最高人民法院的一份复函证明并入提单的仲裁条款有效；二是船东代理律师针对管辖权问题提出了更为尖锐的理由，引起了高院的特别关注。

在争议过程中，一方面就货物损失原因，船方仍以"甲板部工作日志"和"货舱通风时间摘录"证明承运人尽到了管货义务，坚持含水量超标、破碎粒多是造成霉变的主要原因。而原告方认为，根据我国《海商法》第四十八条的规定，承运人应当妥善、谨慎地装载、搬移、积载、运输、保管、照料和卸载所运货物。而根据船方提供的"货舱通风时间摘录"，该轮在阴雨天气下仍对货物进行通风，显然缺乏运输散装大豆的基本常识，这才是货物损失的主要原因。另一方面就诉讼权问题，船东代理律师引用英国、美国等法律规定证明：只有指示提单的最终背书人才有权根据运输合同提起诉讼，而粮油公司不是最终背书人，不具有诉讼权。同时，船方提供了一份由二审法院在不久前作出的判决，法院正是以该理由驳回了索赔方的起诉。针对此情况，一审原告提出了以下三条理由以证明粮油公司具有诉讼权：一是粮油公司作为贸易合同的买方足额支付了贸易合同价款，是涉案提单唯一合法的持有人和收货人；二是涉案提单经托运人空白背书后已满足《海商法》有关提单转让的条件；三是 J 银行不是涉案提单所记载的关系方，无权作出旨在转让提单的背书。而粮油公司通过正常贸易途径合法持有提单，是理所当然的收货人，并有权针对提单的相对人主张权利。

经过一系列艰苦卓绝的调查取证工作，F 市高院在诉讼当年 12 月 25 日作出了驳回船方上诉维持原判的终审判决。由于船方提供的是现金担保，1010 万元追偿款很快划入胜诉方账户。

【启迪】

（1）正确决策是追偿成功的根本。保险追偿是一项极其复杂的工作，追偿过程中任何一个细节处理得是否恰当直接关系到追偿的成败。本案中原告方果断采取扣船措施，并获得了足额的现金担保；否定了庭下调解的提议，要求法院依法判决。通过这些措施不仅最终赢得了胜诉，而且在追回比例上也赢得了主动。

（2）证据齐全是追偿成功的保证。为了搜集原始证据，原告方在扣船的同时向 F 海事法院提出了证据保全申请，法院责令船方现场出示包括航海日志、测温记录、舱位图等全套船舶资料，使船方不可能也无权在诉讼中向法院提供在证据保全时声称没有的文件，这种方式既固定了证据范围，也使原告充分了解了对方进行抗辩所依靠的全部材料。另外，原告聘请了船检公司、商检公司对船舶和货物进行了检验，以备在法庭上作为佐证。

（3）减少货损是追偿成功的内在因素。减少货损，不只是保险公司一方的愿望，更是收货人的最终意愿，同时也是对船方高度负责的做法。保险公司提出的人工卸货、分类存放等建议，得到了各方的一致认可。船方表面上虽没有明确表示赞同，但在具体实施过程中的配合与协作充分反映出船方的支持立场。

（4）诉讼是追偿成功的最好途径。在扣船之前，船东就聘请了海商界的知名律师做代理，与货主就如何出具担保等问题进行了针锋相对的谈判。船东代理律师提出可以通过协商途径解决担保事宜，但态度强硬，言辞强烈，担保苛刻。为此，原告方及早树立了利用法律武器解决问题的思想，并围绕这一思路做了大量的前期准备工作。实践证明，对于这类重大案件放弃侥幸心理，及早进入法律程序是追偿成功的最好出路。

35. 弃权后禁止反言的飞机事故索赔案

【案情简介】

自某年 3 月 1 日起，W 公司对自有的"飞翔"直升机进行了连续投保。前两年，由 A 财产保险公司独家承保。第三年 4 月 11 日，W 公司第三次投保，此次由 A、B、C 三家保险公司共同承保，共保比例份额依次为 50%、30%、20%。由三家保险公司向 W 公司联合签发的飞机保险单的保险险种涉及飞机机身一切险、法定责任险。其中飞机机身一切险为定值保险，保险金额为人民币 3000 万元；法定责任险分项投保旅客责任险和地面第三者责任险，旅客责任险按飞机五座旅客座位每名旅客责任限额 50 万元，地面第三者责任险为每次事故赔偿限额 500 万元。保单一览表载明的飞机用途为"公务飞行"。同年 10 月 1 日，某电视台因举办活动，在报经有关部门批准后，向 W 公司租用"飞翔"直升机进行空中拍摄。在拍摄过程中，飞机失事坠毁，除机尾外机身全部烧毁。机上 5 名航拍人员 3 人死亡、2 人重伤，地面撞死 2 人。事故发生当日，W 公司向保险公司提交了"事故情况报告"，要求保险公司启动理赔并预付保险理赔金，同时要求保险公司支付包括旅客责任险、地面第三者责任险在内的法定责任险保险金 750 万元。但保险公司以投保人违反如实告知义务导致保险合同无效为由拒绝理赔。W 公司在索赔被拒后，将 A、B、C 三家保险公司一起告上了法庭。

【不同观点】

本案主要在保险公司与投保人之间产生了争议。

（1）保险公司认为本案保险合同无效，主张不赔。理由是：①保单一览表载明的飞机用途为"公务飞行"，而非"空中拍摄"（按照《通用航空经营许可管理规定》，"空中拍摄"与"公务飞行"是两种不同的经营项目），保险责任只保"公务飞行"。②W公司在本次投保前曾多次将飞机用于空中拍摄，但填写投保单时却故意隐瞒这一事实，仍将用途设定为公务飞行，从保险公司获取最低的保险费率，属于故意不履行如实告知义务。③W公司将飞机用于空中拍摄，改变了适航证核定的"公务飞行"的使用范围，使飞机处于不适航状态。④W公司未提供任何证据证明地面第三人提出索赔请求。

（2）投保人即W公司认为，保险公司应该赔偿。理由是，"空中拍摄"是飞机即被保险标的的工作内容之一，"空中拍摄"是人在拍摄，飞机仅仅是工作人员在拍摄过程中借助的一种工具而已，飞机失事不是因为拍摄导致，而是其他原因导致，而且在本次失事之前，被保险标的就曾多次被用于空中拍摄，这是保险公司知道的事情，每次投保时，保险公司对此并没有提出过异议。很显然，借助飞机进行空中拍摄是保险公司认可的飞机工作状态。因此，拍摄过程中飞机失事应属于保险事故。

【法院审理】

法院经过调查后认为：

（1）本案合同是连续三年的续保合同，W公司在首次投保后不久，就将保险标的"飞翔"直升机用于空中拍摄并被媒体广泛宣传，这在所在区域内已成为众所周知的事实。作为对保险标的负有密切关注义务的承保人，对此应属明知或应当知道的事实。承保人如果认为空中拍摄不属其承保风险，或虽可承保但应当增加保费的，完全可以及时提出变更或解除保险合同，或者在下一个年度前就此提出，以作出调整费率或不予承保的决定。但在此后的两个年度里，承保人又向W公司签发了内容条件完全一致的保险合同。该行为足以认定为本案承保人对W公司"飞翔"直升机用于空中拍摄的默认，同时也意味着其对可以拒绝续签保险合同或作出费率调整的弃权，弃权后对保险公司应发生禁止抗辩的法律后果。

（2）被告W公司所申诉的理由完全正确，即飞机出事的近因并非空中拍摄，而是其他原因所致。因此，W公司不存在违反如实告知义务的事实。

（3）本案的结论是：①保险合同是有效合同。②对于机身损失及机上人员损失，三家承保人按其承担风险的比例在保险责任范围内进行补偿。③对于地面人员死亡赔偿，因至本案审理结束时还没有确定第三者有索赔或索赔多少的事实，三家承保人可以暂时不予理赔。对于W公司而言，这是一起严重的伤亡责任事故，必然要承担法律责任。当地面第三者方要求W公司进行赔偿时，三家承保人应该在保险责任限额内根据共保比例予以补偿，除非地面第三者放弃对W公司的经济索赔。

【启迪】

（1）"弃权和禁止反言"是约束保险人的一条很重要的原则，其具体含义一般包括两点：第一，由于保险合同以双方的善意为基础，体现实质上的平等，如果保险人放弃了其在保险合同中的某项权利，则不得再向投保人、被保险人主张该项权利；第二，对因合理信赖保险人的陈述或行为而受损害的被保险人，保险人不得出尔反尔。本案保险人是连续三次承保，且第三次承保是 A、B、C 三家保险公司共保，保险人承保过程中既然没有一家保险公司对被保险标的过去用于空中拍摄的事件提出拒保或加费承保，说明其共同对拒保或加费承保的弃权。既然弃权了，便有禁止反言的结果。因此，保险人在承保或续保过程中应严格掌控核保关，对风险大的投保标的物或可承（续）保可不承（续）保的标的物，尽量不承（续）保，以避免自身权益受损。同时，要严防自身权益在不严谨的承（续）保过程中擅自放弃了。

（2）防灾防损是保险公司的职责。在保险实务中，损前预防比损后补偿更为重要，保险人应该在承保后随时关注被保险标的。一方面，通过有效的风险评估和风险规避方案帮助投保人或被保险人降低保险事故发生率；另一方面，一旦发现被保险标的存在危险因素，应及时采取相关方法如派专业人员上门查勘潜在风险隐患，对投保人或被保险人进行提醒或警示，并要求投保人或被保险人接受保险公司的防灾防损整改方案，及时进行整改。如果投保人或被保险人不整改或者仅做部分整改，而导致事故损失扩大的，保险公司可以考虑提高其次年承（续）保费率。

（3）保险公司在经营过程中，应避免重视保费不重视效益的现象。在竞争加剧的环境下，走出保费规模发展阶段，进入有效益的经营阶段才是公司发展的趋势。因此，保险公司应该大胆提高低品质业务的费率水平，对于出险率高的业务，在必要时应该坚决采取拒保的态度。

36. 临时雇员不忠诚的保险索赔案

【案情简介】

某年年初，某合资公司策划在 S 市某百货商场举办护肤用品专柜特卖活动月。为组织好这次特卖活动，该公司通过某人才市场的招聘，雇用了 5 名女性担任此次活动的推销员。由于雇员是在人才市场临时聘用，雇主便对这些推销员在某保险公司投保了雇员忠诚保证保险。有一天，该公司急需将 20 箱护肤用品，价值 5 万多元人民币的货物从公司驻 S 市办事处运往商场。当时正值下午 4 时，公司专用送货车辆均已外出未归，活动现场又急等要货。为此，负责这次活动的业务员便安排推销员 A 叫一辆出租车送货，并再三吩咐其随车押货到指定的商场，同时联系商场专柜售货组派人在商场门口接货。但数小时过后，在商场门口接货的人员却始终未见随车押货的推销员 A 的踪影。业务员根据公司提供的手机号码与推销员 A 联系，可是一位接电话的男士声称是机主，却根本不认识业务员要找的推销员 A。由于公司招聘资料中只有推销员 A 的手机号码及一般个人资料，该公司一时无法找到推销员 A 的下落。发现这批货物已遭不测后，该公司立即向当地派出所报了案。公安刑警人员根据该公司提供的情况和资料，通过向有关通信平台查询，结果发现推销员 A 提供的手机号码与实际机主身份不符，同时，推销员 A 在人才市场所留下的身份证及姓名、地址也有不少疑点。对于此案，公安部门虽然对所有的线索做了进一步的追查，但终究没有明确的结果。鉴于 5 万多元的损失是由于雇员不忠诚所带来的，因此，该公司在事故发生后，根据投保的雇员忠诚保证保险合同向保险公司提出了索赔申请。

【不同观点】

对于本案，有两种完全相反的观点。

第一种观点认为，保险公司应该赔偿。理由是，雇主忠诚保证保险承保的就是雇主因雇员的不忠诚行为，如盗窃、贪污、侵占、非法挪用、故意误用、伪造、欺骗等而受到的经济损失。现被保险人因其聘用的雇员不忠诚盗窃了护肤用品而遭受损失，这些损失属于保险责任范围，保险公司当然应该按保险合同约定的责任进行赔偿。

第二种观点认为，保险公司不应该赔偿。理由是，投保人所投保的雇员是临时雇员，在没有正确验明雇员身份的情况下对他们进行投保，是违反诚实信用原则的表现。因此，保险公司不应该赔偿。

【分析】

（1）雇员忠诚保证保险是以被保险人的雇员在受雇期间，因欺骗或不忠诚行为（如贪污、挪用款项、伪造账目、偷窃钱财等）而导致雇主直接经济损失为保障内容的一种保险。但雇主对其雇员进行投保时，一般应是在查清雇员的诚实度的情况下。如果雇主对其雇员的诚信度不了解，或将不诚信的雇员进行投保，其与保险公司签订的雇员忠诚保证保险合同也是无效合同。因为雇员忠诚保证保险与一般的财产保险不同，它所保的是无形的"信用"。如果雇主对这一保险标的的情况不如实告知保险人，则在信息不对称的情况下，保险人所销售的保单就可能全部是要赔偿的保单（其中还可能包括投保人自身的道德风险保单），这对保险人而言是不公平的交易，违反了我国《保险法》第十一条第一款"订立保险合同，应当协商一致，遵循公平原则确定各方的权利和义务"及该法第五条"保险活动当事人行使权利、履行义务应当遵循诚实信用原则"的规定。

（2）我国《保险法》第十六条第二款、第四款及第五款分别规定："投保人故意或者因重大过失未履行前款规定的如实告知义务，足以影响保险人决定是否同意承保或者提高保险费率的，保险人有权解除合同。""投保人故意不履行如实告知义务的，保险人对于合同解除前发生的保险事故，不承担赔偿或者给付保险金的责任，并不退还保险费。""投保人因重大过失未履行如实告知义务，对保险事故的发生有严重影响的，保险人对于合同解除前发生的保险事故，不承担赔偿或者给付保险金的责任，但应当退还保险费。"在本案中，投保人可能是考虑到所聘用的推销员是临时使用，对推销员过去的有关诚实信用方面的情况根本没有了解，而且对他们的身份证明也没有详细检验。结果在投保时因过失未履行如实告知义务，足以影响保险人决定是否同意承保或者提高保险费率。因此，根据上述法条，保险公司完全可以拒绝赔偿并不退还保险费。

（3）我国《保险法》第二十二条第一款规定："保险事故发生后，按照保险合同请求保险人赔偿或者给付保险金时，投保人、被保险人或者受益人应当向保险人提供其所能提供的与确认保险事故的性质、原因、损失程度等有关的证明和资料。"本案投保人在雇用推销员 A 时，未对其受雇前情况做必要的查询，因而在索赔时根本提供不了 A 推销员在受雇前有关情况的证明资料。由于被保险人在使用其雇员前，未通过必要的查询来防范其雇员在忠诚信用方面所潜在的风险，因此，保险公司可以依据投保人违反了我国《保险法》第二十二条的规定，以及违反保险合同条款"投保人应在雇佣所有雇员前向其先前的雇主进行查询。查清其诚实情况，是本公司在保险单项下承担任何责任的先决条件。这项查询材料应由雇主保存，索赔时应提交本公司"的规定，对此案作出拒赔的决定。

【结论】

根据以上分析，合资公司虽投保了雇员忠诚保证保险，但因其违反了保险法律和保险合同的有关规定，保险公司完全可以拒绝赔偿并不退还保险费。

【启迪】

雇主投保雇员忠诚保证保险时，通过对其雇员受雇前情况的必要查询来防范被雇佣者在忠诚信用方面潜在的风险，这是被保险人雇主的义务之一，也是保险公司提供雇员忠诚保证保障的前提。这既对保险合同双方都有益，又体现了权利与义务对等的保险基本原则。

37. 保险公司被列为被告的贷款保证保险纠纷案

【案情简介】

某年 10 月 20 日，刘某与某银行 A 分行订立了汽车消费借款合同，向 A 银行借款 30 万元，期限 3 年。同日，应银行要求，刘某作为投保人向某保险公司投保了机动车辆消费贷款保证保险合同，银行为权利人。贷款保证保险合同约定："投保人未能按机动车辆消费贷款合同约定的期限偿还欠款的，视为保险事故发生。保险事故发生后 3 个月，投保人仍未履行约定的还款义务，保险人按该保险合同约定负责偿还投保人所欠款项，但以不超过保险金额为限。保险期限与车辆消费贷款合同约定的贷款期限一致。"到还款期限届满时，刘某还有 10 万元的贷款未还。银行便向刘某寄送了催款通知书，限令其在 15 日内还清所有欠款。15 日后，刘某仍没有还款。还款到期后的第二年 1 月 2 日，银行以刘某未履行还款义务为由将刘某告上了法院，并将保险公司列为共同被告，法院受理了此案。保险公司对其被列为共同被告向法院提出了质疑。

【不同观点】

对于本案，有如下两种观点。

第一种观点认为，借款人刘某在保险公司投保了贷款保证保险合同，现在刘某逾期未能还款，即保险事故已经发生，保险公司对刘某的欠款负有相应的责任，因此，将保险公司列为共同被告是合理的。

第二种观点认为，根据贷款保证保险合同，只有在借款人刘某无力还款的情况下，保险公司才有代被保证人还款的义务。银行应该先向刘某追要贷款，而不应在向法院起诉刘某的同时就直接将保险公司列为共同被告。

【分析】

本案原被告双方争论的焦点在于保险公司应不应该成为该诉讼的共同被告。

（1）保证合同与保证保险合同。保证合同是指保证人和债权人以书面方式约定，当债务人不履行债务时，保证人按照约定履行债务或者承担责任的合同。保证人与债权人可以就单个主合同分别订立保证合同，也可以协议在最高债权额限度内就一定期间连续发生的借款合同或者某项商品交易合同订立一个保证合同。保证合同是从属于主合同的一种从属合同，是担保的一种形式。而保证保险合同是指保险人根据被保证人（义务人）的要求向权利人提供其信用担保的保险。如果由于被保证人因保险事故发生而不履行合同义务，致使权利人受到经济损失，保险人负赔偿责任。保证保险是保险人经营的一种担保业务。保证合同与保证保险合同乍看起来差不多，都属于担保的性质，但事实上两者有着非常大的区别。依保证人承担责任的方式不同，保证可分为一般保证和连带责任保证。根据最高人民法院《关于适用〈中华人民共和国民事诉讼法〉若干问题的意见》和我国《担保法》的规定，一般保证的保证人在债务人不能履行债务时，承担保证责任，保证人不能和债务人在诉讼中作为共同诉讼人。只有当因连带保证合同发生纠纷提起诉讼时，负连带责任的保证人和债务人才是共同诉讼人。而在保证保险合同中，当发生保险事故时，只有在被保证人无力履约时，保险人才有代为补偿权利人损失的义务，保险公司相当于一个一般保证人，不必承担连带责任。

（2）本案中，刘某与银行签订的是贷款主合同，没有签订从属的保证合同；刘某与保险公司之间签订的是贷款保证保险合同，保险公司与银行之间没有签订任何合同。而汽车贷款保证保险合同，是由保险人保证从银行或其他金融机构取得贷款的债务人将确实履行债务，如债务人不履行债务致使债权人（银行或其他金融机构）遭受损失，则由保险人向债权人（银行或其他金融机构）负赔偿责任。其投保人为债务人（借款人，即被保证人）；其保险事故为债务人未能依约履行借贷合同返还本息及延期损失支付的债务；其保险金额为借款合同的借款金额；其赔偿方式在被保证人无法偿还贷款时由保险人在保险金额范围内赔偿给债权人，其后在赔偿金额范围取代债权人的地位向债务人实施代位追偿权。就本案而言，一方面因保险公司、刘某与银行之间没有签订保证合同，因而不存在保险公司、刘某与银行之间有连带责任的问题；另一方面，刘某不按期还贷款事件发生并没有超过三个月，也即按合同规定，保险公司是否代替刘某还其所欠的10万元贷款，还有18天期限（截止日是1月20日），而银行在保险事故还未发生时（1月2日）就将保险公司作为共同被告而起诉是没有法律根据的。

【结论】

综上所述，本案中保险公司不应被列为共同被告。

【启迪】

一方面，保证和保证保险都含有"保证"二字，但两者之间存在着本质的区别，合同各方当事人应该充分认识这些区别，不要将两者混淆；另一方面，随着贷款消费的消费者越来越多，信用风险不仅会越来越复杂，而且会越来越大。因此，保险公司在经营此类业务时，一定要甄别风险，严格调查投保人的还贷能力与信用度，把好承保关，防止自身的风险增加。

38. 蔬菜大棚损失被拒赔的纠纷案

【案情简介】

某年4月，农民李某承包了村里的两座温室蔬菜大棚，承包期为2年。签订了承包合同后，李某到保险公司购买了"农业温室蔬菜大棚保险"。同年6月17日傍晚，因暴雨大风，李某的两座蔬菜大棚全部倒塌，导致李某遭受了近2万元的损失。倒塌后的第二天，李某向保险公司报了案，保险公司理赔人员经过现场实地勘查后告知李某，是否确定为保险责任范围还请等候通知。三天后，保险公司却向李某出具了拒赔通知书，拒赔理由是，根据当地气象部门提供的事故发生当天暴雨大风实情报告，并未达到保险责任规定的暴雨和8级及以上大风的级别，李某的蔬菜大棚损失是由于其蔬菜大棚的承载结构不标准造成的，不属于保险责任事故。李某不服保险公司的拒赔决定，便向当地法院提起了诉讼。

【不同观点】

第一种观点认为，保险公司应该赔偿。理由是，农业是一个弱质产业，迫切需要农业保险保驾护航。然而，由于农民收入低、保险意识不强，投保的积极性一般不高。政府通过财政进行补贴实施政策性保险，其目的就是要让农民生产无后顾之忧。本案的农民好不容易投了保，而且是在保险期间遭受了自然灾害，保险公司拒赔既没有贯彻实施好政府的农业政策保险精神，也将挫败农民投保的积极性。因此，法院应判保险公司进行赔偿。

第二种观点认为，保险公司不应该赔偿。其理由即是本案损失非农业保险合同所规定赔偿的责任，如果赔了，不仅有悖合同法律精神，而且易产生道德风险。

【分析】

（1）根据气象部门的专业解释，"暴雨"是指每小时降雨量达 16 毫米以上，或连续 12 小时降雨量达 30 毫米以上，或连续 24 小时降雨量达 50 毫米以上。"暴风"是指风速在 28.3 米/秒以上，即风力等级表中的 11 级风。我国保险条款的暴风责任范围通常扩大至 8 级风，即风速在 17.2 米/秒以上即构成暴风责任。本案经法院取证后证明，气象部门提供给保险公司的气象报告真实可靠，即所谓暴雨大风情况并不属实。

（2）凡是通过合同进行的买卖交易，都必须讲求契约精神。契约精神是一种自由、平等、守信的精神。契约精神不是单方面强加或胁迫的霸王条款，而是各方在自由平等基础上的守信精神。农业保险虽然是政策性保险，有政府的财政补贴，但政策性保险合同并非不讲求契约精神，正因为是有政府财政补贴的政策性保险，更应该珍惜纳税人的钱，不惜赔但也不能滥赔。

（3）本案被保险人李某请人搭建的蔬菜大棚承载结构不标准，且建筑材料为不合格材料，是导致这次雨后倒塌的主要原因，而这一损失原因并非保险的近因。

【结论】

鉴于上述分析，本次事故非保险事故，李某的损失不应由保险公司进行赔偿。法院最终判决也是保险公司不赔偿。

【启迪】

本案事故虽然不属于保险责任事故，但保险公司其实应该承担一定的防灾防损义务履行不到位的责任。

第一，在承保时，保险公司应对保险标的周边环境进行严格检验，尤其是蔬菜大棚保险的大棚是防范自然灾害发生的第一道屏障，李某的大棚承载结构搭建是否标准应是保险公司承保时核保的内容之一，而本案中保险公司却对其视而不见。

第二，承保后，保险公司应加强与被保险人的合作，帮助被保险人落实防灾安全责任制，加强日常安全管理，督促其及时消除各种安全隐患；同时，要组织相关人员经常、深入地对保险客户进行防灾安全检查，如发现事故隐患，要向被保险人出具防灾防损意见书，督促其及时整改，把事故消灭在萌芽状态，必要时可以给予资金补助，帮助投保人或被保险人及时整改。然而，本案中保险公司在签订合同后，怠于履行防灾防损的职责，这也违反了我国《保险法》第五十一条第二款关于"保险人可以按照合同约定对保险标的的安全状况进行检查，及时向投保人、被保险人提出消除不安全因素和隐患的书面建议"的规定。

最后需要指出的是，本案中被保险人李某可根据其相关权利向搭建蔬菜大棚的承建商及材料供应商要求赔偿。

39. 保险业务员虚构事实的保险金诈骗案

【案情简介】

某保险公司 W 业务员到 A 村农户家开展小麦保险业务，保险费为 15 元/亩，保险金额为 500 元/亩；保险责任是保险期间的暴雨、洪水、内涝、风灾、雹灾、冻灾、旱灾、地震等自然灾害，火灾、泥石流、山体滑坡等意外事故，以及病虫草鼠害等保险责任；农户、家庭农场、合作社和村委会等均可作为投保主体，但不得重复投保。各级财政对小麦保险按照 90% 给予补贴，其余 10% 由投保主体自担，即农民每亩只需交纳 1.5 元保费。然而，农民因种植小麦成本高、收益小，不愿种植，因此也谈不上投保。W 业务员见没人投保，自己也没有业绩与收入，便向农民、村干部等作出承诺，只要有农民参加投保，保证双倍退还农民所交的保费。即不管是否发生灾情，每亩交 1.5 元保费，小麦收割季节后保证退还 3 元。这样，一些农民、村干部等人见有利可图，虽然没有种植小麦也假冒农户参加投保，而保险公司也没有核保便相信了 W 业务员及投保人的做法，并凭有 1020 亩小麦保险的保险合同向财政部门申请每亩 13.5 元的补贴，共计 13770 元补贴款。后 W 业务员又谎报灾情，找出一部分农户虚假理赔出一部分保险金，比例大约为总保费的 45%，然后分发到各投保人。这样，等于国家每亩 13.5 元补贴，投保人得 1.5元，W 业务员得 12 元，共计私分国家农业保险补贴 12240 元。骗取保险补贴成功后不久，W 业务员再次冒用某乡某村等多名农民的名义，虚构耕地面积，为玉米投保，每亩耕地保费为 4 元，共虚假投保理赔 4 万余元。后 W 业务员因与投保农民分赃不匀被举报。该县公安局以涉嫌诈骗罪对 W 业务员进行了刑事拘留，并随后被该县人民检察院批准逮捕。

【分析及结论】

本案明显是一起保险业务员虚构事实、隐瞒真相骗取国家农业保险补贴的犯罪行为。最后，W 业务员因诈骗罪被法院判处有期徒刑 3 年，缓刑 3 年，没收其非法诈骗所得保险补贴与理赔款，并处罚金 1 万元。

【启迪】

由于农业经营的分散性以及受限于农业保险技术等原因，目前，农业保险存在核保、核赔不够严格等问题，骗保现象较为严重。而值得注意的是，与被动受骗的保险公司相反，有的保险公司甚至对虚假理赔睁一只眼闭一只眼，有的甚至还与投保农户联手编造虚假理赔材料骗取国家补贴，并以此吸引农户投保，获得持续的业务收入。

如果这样的骗补骗赔道德风险问题解决不了，农业保险的持续健康发展必然受到影响。因此，解决类似本案的道德风险不能完全靠自律，必须从严格监管、提升保险技术、引入第三方核保理赔机制等多方面入手探索解决，才能在规范中实现农业保险健康长远的发展。

40. 雇主同时购买了工伤保险与雇主责任保险的索赔纠纷案

【案情简介】

在依照我国《工伤保险条例》为本单位所有职工购买了工伤保险后，W 公司又向 R 保险公司购买了雇主责任保险，每人每次责任限额为 10 万元。在保险期间内，W 公司职工孟某因工受伤，W 公司为此向孟某支付医疗费 7.2 万元、去外地治疗的交通费和食宿费 1.45 万元。其后，W 公司向 R 保险公司索赔，要求 R 保险公司赔偿其支付给职工孟某的医疗费和交通费、食宿费共 8.65 万元。R 保险公司则主张 W 公司应先向工伤保险部门索赔。双方因此发生争议，于是 W 公司将 R 保险公司诉至法院，要求 R 保险公司根据雇主责任保险条款规定承担赔偿责任。

【不同观点】

针对这起保险金在社会保险与商业保险两种不同的职业伤害风险事故赔偿制度之间由谁先赔偿的索赔案件，存在如下四种不同的观点。

第一种观点认为，同时购买工伤保险与雇主责任保险，实质上是重复保险。根据我国《保险法》中关于重复保险分摊原则的规定，本案应由社会保险机构的工伤保险基金与保险公司的雇主责任保险实行比例分摊赔偿。事实上，保险公司销售的雇主责任保险条款中也体现了类似重复保险的规定。如本案中的雇主责任保险条款规定："在发生本保险单项下的索赔时，若另有其他保障相同的保险存在，不论该保险赔偿与否，保险人对医疗费、工伤津贴、诉讼费用仅负比例赔偿责任。"W 公司参加的工伤保险，属于公司为其所有职工购买的"其他保障相同的保险"，而"保障相同的保险"即属于重复保险。因此，应由工伤保险基金与 R 保险公司的雇主责任保险按比例分摊赔偿责任。

第二种观点认为，目前我国法律未对同时存在工伤保险和雇主责任保险时如何赔付作出明确规定，故须依法理解决这一问题。工伤保险是社会保险，是一国社会保障体系的一部分，因减少赔付而剩余的基金归社会所有；雇主责任保险属商业保险，因减少赔付而剩余的基金归保险公司所有。因此，在同时存在工伤保险与雇主责任保险的情况下，应从保护社会公共利益的角度出发，由雇主责任保险先行赔付，不足部分再由工伤保险赔付。

第三种观点与第二种观点截然相反，认为在工伤保险与雇主责任保险并存时，应优先考虑私主体的利益，由工伤保险进行赔付，不足部分再由保险公司根据雇主责任保进行赔付。我国的机动车辆第三者责任保险法律强制的交强险先于商业第三者责任保险赔付就是遵循这样的规则。

第四种观点认为，应根据《工伤保险条例》和雇主责任保险条款的规定，由工伤保险部门和保险公司分别承担各自的赔偿责任。

【分析】

（1）重复保险是商业财产保险中的概念，它是指投保人对同一保险标的、同一保险利益、同一保险（风险）事故在同一时期内分别向两个或两个以上的保险人订立保险合同的保险。为了防止被保险人获得额外利益，我国《保险法》第五十六条第一至第三款规定："重复保险的投保人应当将重复保险的有关情况通知各保险人。重复保险的各保险人赔偿保险金的总和不得超过保险价值。除合同另有约定外，各保险人按照其保险金额与保险金额总和的比例承担赔偿保险金的责任。重复保险的投保人可以就保险金额总和超过保险价值的部分，请求各保险人按比例返还保险费。"工伤保险是社会保险中的概念，其与雇主责任保险是两种性质截然不同的职业伤害补偿制度，无论是法律依据、保障对象、实施方式、保险费率、保险范围，还是保险责任、理赔原则、保障水平等各个方面都与雇主责任保险存在差异，因此，其与雇主责任保险并存并不构成重复保险。至于保险公司销售的雇主责任保险条款中"保障相同的保险"的提法，其实质也并不是指重复保险。这是因为：一方面对于重复保险，雇主责任保险条款中有类似《保险法》第五十六条的规定，同样的内容没有必要在同一个条款中规定两次，如果出现类似语言，那也是在内涵不相同的情况下才提出的；另一方面，"保障相同的保险"，仅仅是指保障项目名称相同，但名称相同并不代表保障的性质、水平相同。比如工伤事故导致的医疗费用，工伤保险中并不是100%支付，但工伤保险中没有支付的剩余金额，雇主责任保险或许可以补偿。此外，工伤保险中还有一部分是工伤保险基金中不支付而由雇主或用人单位自己承担的部分，对于雇主自己承担的这一部分，保险公司的雇主责任保险项下可能予以保险保障。因此，把购买了工伤保险、又购买雇主责任保险的行为看成是重复保险的第一种观点是完全错误的。同时，对于第二种观点，上述工伤保险与雇主责任保险属于性质不同的两种职业伤害补偿制度的阐述理由也足以说明不存在工伤保险与雇主责任保险哪个先赔的问题。

（2）一般地，法律体系包括公法与私法两大部类。公法主要是指关于国家或国家与个人之间权利义务关系的法律部门的总和。公法调整公共利益或调整国家与个人的利益关系，涉及的主体为国家机关。公法以行政法和刑法为核心，其典型特征是以国家为本位并强行干预。私法主要是指关于个体与个体之间权利义务关系的法律部门的总和。私法调整私人利益，涉及的主体为私人（包含自然人和法人）。私法以民法和商法为核心，其根本特征在于自行调节。工伤保险属于社会保险，是国家强制实施的职业伤害风险保障制度，它依托我国《工伤保险条例》来实施。《工伤保险条例》是以社会利益为本位的法规，调整的是社会经济生活中的市场主体与社会之间的关系，它是用于调整非平等权利的以"管理与被管理"或"监控与被监控"为特征的社会关系的法律。换言之，

《工伤保险条例》是国家运用公权力对私法实行强制矫正的体现，在强大的雇主和处于弱势的雇员之间实现利益的平衡，而不仅仅是调整国家与个人的利益关系。因此，《工伤保险条例》兼有公法和私法的双重属性。即用公法形式来调整劳动雇佣关系，其目的就是保护劳动者个人利益，维护整个社会和谐。有鉴于《工伤保险条例》与《保险法》的目的均有保护私人利益的属性，前述第三种观点因存在片面理解，也属于错误的观点。

（3）工伤保险与雇主责任保险是两个性质不同但目的基本归于一致的职业伤害补偿制度，在业务上或在职业伤害补偿方面两者可以互为补充。即在工伤保险基金中不补偿或补偿额度低的项目，雇主责任保险可以承保或特别约定给予承保。如工伤保险诊疗项目目录、工伤保险药品目录、工伤保险住院服务标准之外的费用，以及生活不能自理的工伤职工在停工留薪期需要护理的费用是工伤保险基金不予补偿而由雇主或用人单位自己承担的部分。对于这部分费用，便可以在雇主责任保险合同项下进行承保与理赔。即使两种补偿制度有相同补偿项目部分，受害雇员仍是可以同时主张工伤保险基金补偿和雇主责任保险补偿的，只是在保证受害人获得完全赔偿并不以获得额外利益的补偿原则下，受害者最终获得的赔偿或者补偿均不得超过其实际遭受的损害。正因为如此，实践中，无论是保险公司还是社保经办机构，在受害雇员或雇主申请损害赔偿时，往往要求受害人提供医疗费和其他费用的原始发票，仅凭复印件不予赔偿。

（4）我国雇主责任保险与工伤保险竞合的法律规定。虽然我国《关于审理人身损害赔偿案件适用法律若干问题的解释》（法释〔2003〕20号）第十一条、第十二条规定，属于工伤保险范畴覆盖范围的，不能再享有民事赔偿请求权，但并没有像我国《关于审理道路交通事故损害赔偿案件适用法律若干问题的解释》（法释〔2012〕19号）第十六条那样规定：同时投保机动车第三者责任强制保险（以下简称交强险）和第三者责任商业保险（以下简称商业三者险）的机动车发生交通事故造成损害，当事人同时起诉侵权人和保险公司的，先由承保交强险的保险公司在责任限额范围内予以赔偿，不足部分再由承保商业三者险的保险公司根据保险合同予以赔偿。而我国《安全生产法》第五十三条"因生产安全事故受到损害的从业人员，除依法享有工伤保险外，依照有关民事法律尚有获得赔偿的权利的，有权向本单位提出赔偿要求"和《职业病防治法》第五十八条"职业病病人除依法享有工伤保险外，依照有关民事法律，尚有获得赔偿的权利的，有权向用人单位提出赔偿要求"规定，安全事故的受害雇员和职业病病人在享有工伤待遇的同时，还享有向用人单位主张民事赔偿（单位可以通过雇主责任保险来转嫁这部分风险）的权利。也就是说，《安全生产法》和《职业病防治法》不但没有规定赔偿的先后顺序，相反，规定了受害的雇员和职业病病人可以同时获得工伤保险与商业保险两种赔偿的权利。因此，我们认为，根据受害人利益补偿最大化原则，只要不超过受害人实际遭受的损害，哪种方式能使受害人赔偿利益最大化、最简单方便，就应该采用哪种方式。当然，如果两种制度没有交叉赔偿项目，那么，在能分清分别属于工伤保险基金项目补偿和雇主责任保险保障范围的情况下，理所当然地分别由工伤保险基金和保险公司的雇主责任保险承担自己的赔偿责任。因此，从这个层面上说，前述的第四种观点已存在一定的片面性。

【结论】

综上所述，在工伤保险和雇主责任保险并存的情况下，既不存在按"比例分摊赔偿"的问题，也不存在哪个先行赔偿的问题。而是应从受害者获得完全保障或最大利益保障以及索赔简单便利的情况出发，或者说，从投保人或被保险人自己选择以最小的成本获得最大的效益赔偿方式出发来选择赔偿方式才是最佳的。如本案，如果投保人 W 公司认为从 R 保险公司索赔能获得最大效益而成本又最低，则选择 R 保险公司索赔就是最佳方法，而 R 保险公司没有理由拒绝理赔。

【启迪】

本案其实是一个比较简单的案子，但在实践过程中类似的情况并不少见。从这个案例中，有如下启迪与建议：

一是法律的缺位易留下后患。本案如果有法律对是由工伤保险先行赔偿还是由雇主责任保险先行赔偿进行明文规定，就不会出现这样的诉讼纠纷。因此，建议立法部门尽快从法律上对两者的理赔顺序问题进行规范，以避免类似的事情重复发生。

二是保险合同是商务合同，合同双方当事人在行使合同赋予的权利的同时，必须毫无条件地履行义务。本案中投保人（被保险人）履行了合同规定的义务，当保险事故发生时，其有权利要求保险公司进行赔偿，保险公司则应该在合同约定的范围内完全履行自己的赔偿义务，而不能借有工伤保险而推卸或延缓或减少自己应该理赔的责任。而且，法律至今并没有规定既买了工伤保险又买了雇主责任保险的雇主或用人单位应先行向工伤保险索赔。

三是投保人在购买保险产品时，一定要了解自身的风险及其转嫁情况，如果类似仅仅是损失补偿性质的工伤事故方面的风险并已通过工伤保险转嫁，就不要再购买商业的雇主责任保险，以避免出现法律不到位的情况下，社会保险机构与商业保险公司两边踢皮球的现象而加大自身索赔的难度与成本，而且还能为自身节省购买保险的费用。如果一定要在工伤保险之外购买雇主责任保险，则应是将工伤保险不能保障的范围之外的风险进行科学的转嫁，即以投保补充工伤保险的雇主责任保险为宜。

41. 手机电池爆炸伤人所带来的索赔纠纷案

【案情简介】

某日中午 12 时，李某将开着的手机以"直充"方式充电。两小时后，李某发现手机已自动关机，且装电池处发烫。于是，他便将电池从手机中取出，但"砰"的一声巨响，电池突然爆炸。李某拿电池的右手被炸伤，爆炸弹出的电池碎片同时击伤李某的右脸和右眼，李某的右眼因此致残，相关部门鉴定为七级伤残。这块发生爆炸的手机电池是李某一个月前在一家手机配件店购买的，电池的生产厂家为某市某电子有限公司，但李某在购买时并未索取发票，而其他购买凭证又被他丢失。事后，李某向销售商提出赔偿要求，销售商以李某没有购买电池的发票及其他凭据为由拒绝赔偿；李某又向电池上标明的生产厂家赔偿，厂家也以李某无中生有、嫁祸于人、无理取闹等为由拒绝赔偿。最后，李某向电池上标示的产品责任保险商索赔，而保险公司以李某非被保险人且厂家无责为由不予受理。李某在向相关各方索赔未果的情况下，只得将销售商、厂家和保险公司一并告上法院，要求法院依法判被告承担医疗费用和精神损害等损失86万元。

【不同观点】

对于本案该不该赔的问题，厂家、销售商和保险公司与被害人李某及其律师的观点截然不同。

（1）厂家、保险公司和销售商认为不应赔偿。厂家认为其所生产的电池年年通过质检部门的检查，质量完全合格。自生产该类型电池以来也从未接到过投诉，李某一定是为图便宜而买了假冒伪劣电池。对于假冒伪劣产品，厂家当然不能承担责任。同时认为，即使不是假冒伪劣产品，手机电池在特殊的温度、湿度以及接触不良等情况下也可能瞬间放电产生大量电流，引发自燃或爆炸，这只能是李某使用不当所造成的，对其不按产品使用说明书操作导致的损失，厂家也理应不予赔偿。保险公司认为，作为产品责任保险被保险人的厂家没有责任。按保险合同的规定，被保险人无责，保险人不予赔偿，何况假冒伪劣产品致损是属于产品责任保险合同的除外责任。而销售商则完全否认卖过这种电池，并称李某损害了其名誉，要李某对其名誉损害进行赔偿。

（2）受害者李某及其律师认为应该赔偿。李某及其律师认为，手机电池爆炸所带给李某的伤残及精神受损是事实，虽然李某在购买电池时未索取发票，之后又丢失了有关购买凭证，但按举证责任倒置的法律精神，受害者既可以要求销售商赔偿，也可以要求厂家赔偿。此外，虽然李某不是产品责任保险合同的被保险人，但根据我国《保险法》第六十五条的规定，责任保险人可以直接向受害的第三者赔付保险金。

【分析】

（1）李某有权利要求生产商或销售商进行赔偿。我国《侵权责任法》第四十五条规定："因产品缺陷危及他人人身、财产安全的，被侵权人有权请求生产者、销售者承担排除妨碍、消除危险等侵权责任。"同时，该法第四十二条第二款规定："销售者不能指明缺陷产品的生产者也不能指明缺陷产品的供货者的，销售者应当承担侵权责任。"我国《产品质量法》第四十三条规定："因产品存在缺陷造成人身、他人财产损害的，受害人可以向产品的生产者要求赔偿，也可以向产品的销售者要求赔偿。属于产品的生产者的责任，产品的销售者赔偿的，产品的销售者有权向产品的生产者追偿。属于产品的销售者的责任，产品的生产者赔偿的，产品的生产者有权向产品的销售者追偿。"我国《消费者权益保护法》中也有相应的详细规定。这些法律条文表明，产品责任的承担者可以是产品制造者，也可以是产品的销售者，还可以是产品的承运者、保管者，如果是后者，产品的生产者和销售者对产品责任负连带责任，受害人可以任择其一提出赔偿损失的请求，也可以同时向多方提出赔偿要求。本案中，手机电池爆炸致李某伤残及精神受损是事实，而这并非李某不按规范操作所致。因此，李某有权利要求生产商或销售商进行赔偿。

（2）因缺陷产品造成消费者伤害的，生产商应当承担赔偿责任。缺陷产品致人损害的侵权责任属于产品责任，产品的生产者、销售者依法应承担其法律后果。我国《产品质量法》第四十一条规定：因产品存在缺陷造成人身、缺陷产品以外的其他财产损害的，生产者应当承担赔偿责任。生产者能够证明有下列情形之一的，不承担赔偿责任：①未将产品投入流通的；②产品投入流通时，引起损害的缺陷尚不存在的；③将产品投入流通时的科学技术水平尚不能发现缺陷的存在的。即对于产品制造者来说其可提出的免责情形只有上述三种。《最高人民法院关于民事诉讼证据的若干规定》（法释〔2001〕33号）中的第四条第一款第（六）项规定："因缺陷产品致人损害的侵权诉讼，由产品的生产者就法律规定的免责事由承担举证责任。"可见，产品责任引起的赔偿纠纷，适用的是无过错归责原则。当发生与产品质量相关的人身或财产损害时，只要生产者不能证明存在法定的免责情形，就应当承担损害赔偿责任。本案中的生产商虽然主张炸伤李某的为假冒伪劣产品，但其拿不出任何证据，故只能认定其产品有缺陷，而因缺陷产品造成消费者伤害的，生产商就应当承担赔偿责任。

（3）销售商承担赔偿责任的理由同生产商一样。因缺陷产品致人损害的责任，是一种特殊的侵权责任，在归责原则上对销售者也适用无过错责任原则。因使用、消费缺陷产品而受到损害的受害人向该产品的销售者主张赔偿，销售者不得以无过错为由主张免责。我国《产品质量法》第四十二条规定："由于销售者的过错使产品存在缺陷，造成人身、他人财产损害的，销售者应当承担赔偿责任。销售者不能指明缺陷产品的生产者也不能指明缺陷产品的供货者的，销售者应当承担赔偿责任。"我国《侵权责任法》也专门做了相同的规定。因消费者未索取发票或无购物凭证，销售商就否认曾出售过致李某损害的手机电池，不符合上述有关销售商赔偿的法律规定。事实上，销售商在出售商品时应同时开具销售发票，这是销售商的义务。本案中李某未得到手机电池的销售发票，这本身并不是他的过错，而是由销售商的过失甚至故意所造成的，如果要负举证责任的话，理应由销售商来举证。至于李某将购物凭证丢失，也确有一定的责任，但绝不是主要责任。因此，在本案中，李某直接起诉销售商并要求其赔偿完全合法，销售商应当承担与生产商相同的举证责任。

（4）向保险公司索赔也符合法律规定。产品责任保险是指因被保险人在约定期限内所生产、出售的产品或商品在承保区域内发生事故，造成使用、消费或操作该产品或商品的人或其他任何人的人身伤害、疾病、死亡或财产损失，依法应由被保险人承担的经济赔偿责任，以及因此而产生的诉讼费用，保险公司在约定的赔偿限额内负责赔偿的一种责任保险。本案电池产品事故如果属于产品责任保险合同规定的保险事故，则产品责任保险人理应按法律或合同的规定进行赔偿。我国《保险法》第六十五条的第一款、第二款规定："保险人对责任保险的被保险人给第三者造成的损害，可以依照法律的规定或者合同的约定，直接向该第三者赔偿保险金。责任保险的被保险人给第三者造成损害，被保险人对第三者应负的赔偿责任确定的，根据被保险人的请求，保险人应当直接向该第三者赔偿保险金。被保险人怠于请求的，第三者有权就其应获赔偿部分直接向保险人请求赔偿保险金。"由此可见，本案中李某直接向保险公司索赔是合法的，但必须有一个前提，即只有在法院判决生产商赔偿，且生产商的赔偿又符合产品责任保险合同规定的由保险人承担的保险责任时，保险人才可依据《保险法》的规定进行赔偿。

【结论】

本案法院经调查后得出以下结论：

一是由于事后生产商无法进行举证，根据我国《侵权责任法》《最高人民法院关于民事诉讼证据的若干规定》《产品质量法》《消费者权益保护法》等有关规定，只能推定存在质量问题的电池是某市某电子有限公司生产。

二是因销售商不能举证手机电池非其销售，又反对接受法院就其是否销售手机电池当庭采用的测谎试验，故认定证明电池不是其销售的证据不足，销售商也有承担赔偿责任的义务。

三是鉴于原告李某的损失，以方便、合理赔偿受害者为原则，并根据《侵权责任法》《消费者权益保护法》及《最高人民法院关于审理人身损害赔偿案件适用法律若干问题的解释》的有关规定，判决被告生产商某电子有限公司对原告受害人李某因遭受人身损害而发生的各项就医治疗费用和精神损害进行赔偿，赔偿总额为58.7万元，其中，精神抚慰金3万元。至于原告李某多提出的赔偿额，因其不能提供有效证据，法院不予支持。

四是原告李某对保险公司的诉讼请求因符合《保险法》第六十五条的规定，法院对其直接向保险人求偿的行为予以支持。但若原告方已获得了生产商或销售商的损害补偿，则其不得再向保险人行使索赔权。如果是生产商赔偿原告，因本案事故产品仅仅属于质量问题而不是假冒伪劣产品，即本案产品责任事故属于保险事故，保险公司应在保险合同规定的赔偿限额内对生产商进行损失补偿。至于生产商与销售商之间可能因电池产品质量而产生的有关问题，不在本案审理的范围，产销双方可以另行选择方法解决。

【启迪】

本案带来的启迪有：

一是在我国因产品或商品质量问题而引发的损害赔偿纠纷时有发生，为有效控制诉讼风险，不论是生产者、销售者还是消费者，均应对所涉及的产品或商品做好证据保全，一旦发现问题，均须通过产品或商品质量鉴定来明确赔偿责任。

二是为防止发生类似本案手机电池爆炸所造成的损害，消费者在购买电池时一定要仔细查看电池的外观，谨慎购买包装粗糙、印刷不清晰的产品；绝不购买无商标、无厂名、无厂址、无充放电压和电池电量指标及电池使用警示语的产品。为安全起见，在购买前还可以先了解一下各真品厂家的防伪措施，在购买时注意通过防伪查询进行辨别，并一定要索取商品的合格证及销售发票。当发现电池充电后有使用时间严重不足、正常使用中电池过热、电池外形鼓胀破裂等现象时，应立即停止使用，避免造成人身、财产的损害。

三是国家应尽快修订有关产品生产、销售、使用或消费的法律，坚决杜绝和防止各种生产或销售假冒伪劣产品的行为，以及销售商品不主动开具发票的行为，以切实保护合格产品的生产商或销售商，以及广大消费者的权益，减少有关政府部门为处理类似本案的产品责任事故而增加的成本支出，避免国家税收的流失。

四是产品责任保险具有积极的社会意义，既有利于生产者、销售者、修理者转嫁其不确定的产品责任风险，又能让受害人及时获得赔偿，维护广大产品消费者的合法利益。同时，对贯彻我国《产品质量法》《侵权责任法》《消费者权益保护法》等法律关于保护消费者合法权益的规定具有深刻影响，法律的严肃性也必然会得到全面维护。

42. 蹦极游乐园蹦极所带来的保险纠纷案

【案情简介】

某年5月8日，Y蹦极游乐园向Q保险公司投保了一份营业场所公众责任保险，在签订保险合同时，保险人Q与投保人Y共同约定："为使甲方（即Y，下同）在开发蹦极塔娱乐项目过程中得到可靠的经济保障，根据《营业场所公众责任保险条款》（以下简称"保险条款"）的有关规定，经双方协商同意，订立本协议"，并参照该"保险条款"的相关内容对双方权利义务具体进行了约定。其中，保险责任范围载明："凡参加甲方娱乐项目的游客（以下简称被保险人），因下列事故造成人身伤亡属于保险责任范围：①绳索长度超出安全范围；②蹦极中意外造成的伤害；③发生保险事故时，甲方对被保险人的人身采取的施救保护措施所支付的合理费用；④经乙方（即Q，下同）书面同意，甲方支付的仲裁或诉讼费用。"赔偿限额约定："一年中乙方负责赔付被保险人人身伤亡损失累计最高限额50万元。"关于赔偿处理，约定由乙方根据"保险条款"规定的赔付标准负责赔偿，而"保险条款"规定每次事故每人赔偿3万元。保险合同签订后的第二年5月6日，游客章某在Y蹦极游乐园蹦极，因操作人员失误坠地摔伤致残。在医治过程中，Y蹦极游乐园垫付了章某的医疗费用2万元，并将Q保险公司支付的、按照Y蹦极游乐园门票（门票提示语：进行本项目活动中，如出现人身意外伤亡事故，均由保险公司负责赔偿最高1万元的保险金）中含的1万元保险赔偿金给付了章某。章某医治出院后，因Y和Q均迟迟不给予合理的经济补偿，于是对Y和Q提起诉讼，主张被告进行残疾、护理、精神损害等共计32万元的赔偿。经审理，法院判决如下：Y因过失致章某的伤害承担全部赔偿责任，赔偿金额为30万元（含已垫付的2万元医疗费用）；章某对Q无诉讼请求权，驳回其诉讼；Y与Q之间的保险合同理赔纠纷不在本案处理范围，应另案解决。Y 不服，对 Q 提起诉讼，要求 Q 在保险协议约定的 50 万元赔偿限额内赔偿 Y 已支付及生效判决已确定的费用损失（不含保险公司责任除外的精神损害赔偿金 2 万元）共计 28 万元。

【不同观点】

在 Q 保险公司是否应该赔偿 Y 蹦极游乐园的问题上产生了如下不同的观点：

第一种观点认为不应该赔偿。理由是：根据 YQ 双方的"保险协议"，被保险人为游客，Y 仅仅是投保人，保险合同只保障被保险人的权益，而本案中的被保险人游客章某在法院驳回其起诉 Q 保险公司的请求后，并没有再上诉。因此，Q 不应赔偿 Y。

第二种观点认为只能赔偿 2 万元。理由是：依据 YQ 双方签订的"保险协议"所附的"保险条款"的规定，每次事故每人赔偿 3 万元，而 Q 保险公司已经赔偿 1 万元，因此，只需对 Y 补偿其已经支付游客的 2 万元。

第三种观点认为应该赔偿 3 万元。理由是：依据 YQ 双方签订的"保险协议"所附的"保险条款"的规定，每次事故每人赔偿 3 万元。Q 保险公司支付给游客章某的 1 万元是门票所含的意外伤害保险，不应该在责任保险项下扣除。

第四种观点认为应该赔偿 30 万元。理由是：根据保险合同双方当事人对赔偿限额的约定，一年中乙方 Q 负责赔付被保险人人身伤亡损失累计最高限额 50 万元，"保险协议"并无每次每人赔偿限额的约定。此外，在保险期即将结束时，才有唯一的章某受伤害，而伤害事故属于保险期间所发生的保险事故，法院不包括精神损害的判赔又仅为 30 万元，赔偿额并没有超过一年 50 万元的累计最高限额。

【分析】

本案其实是一个对责任保险合同主体定位不准确而导致的保险纠纷案。

（1）合同主体的错位必然导致纠纷。所谓营业场所责任保险，是指以被保险人营业的固定场所（包括房屋、建筑物及其设备、装置等）因存在结构上的缺陷或管理不善，或被保险人在被保险场所内进行生产经营活动时因疏忽发生意外事故，造成他人人身伤亡或财产损失的经济赔偿责任为保险标的的保险。由定义可知，营业场所责任保险的保险对象是被保险人，而这个被保险人即为营业场所的所有者或经营者（如本案中的 Y），而非第三方或本案中的游客（如章某）。换言之，本案责任保险合同的主体应该是确定的：一方为 Q 保险人，另一方为被保险人 Y 蹦极游乐园。众所周知，保障第三方即受害人的权益仅仅是责任保险的间接目的，当因责任保险合同的被保险人直接或间接原因导致不确定的第三方遭受损害依法应由被保险人承担民事损害赔偿责任，且这个民事损害赔偿责任又符合责任保险合同的约定时，受害的第三方才能获得保险保障。也就是说，第三方即受害人（如本案中的章某）只不过是责任保险合同间接的被保险对象，或者说是责任保险合同的被保障人。如果将诸如章某之类的游客列为被保险人，则本案保险合同就不是责任保险性质的合同，而是一个由 Y 为游客购买的人身意外险合同了。我国《保险法》第六十五条第四款就规定："责任保险是指以被保险人对第三者依法应负的赔偿责任为保险标的的保险。"可见，依据《保险法》关于责任保险的定义，本案的章某是第三者，Y蹦极游乐园才应该是被保险人。此外，《保险法》第六十五条第一款至第三款规定："保险人对责任保险的被保险人给第三者造成的损害，可以依照法律的规定或者合同的约定，直接向该第三者赔偿保险金。责任保险的被保险人给第三者造成损害，被保险人对第三者应负的赔偿责任确定的，根据被保险人的请求，保险人应当直接向该第三者赔偿保险金。被保险人怠于请求的，第三者有权就其应获赔偿部分直接向保险人请求赔偿保险金。责任保险的被保险人给第三者造成损害，被保险人未向该第三者赔偿的，保险人不得向被保险人赔偿保险金。"同时，该法第六十六条规定："责任保险的被保险人因给第三者造成损害的保险事故而被提起仲裁或者诉讼的，被保险人支付的仲裁或者诉讼费用以及其他必要的、合理的费用，除合同另有约定外，由保险人承担。"也就是说，本案在责任保险合同项下，受害的第三方也享有向Q保险公司诉讼请求权。

综上所述，根据责任保险合同主体的性质，按照《保险法》的规定，本案中的主体之一——Y蹦极游乐园应该有权利要求合同另一方主体Q保险公司承担合同之责。在这种情形下，前述关于本案四种不同的观点中的第（1）种观点是错误的。很显然，这个结果是本案合同发生主体严重错位所导致的。

（2）"保险协议"与"保险条款"表述不清必然增加纠纷的复杂性。本案中，由Q保险公司与Y蹦极游乐园签订的"保险协议"中对赔偿限额约定如下："一年中乙方负责赔付被保险人人身伤亡损失累计最高限额50万元"；关于赔偿处理，约定由乙方根据"保险条款"规定的赔付标准负责赔偿，而"保险条款"规定"每次事故每人赔偿3万元"。尽管Q保险公司提供的格式合同是想表示：在保险期间内，如果被保险人在经营业务过程中发生了导致第三方人身伤亡的保险事故，保险人赔偿被保险人每次事故每一受害者的责任限额是3万元，一年内无论发生多少次事故，无论多少人受到人身伤害，保险人的总赔偿限额是50万元。但因本案中协议表述不准确，将不应该是被保险人的游客定位为被保险人，而责任保险合同真正的被保险人Y蹦极游乐园却仅仅是投保人，这样，不同的两个"被保险人"便都有可能要求保险人履行合同义务。

第一，当游客被定位为被保险人时，根据"保险协议"的约定，对于被保险人的赔偿是"人身伤亡损失累计最高限额50万元"。作为本案的"被保险人"章某便有理由要求Q保险公司在50万元的限额内赔付其损失了。至于赔偿处理，虽然合同双方同时约定由乙方Q保险公司根据"保险条款"规定的赔付标准"每次事故每人赔偿3万元"，但"保险协议"优先于"保险条款"，这既是合同意思解释原则的规定，也是《保险法》的规定。根据保险合同意思解释原则即按照合同当事人的真实意思进行解释，当保险合同中的内容与保险单、投保单或其他保险凭证中的内容不一致时，应以保险合同中的内容为准；当有特约内容的合同与一般保险合同或保险单等不一致时，应以特约合同为准。根据我国《保险法》第十三条"投保人提出保险要求，经保险人同意承保，保险合同成立。保险人应当及时向投保人签发保险单或者其他保险凭证。保险单或者其他保险凭证应当载明当事人双方约定的合同内容。当事人也可以约定采用其他书面形式载明合同内容。依法成立的保险合同，自成立时生效。投保人和保险人可以对合同的效力约定附条件或者附期限"的规定，签发保险单（一般载有保险条款内容）是保险公司在合同成立后应尽的法定义务。也就是说，保险合同（即"保险协议"）的规定优于载有保险条款的保险单的规定。同时，根据《保险法》第三十条"采用保险人提供的格式条款订立的保险合同，保险人与投保人、被保险人或者受益人对合同条款有争议的，应当按照通常理解予以解释。对合同条款有两种以上解释的，人民法院或者仲裁机构应当作出有利于被保险人和受益人的解释"的规定，当同一份协议前后特别约定不同时，应以有利于被保险人的解释为评判标准。因此，本案"被保险人"章某完全有要求 Q 保险公司在 50 万元以内赔付的权利。

第二，如果按照责任保险合同的性质，被保险人应该是 Y 蹦极游乐园，而不是游客或受害的第三者，则"一年中乙方负责赔付被保险人人身伤亡损失累计最高限额 50 万元"中的被保险人就又可以理解为甲方 Y 了。问题是"保险协议"对甲方 Y 蹦极游乐园并没有规定每人的赔偿限额（即只对合同中受害的第三方——本合同的"被保险人"游客有 3 万元的赔偿限额规定），因此，Y 可以不遵循"保险条款"的规定，而只按照协议来要求乙 Q 保险公司在 50 万元限额内进行赔偿。同时，我国《合同法》第三十九条规定：采用格式条款订立合同的，提供格式条款的一方应当遵循公平原则确定当事人之间的权利和义务，并采取合理的方式提请对方注意免除或者限制其责任的条款，按照对方的要求，对该条款予以说明。我国《保险法》第十七条规定："订立保险合同，采用保险人提供的格式条款的，保险人向投保人提供的投保单应当附格式条款，保险人应当向投保人说明合同的内容。对保险合同中免除保险人责任的条款，保险人在订立合同时应当在投保单、保险单或者其他保险凭证上作出足以引起投保人注意的提示，并对该条款的内容以书面或者口头形式向投保人作出明确说明；未作提示或者明确说明的，该条款不产生效力。"从前面案情及分析可知，本案"保险条款"中保险人的赔偿义务较"保险协议"中的赔偿义务轻，但在订约程序上，无论是"保险条款"还是"保险协议"，均未见任何提示和明确解释有关赔偿的条件与标准，也难以证明保险人对有关赔偿已尽说明义务。因此，"保险条款"规定每次事故每人赔偿 3 万元"也不能对甲方 Y 蹦极游乐园产生效力。正因为如此，前面不同观点中的第（3）种本是比较正确的观点，只是因为"保险协议"与"保险条款"中的条文含糊不清而不适合于本案。至于第（4）种观点，尽管提出 Q 保险公司应该赔偿 Y 投保人 30 万元保险金，但其一年内仅仅发生章某这一事故而没有发生其他保险事故，保险赔偿金额没有超过 50 万元的总累计限额的救济性质的理由是荒唐的。因为依法成立的合同，当事人各方的权利和义务是对等的，也是受法律保护的，当事人应当按照约定履行自己的义务，不得擅自变更或者解除合同。在保险期内，发生了保险事故，保险人应该按照合同的约定进行理赔，如果没有发生任何保险事故，即使合同到期了，合同双方当事人的权利和义务也是对等的。

综上所述，无论是从将本案合同中受害的第三方章某作为被保险人来看，还是从责任保险合同的被保险人本应该是 Y 蹦极游乐园来看，Q 保险公司都应该在保险合同规定的 50 万元限额内赔偿被保险人。

（3）意外伤害保险与责任保险本质相混淆是导致本案纠纷的诱因。责任保险承担的是被保险人的民事损害赔偿责任或法律赔偿责任，是一种无形的利益标的；其仅仅负责赔偿在被保险人的营业或工作场所内因被保险人直接或间接的过失所导致的第三方遭受到的意外损害（含物质损失与人身伤害）；而人身意外伤害保险承保的却是自然人的身体与生命，是一种有形的实体标的，它一般属于普通人身保险的范畴。本案中门票所含的保险就是一种意外伤害保险，其被保险人即为持票人章某，其投保人也是章某本人（门票中的意外伤害保险是公园和保险公司联合起来强行向消费者销售的保险，按照法律规定，这种保险销售是违法的，但现实中，这样的现象常有出现）。因此，当章某在蹦极时受到伤害，他可以持门票（即意外伤害保险合同）向保险公司索赔。但因章某的伤害是在 Y 蹦极游乐园内因 Y 蹦极游乐园操作人员失误坠地而致，其还可以依据民事损害赔偿法律向 Y 蹦极游乐园的经营者或所有者即本案保险合同中的甲方索取经济赔偿，而承保 Y 蹦极游乐园的场所责任保险人应当代 Y 蹦极游乐园即甲方支付受害人章某的赔偿金。换言之，对章某来说，他可以兼得意外伤害保险与场所责任保险两份保障，致害人或保险人均不能以其获得了双份赔偿金而拒付或分摊赔偿金。因此，前面不同观点中的第（2）种观点也是错误的。值得指出的是，本案中也正是因为保险合同双方（尤其是提供格式合同的保险人一方）对意外伤害保险与责任保险的本质划分不清，才会出现将责任保险合同间接保障的被保障人游客列为合同中的被保险人，而本应该是被保险人的 Y 蹦极游乐园仅仅在保险合同中扮演投保人角色的现象。

【法院判决】

一审法院经审理认为，"保险协议"合法、有效，乙方 Q 保险公司应履行赔偿金给付义务；甲方 Y 蹦极游乐园施救支付的合理费用属于保险责任范围，且不超过双方约定的 50 万元赔偿限额，故予以支持；"保险条款"与"保险协议"内容相悖，不予支持。判决：乙方 Q 保险公司赔偿甲方 Y 蹦极游乐园医疗费用等合理损失 30 万元。

乙方不服一审判决中有关"保险条款"效力的认定，提出上诉。二审法院经审理认为，"保险协议"并无每人赔偿限额的约定，保险人也不能证明已对"保险条款"履行说明义务，故该"保险条款"不生效。甲方依保险合同享有保险赔偿请求权，乙方应在"保险协议"约定的 50 万元赔偿限额内承担保险责任。根据《保险法》第十七条的规定，判决驳回上诉，维持原判。

【结论】

本案因责任保险合同主体不清以及相关概念的本质混淆而导致"保险条款"与"保险协议"两者之间相悖，一、二审法院均认定保险人未履行说明义务并确定"保险条款"不生效、保险人应在协议约定的最高赔偿限额内支付保险赔偿金是正确的。

【启迪】

从本案可以得出如下四方面的启迪：

一是保险合同的主体必须明确的同时更应该准确。即保险合同的主体应该是合同关系中享有权利和承担义务的人。将保险人、投保人列为保险合同的主体，而将被保险人列为保险合同的关系人，并无实际意义。因为任何性质的保险合同，其被保险人是受保险合同保障并享有赔偿请求权的人，即保险合同的主体当然包括被保险人（遗憾的是，《保险法》第十条对保险合同主体定位不准确的规定，因合同主体定位不准而导致的保险纠纷案在未来仍将不可避免，保险各方应予以高度重视，并采取相关措施尽量避免或防止类似纠纷的发生）。

二是责任保险合同明确规定每次事故每人赔偿限额及保险期间累计最高赔偿限额对保险人防止或限制自身的经营风险是非常重要的。因此，保险人在制定合同或协议时，不仅要精确计算确定赔偿限额，并明确列示这些内容，而且要向投保人或被保险人明确解释这些内容。

三是制定保险合同或条款一定要保持保险项目或内容前后一致，避免因条款或约定相互矛盾或相互抵触而使法院根据有关法律作出有利于被保险人的解释现象的发生，并导致保险人赔偿成本增加。

四是保险人应该全面熟悉和正确掌握有关保险、合同、法律方面的理论知识，并在业务经营过程中做到谨慎经营、合法经营。

43. 无盖窨井导致行人死亡的索赔案

【案情简介】

某市政工程公司于某年 5 月可保险公司投保了公众责任保险，保险责任是其施工过程中的过失造成他人的人身伤害或财产损失的赔偿责任，赔偿限额为每起事故 10 万元。同年 10 月 2 日，该公司一队工人在维修路边窨井时因下大雨跑回施工棚，忘记在井边设立标志，也未盖好窨井盖子。傍晚时分，雨还在下，一行人骑自行车经过该地时跌入井中受伤，并受感染而致死亡；受害者家属向该市人民法院起诉，要求窨井管理单位——市政工程公司承担损害赔偿责任。法院依法判决被告赔偿原告方的医疗费、抚恤金共计 76 万元。

【不同观点】

本案在赔偿方面产生了如下不同的观点：

第一种观点认为市政工程公司没有责任，保险方也不必补偿。因为受害者是成年人，其跌入井中致死是自己不小心掉下所致，应当自己负责。

第二种观点认为应由市政工程公司赔偿，保险方不能补偿。因为行人跌入井中致死完全是施工单位即被保险方没有尽到应尽义务所致，只有让受害方直接向致害方索赔并由致害方承担全部责任，才能维护民法的尊严和保险合同的法律严肃性。

第三种观点认为应由保险方赔付。因为市政工程公司已将公众责任风险转嫁给保险方，保险方就应当代致害方承担全部赔偿责任，不能让被保险人的利益受损失。

【分析】

（1）本案是一起损害公众权益的责任事故案。因为行人凭往常经验骑车，前无标记又遇大雨，照直前行是正常的，行人跌入井中致死的原因，应该是窨井未盖和井边未设标志。如果有标志而行人失事，责任在行人；如果已加好井盖，也不致酿成本案中的惨剧。可见，无施工标志和未加盖井盖是本案的真正致因。因此，按照我国《道路交通管理法》第一百零五条"道路施工作业或者道路出现损毁，未及时设置警示标志、未采取防护措施，或者应当设置交通信号灯、交通标志、交通标线而没有设置或者应当及时变更交通信号灯、交通标志、交通标线而没有及时变更，致使通行的人员、车辆及其他财产遭受损失的，负有相关职责的单位应当依法承担赔偿责任"，其损害事实存在，致害人行为有违法性，违法行为与损害后果之间有因果关系，致害方存在过错，市政工程公司无法推卸损害赔偿的民事法律责任。

（2）致害方负有过失责任。施工中不设施工标志和未加盖井盖是违反城市道路安全管理规则的违法行为，但本案中致害人并非心存故意，而是暴雨骤至并持续未断所致，因此，损害后果是致害人的过失（惊慌失措）造成的，它虽然不能构成致害人推脱民事损害赔偿责任的理由，却属于公众责任保险合同中规定的保险责任范围。因此，保险方应在被保险方即致害方利益损失的情况下承担起相应的保险补偿责任。

（3）法院判决赔偿额适用于致害人却不适用于保险人。根据我国《侵权责任法》第二条、第十五条、第十六条及《民法总则》第一百七十九条的规定，法院判决的赔偿额是致害人即被保险人必须接受的法定赔偿额。因此，本案中致害人即被保险人市政工程公司应按法院判决数支付受害方赔偿金76万元；而保险人对被保险方即致害方的补偿，虽也要以法院判决数为依据，但须以双方签订的公众责任保险合同规定的赔偿额为最高限额。本案中，保险双方在签订保险合同时约定每起事故赔偿限额为10万元，因此，保险人也只能补偿被保险人市政工程公司损失10万元。

【结论】

致害人即被保险人依法赔偿受害方损害赔偿金76万元；保险方依据责任保险合同支付给被保险方赔款10万元，以弥补其利益损失；至于被保险方超过保险限额的赔偿金支出须由其自己承担，即市政工程公司还须自己承担66万元的赔偿责任。

44. 非国家基本医保用药费用的商业三者险索赔案

【案情简介】

某年6月，吴某为自有的一辆小汽车向某保险公司投保交强险和10万元的机动车商业第三者责任险,保险期限为1年。其中,商业第三者责任险保单条款中规定:"保险人按照国家基本医疗保险的标准核定医疗费用的赔偿金额。"在保险有效期内,吴某驾驶投保汽车不慎将行人卢某撞伤至死,经交通管理部门认定,吴某负全部事故责任。后经法院介入审理,判令保险公司在交强险范围内赔付卢某死伤医疗费用12万元;吴某在交强险赔偿范围之外再赔付抢救卢某的医药费4万元。此后,吴某就其赔付的医药费4万元向保险公司申请商业第三者责任保险理赔,但保险公司仅同意向吴某支付扣除非医保范围用药2.5万元后的医疗费1.5万元,双方产生争议。吴某遂向法院起诉,要求判保险公司赔付剩余的2.5万元医药费。

【不同观点】

本案的争议主要有如下三种不同的观点:

第一种观点认为,保险合同条款中约定了保险人仅按国家基本医保标准核定医疗费用进行赔偿,根据合同意思自治原则,非医保用药的费用当然应予以扣减。即保险合同是双方在平等、自愿的基础上签订的,保险公司提供保单及保险条款,明确约定保险人按照国家基本医疗保险的标准核定医疗费用的赔偿金额,投保人已签字确认,双方形成合意,保险公司有权扣除非医保用药费用。

第二种观点认为,本案合同中的医保标准条款属于保险公司单方面制定的格式条款,其排除了投保人或被保险人依法应享有的权利,且非医保用药不是致害人(本案被保险人)与受害人所能控制的,因此,保险公司应该赔偿非医保用药的费用。

第三种观点认为,机动车辆商业第三者责任保险承保的是被保险人或其允许的驾驶人员在使用被保险车辆过程中发生意外事故,致使第三者遭受人身伤亡或财产直接损毁,依法应当由被保险人承担的经济责任。既然本案法院判吴某在交强险之外另行赔付第三者卢某医药费4万元,且这4万元没有超过第三者责任保险10万元的赔偿限额,保险公司当然应该进行赔付。

【分析】

本案争议的焦点在于非国家基本医保用药费用是否应予赔偿。我们的分析如下:

(1)保险合同中关于非医保用药不理赔的条款具有免除保险人责任的性质,属于免责条款,保险人对免责条款未尽到明确说明义务的,该条款无效。司法解释(二)第九条规定:保险人提供的格式合同文本中的责任免除条款、免赔额、免赔率、比例赔付或者给付等免除或者减轻保险人责任的条款,可以认定为《保险法》第十七条第二款规定的"免除保险人责任的条款"。而我国《保险法》第十七条规定:"订立保险合同,采用保险人提供的格式条款的,保险人向投保人提供的投保单应当附格式条款,保险人应当向投保人说明合同的内容。对保险合同中免除保险人责任的条款,保险人在订立合同时应当在投保单、保险单或者其他保险凭证上作出足以引起投保人注意的提示,并对该条款的内容以书面或者口头形式向投保人作出明确说明;未作提示或者明确说明的,该条款不产生效力。"上述司法解释(二)第十三条同时规定:"保险人对其履行了明确说明义务负举证责任。"此外，根据我国《合同法》第四十条关于"提供格式条款一方免除其责任、加重对方责任、排除对方主要权利的，该条款无效"的规定，以及《保险法》第十九条规定：采用保险人提供的格式条款订立的保险合同中的下列条款无效：一是免除保险人依法应承担的义务或者加重投保人、被保险人责任的；二是排除投保人、被保险人或者受益人依法享有的权利的。本案中，保险公司在商业第三者责任险条款中约定"非医保用药不予赔付"的格式条款在其不能提供证据证明其在缔结保险合同时已向投保人就相关保险免责条款尽到明确说明义务的情况下，应当认定为无效。

（2）从公平的角度出发，保险公司理赔符合不利解释原则。保险条款规定的"国家基本医疗保险的标准"含义不明确，并不必然应理解为保险公司所主张的"非医保费用"不理赔。根据我国《合同法》《保险法》相关法律解释，如果对合同条款理解产生歧义，对该条款应当作出对提供格式条款方不利的解释，故法院应判非医保部分的医疗费用由保险公司赔偿。国家基本医疗保险覆盖面非常广泛，且随着政策的变动而不断发生变化。被保险人在订立保险合同时，并不能预见到受害人会受到何种伤害，也就很难对基本医疗保险进行针对性的研究，其只能根据保险合同的相关条款对自己所获得的保险保障进行判断，即"依法应当由被保险人承担的损害赔偿责任"都应当获得理赔。在被保险人对事故负全责的情况下，如果受害人使用的是治疗必需的普通药品或器材，应当属于保险公司的理赔范围。但保险公司却以普通被保险人难以掌握的技术性规范"隐蔽"地对保险保障进行了限制，使得被保险人所获得的保险保障大幅"缩水"，这显然是不公平的。在保险条款没有对国家基本医疗保险的标准做具体解释的情况下，不能将专业人员的理解判断能力等同于非专业人员，更谈不上以此来要求作为一般投保人或被保险人的原告了。即便保险公司和投保人或被保险人能够辨别医保药品的范围，也不可能避免医生对非医保药品在事故受害人的治疗中使用。就交通事故而言，事故发生后受害人所就诊的医院应积极救治伤者，及时采取相应的治疗措施；从医生治疗的角度来看，对于如何用药应根据伤者的具体情况，这不是保险公司、投保人或被保险人所能掌控的。如果医疗机构因此规定在伤者的治疗过程中应用超出医保范围的药品而不用，明显不利于伤者的治疗，违反以人为本、救死扶伤的理念，不利于伤者的健康权益，也不利于交通事故纠纷的及时化解。此外，因保险事故的发生所导致的费用损失情况只有在治疗结束之后才能确定，而对于怎样才能避免非医保药品在保险事故中应用，保险条款并没有约定和解释。保险公司现以是否属于医保范围划定赔付范围，有违诚信原则，对投保人或被保险人也是极不公平的。因此，从公平的角度出发，法院应根据不利于提供格式合同一方的解释，判定保险公司进行赔付。

（3）保险公司应理赔符合商业三者险合同签订的目的。第三者责任险是指被保险人或其允许的驾驶人员在使用保险车辆过程中发生意外事故，致使第三者遭受人身伤亡或财产直接损毁，依法应当由被保险人承担的经济责任，保险公司负责赔偿。投保人购买商业第三者责任保险的目的就是在交强险之外造成更多损害时能由保险公司全额承担。因此，在本案商业三者险保险合同关系中，保险公司已根据保险限额的约定确定了承担赔偿范围的上限为10万元，其欲再通过限定伤者用药范围来减轻其责任显然有失公平，更违背了合同签订的目的。

（4）商业三者险的赔付项目或范围应与交强险一致。在机动车辆商业第三者责任保险实务中，商业三者险的赔付项目或范围一般与交强险一致，如果保险理赔适用依据不同，则难以断定哪部分属于交强险限额中的 1 万元医药费，或是医保范围内费用还是非医保范围内费用。本案交强险赔偿审理时，依照的是实际发生的必要合理的医药费票据，保险公司当时也未提出异议而进行了 12 万元的赔付。《最高人民法院关于审理人身损害赔偿案件适用法律若干问题的解释》第十九条规定，"医疗费根据医疗机构出具的医疗费、住院费等收款凭证，结合病例和诊断证明等相关证据确定。赔偿义务人对治疗的必要性和合理性有异议，应当承担相应的举证责任"。该司法解释并未将医疗费的赔偿范围限定在医保用药范围之内，而只是给予赔偿义务人对医疗费的必要性和合理性提出异议的权利，异议成立的可以减少赔偿义务人因受害人非合理医疗开支部分的赔偿数额。因此，保险公司如果未能提供有效证据证明受害人的非医保用药属于不合理、不必要的治疗开支，就应当承担举证不能的法律后果。同时，《最高人民法院关于适用〈中华人民共和国保险法〉若干问题的解释（三）》［法释〔2015〕21 号，以下简称司法解释（三）〕第十九条规定："保险合同约定按照基本医疗保险的标准核定医疗费用，保险人以被保险人的医疗支出超出基本医疗保险范围为由拒绝给付保险金的，人民法院不予支持；保险人有证据证明被保险人支出的费用超过基本医疗保险同类医疗费用标准，要求对超出部分拒绝给付保险金的，人民法院应予支持。"本案保险公司无法提供这样的证据，理所当然应该对吴某赔付。

（5）司法解释（三）第十八条规定："保险人给付费用补偿型的医疗费用保险金时，主张扣减被保险人从公费医疗或者社会医疗保险取得的赔偿金额的，应当证明该保险产品在厘定医疗费用保险费率时已经将公费医疗或者社会医疗保险部分相应扣除，并按照扣减后的标准收取保险费。"而本案保险公司的产品是商业第三者责任保险，责任保险的费率厘定一般是按法律赔偿标准来计量，且本案保险公司同样无法证明该保险产品在厘定三者险保险费率时已经将公费医疗或者社会医疗保险部分做了相应扣除。因此，法院应判保险公司赔偿吴某 2.5 万元。

综上所述，本案保险公司应当对非医保用药费用进行赔偿。

【启迪】

在人身保险合同和责任保险合同中通常都规定有类似本案中的医保标准条款，而又往往产生本案中类似的纠纷，因此，为了避免本案中争议现象的再次发生，我们应吸取教训。

（1）保险公司要适用医保标准条款主张免赔，必须符合一定的前提条件。首先是对免责条款要尽到提示和明确说明义务；其次是承担相应的举证责任，这包括三个方面：①证明医疗费中不属于医保范围的部分，如在医药费发票上记载的自费金额；②证明不属于医保范围的药品在医保范围内有同种类或同功能的替代品；③证明医保用药和非医保用药的价格差额。只有对超出医保部分的医疗费，保险公司才有权拒赔。

（2）对商业第三者责任保险中"非医保用药不予赔付"的约定要区别对待。如果保险公司未对该条款的内容向投保人做提示或者明确说明的，对该条款的效力不予认定；如果保险公司虽对该条款的内容向投保人做了提示或者明确说明，但未举证证明哪些用药属于非医保用药的，对保险公司拒赔非医保用药的主张不予支持；反之，如果保险公司既履行了提示或者明确说明义务，又完成了非医保用药的举证责任，则应认定该条款有效，并支持其主张。

（3）非医保用药免赔条款是商业保险合同中比较常见的条款，但交强险与商业第三者责任险设立的目的就在于保障受伤者依法得到赔偿，而且上述两个险种均属责任保险性质，与人身保险中的费用型医疗保险及国家基本医疗保险的社会福利性不同，不能完全按照人身保险中的费用型医疗保险及国家基本医疗保险标准赔偿。同时，保险公司在制定条款时应从自身经营的属性出发，尽量显示自身商业性保险产品的特色，补国家保险之不足。

45. 保险人未尽说明义务的网络承保索赔案

【案情简介】

A公司为一家客运公司，某年通过网络购买了甲保险公司的承运人旅客责任保险。甲保险公司出具了电子凭证保险单，其中载明投保人、被保险人、保险费、保险期间及保险责任等，并载明《承运人旅客责任保险条款》为保险凭证的适用条款。保险期间内，A公司的客车在运输途中不慎撞到护栏，导致车上乘客田某受伤。后经鉴定，田某的伤情构成十级伤残。A公司在依法向田某赔付包括精神抚慰金在内的赔偿款共计10万余元后，向甲保险公司申请理赔。甲保险公司以A公司赔付的精神抚慰金属于保险条款中的免责事由而拒赔。A公司遂诉至法院。经查明，甲保险公司在投保网页上提供了保险条款全文的地址链接，让投保人自己点击，而未将保险条款设置为强制弹出页面（即保险条款设为可点可不点状态）。A公司称在投保时实际未点击保险条款的链接地址，而径直勾选了载有"已阅读投保须知和保险条款"等内容的声明，对此甲保险公司也未能提供证据证明A公司在投保过程中曾点击保险条款的链接地址。

【不同观点】

关于此案的纠纷，有如下两种观点：

第一种观点认为，保险公司有权拒赔。理由是，投保人A公司作为一家客运公司，具有完全民事行为能力，通过网络投保并在投保网页勾选了载有"已阅读投保须知和保险条款"等内容的声明，属于其真实意思表示，足可以证明其已经阅读且了解保险条款内容，保险公司已经履行了交付保险条款的义务，根据保险条款中约定的免责事由，保险公司对精神抚慰金不应承担理赔责任。

第二种观点认为，本案免责条款无效，保险公司应予理赔。理由是，保险人负有向投保人交付保险条款以及对保险条款提示和明确说明的义务。本案中，虽然在投保网页上有保险条款的链接地址，但投保人未点开，相当于保险公司没有履行交付保险条款义务，更谈不上履行提示与明确说明义务，根据我国《保险法》的有关规定，相关免责条款无效，保险人应向 A 公司支付全部理赔款。

【分析】

本案争议的焦点即是在网络投保的情况下，如何认定保险公司是否尽到对格式免责条款的提示和明确说明义务。

（1）保险公司所设计的投保程序问题。甲保险公司所设计的投保程序，在投保人如实填写相关信息，履行如实告知义务，点击下一步后，并不是主动弹出保险条款的页面，投保人如要阅读保险条款，需要点击该页面所链接的保险条款。我国《保险法》第十七条第一款规定："订立保险合同，采用保险人提供的格式条款的，保险人向投保人提供的投保单应当附格式条款，保险人应当向投保人说明合同的内容。"这就是说，保险人向投保人履行说明义务应是主动行为，而不是基于投保人请求被动产生的，以上述点击方式履行说明义务不符合《保险法》的要求。

（2）我国《保险法》第十七条第二款规定："对保险合同中免除保险人责任的条款，保险人在订立合同时应当在投保单、保险单或者其他保险凭证上作出足以引起投保人注意的提示，并对该条款的内容以书面或者口头形式向投保人作出明确说明；未作提示或者明确说明的，该条款不产生效力。"司法解释（二）第十一条规定："保险合同订立时，保险人在投保单或者保险单等其他保险凭证上，对保险合同中免除保险人责任的条款，以足以引起投保人注意的文字、字体、符号或者其他明显标志作出提示的，人民法院应当认定其履行了保险法第十七条第二款规定的提示义务。"本案甲保险公司设计的网页没有主动弹出保险格式条款供投保人阅读，投保人只要一点击页面底部的投保声明页的"同意"就顺利进入了下一步。事实上，保险公司网页所载的格式条款的所有内容在形式上完全一致，并未采用特殊字体、不同颜色或者特殊符号等标识对免除保险人责任条款进行提示。因此，在这种情况下，本案应认为甲保险公司未尽到提示义务，相关免除保险人责任条款不产生效力。

（3）司法解释（二）第十二条规定："通过网络、电话等方式订立的保险合同，保险人以网页、音频、视频等形式对免除保险人责任条款予以提示和明确说明的，人民法院可以认定其履行了提示和明确说明义务。"同时，该司法解释第十三条规定："保险人对其履行了明确说明义务负举证责任。"而本案甲保险公司无法提供对免除其责任条款进行了提示和明确说明的证据，因此，只能判断保险公司未做提示或者明确说明，故甲保险公司以 A 公司赔付的精神抚慰金属于保险条款中的免责事由而拒赔无效。

综上所述，本案保险公司因未尽到对格式免责条款的提示和明确说明义务，导致免责条款对投保人或被保险人无效，保险公司应予理赔精神抚慰金。

【启迪】

随着信息网络技术的飞速发展，网上购买保险已成为一种常态。与传统的保险营销模式相比，网络投保更为便捷，且大大降低了交易成本，值得推广。但是，在这种新型营销模式下，保险人仍应履行法定的对于免责条款的提示和明确说明义务，否则将面临免责条款被认定为不发生效力的风险。为了避免发生争议，在网络投保流程中，保险公司应在投保网页设置保险条款主动显示的页面；对于所有的免责条款应采取特殊的文字、字体、颜色、符号或者其他明显标志标明，将免责条款的阅读作为必要步骤，保证投保人阅读后方能确认投保。同时，设置明确说明免责条款的环节，如播放预先录制的视频、语音或显示文字说明网页等方式，对保单的免责条款逐一进行解释说明。

46. 保险单与投保单内容不一致的理赔纠纷案

【案情简介】

某年9月，某卫生院与某保险公司签订了为期一年的医疗责任保险合同，约定医疗责任每人基准赔偿限额为20万元，法律费用赔偿限额为2万元。次年5月，卫生院因医疗过错致受害人C死亡，经法院判决由卫生院赔偿了受害人C家属各项费用22万元，并承担了该案的诉讼费和鉴定费8000元。在该案的诉讼过程中，原告还支付了律师代理费2万元。随后，卫生院根据保险合同的约定向保险公司索赔22万元，并向其交齐了全部索赔资料，但直到当年年底，保险公司只支付了赔偿金及法律费用共11万元，后拒不支付其余款项。据保险公司称，卫生院在申请投保时填写的投保单上所载明的赔偿限额为10万元、法律费用赔偿限额1万元，保险公司在出具保单时，因打印错误，在保单上载明的医疗责任赔偿限额为20万元、法律费用赔偿限额2万元，实为误操作，卫生院所填写的投保单才是其真实意思表示，应以该投保单的赔偿限额为准，保单上的有关项目应更正为医疗责任赔偿限额10万元、法律费用赔偿限额1万元，现保险公司已足额赔偿了卫生院的损失，不应再支付其余款项。双方争执不下，诉至法院。法院在审理中发现，投保单的填写时间为某年10月20日，而保险单的出单日期为同年9月21日，投保单的时间明显滞后于保险单的时间，经调查，在投保时，是由卫生院在空白投保单上加盖公章，后由保险公司业务员填写的。

【不同观点】

本案争议的焦点在于，当投保单的内容与保险单的内容不一致时，对保险合同双方权利义务的认定应以投保单为准，还是以保险单为准。对此，存在两种不同的观点。

第一种观点认为，应以投保单为准。司法解释（二）第十四条第一款第一项"投保单与保险单或者其他保险凭证不一致的，以投保单为准"的规定，本案应以投保单上的赔偿限额为准。现保险公司已按合同约定的赔偿责任限额履行完毕，故不必再对超出限额部分的金额负责。

第二种观点认为，应以保险单为准。投保单是投保人提出投保请求时填写的书面要约，投保单经保险人审核后，保险人予以承保，保险合同成立，并签发保险单。保险单载明的双方权利义务，是保险合同的正式证明文件，因此，当投保单与保险单不一致时，应以最终签发的保险单来认定保险合同双方的权利义务，何况本案的保险单签发时间还早于投保人签发的时间。

【分析】

我们认为，经保险人签字盖章的投保单与保险单或其他保险凭证均是保险合同的组成部分，当其内容不一致时，可综合考虑订立合同时双方的真实意思表示及双方存在的过错，来处理投保单与保险单或其他保险凭证不一致的情形。

（1）关于投保单与保险单的效力问题。投保单是投保人向保险人申请订立保险合同的书面要约，一般由保险人事先统一印制，列出保险条款的主要内容，留下空白供投保人填写。投保单经投保人依自己的意思如实填写并交保险人，即成为投保人向保险人发出的要约。投保单本身并非保险合同的文本，在投保人填写完毕交付保险人签字盖章前，它仅仅是要约；但经保险人签字盖章后，其内容就成为保险合同的一部分。保险单是保险人与投保人之间订立的正式合同凭证，由保险人签署，交由被保险人收执保管，并以此作为投保人向保险人交付保险费和被保险人在保险标的发生保险事故时向保险人索赔的主要依据。我国《保险法》第十三条第一款、第二款规定："投保人提出保险要求，经保险人同意承保，保险合同成立。保险人应当及时向投保人签发保险单或者其他保险凭证。保险单或者其他保险凭证应当载明当事人双方约定的合同内容。当事人也可以约定采用其他书面形式载明合同内容。"

（2）有关司法解释对投保单与保险单或者其他保险凭证不一致的规定。司法解释（二）第十四条规定：保险合同中记载的内容不一致的，按照下列规则认定：投保单与保险单或者其他保险凭证不一致的，以投保单为准。但不一致的情形是经保险人说明并经投保人同意的，以投保人签收的保险单或者其他保险凭证载明的内容为准。司法解释之所以这样规定，是鉴于保护投保人的利益。因投保单是投保人向保险人发出的订立保险合同的要约，比起保险单更能反映投保人的真实意思。但司法解释认定以投保单为准的前提是投保人对保险单或者其他保险凭证的内容不予认可。本案中，保险单送达给了投保人，该投保人收到保险单后并未提出异议，说明其认可保险单载明的内容，故不适用上述司法解释（二）第十四条的规定，而应根据该条规定，以最终保险单上记载的内容为准。

（3）从过错承担的角度，本案认定以保险单为准并无不当。首先，保险公司出具的保险单的日期要早于投保单一个月，虽然保险公司抗辩称该保险单内容属打印错误，但保险单上的保险费收付金额并没有错误，保险费是保险人出售保险的价格，当保险公司将保险单交付投保人并按单收取了保费即意味着这笔保险买卖已成交，也就是说合同已成立并生效。其次，投保单上的日期是由保险公司业务员填写，且是业务员在投保人卫生院提供的、加盖公章的空白投保单上后加填。作为承保人，保险公司这种先卖出保险单再补填投保单的行为是违规经营行为，也是没有进行核保的不谨慎经营的行为，其带来的代价当然应由行为方保险公司自身承担。

综上所述，本案中，保险公司应按照保险单载明的责任限额向卫生院承担赔偿保险金的责任。

【启迪】

实践中，有些保险业务员为拉来业务或者简化流程，在办理保险业务时大多存在不规范之处，比如对投保人的投保资格审查不严格，让投保人在空白格式文书上签字或者代投保人签字、填写投保单等，从而导致投保单与保险单（证）内容不一致、时间不吻合等问题出现，引发保险纠纷。为减少类似本案不必要的纠纷发生，一方面，保险公司应严格、规范业务办理流程和提高保险业务员的职业素养；另一方面，投保人、被保险人应增强自我保护意识和法律意识，切勿在空白或未填写完整的投保单上签字。至于故意骗保或惜赔、拒赔的行为，则应受到法律的严厉处罚或制裁。

47. 意外险赔付能否代替场所法律责任的争议案

【案情简介】

某年7月15日，五岁的豆豆随妈妈到某商场四楼儿童用品部的一冷饮销售处购买饮料喝，在喝完饮料后，豆豆独自跑到位于电梯旁边的果皮箱扔饮料盒，不慎摔下了电梯。豆豆被迅速送往该市人民医院急救，但因原发性脑干损伤，豆豆抢救无效死亡。因该商场已在某保险公司投保了顾客团体意外伤害险，在事故发生后，保险公司按合同规定赔付给豆豆的父母3万元人民币。但保险公司赔付后，豆豆的父母又向商场进行索赔。该商场认为，商场投保"团体意外伤害保险"，目的就是维护消费者的利益，也减少自身风险。保险公司赔付的保险金就是商家对顾客承担的责任，因此，不同意在保险公司赔偿之后再承担任何赔偿责任。

【不同观点】

第一种观点认为，虽然豆豆是在商场内受伤致死的，商场应负一定的责任，但是商场已经为在该商场的顾客购买了人身意外伤害险，并且保险公司也根据意外伤害险合同的规定向豆豆的父母给付了保险金。因此，商场不用再向受害人父母进行赔偿。

第二种观点认为，商场需不需要另外再向受害人父母进行赔偿，要看商场在这起事故中需要负多大的责任。如果最终确定商场需要承担的责任大于保险公司已经赔付的3万元，那么商场还要就其责任中超过3万元的部分进行赔偿。如果商场需要承担的责任小于 3 万元，那么就不需要再另行赔偿了。

第三种观点认为，商场向保险公司投保的险种是意外伤害保险，就其性质来说并不是对商场应负法律责任的补偿。如果商场投保的是场所责任保险的话，那么保险公司已经赔付的 3 万元才可以当作是对商场应负责任的代替赔偿。在这种情况下，索赔事情才可以按照第二种意见进行处理。因此，商场必须另外向受害人父母进行赔偿，数额取决于商场应负法律责任的大小。

【分析】

我们觉得，第三种意见是正确的。分析本案的关键在于弄清楚意外伤害保险合同与责任保险合同的区别，同时还要把人身意外伤害保险合同与商场应承担的责任这两个不同的法律关系区分开来。

（1）该商场投保的人身意外伤害保险属于人身保险，以被保险人因遭受意外伤害造成死亡、残废为给付条件。人身保险合同的特点在于其承保的标的是人的身体和生命，其价值无法用货币来衡量，所以人身保险合同属于定额给付性的保险合同。在投保人与保险人之间签订了人身意外伤害保险合同以后，保险金的请求权归属于被保险人，也即保险事故发生后，除了被保险人或其受益人，其他任何人都无权取得保险金。除非采取在保险事故发生前退保的方式，否则投保人无法影响被保险人对保险金的请求权。如果保险事故的发生是由第三者引起的或者第三者对此负有责任，被保险人或其受益人在得到保险金的给付后仍然有权向肇事的第三者要求赔偿，而该第三者也不能以受害人或其家属已经得到保险金的给付作为免责的理由。

（2）责任保险属于广义上的财产保险，以被保险人对第三者依法应负的民事赔偿责任为保险标的。在投保了责任保险后，如果发生了保险事故使得被保险人对他人依法应负民事赔偿责任，那么该项责任将由保险人在保险合同约定的赔偿限额内代为赔偿。也就是说，如果被保险人应负的民事赔偿责任在保险合同的赔偿限额之内，则被保险人得因保险人的代为赔偿而免责。如果保险合同的赔偿限额不足以完全弥补被保险人的民事赔偿责任，则应负责任超出保险合同赔偿限额的部分由被保险人自己承担。

可以看出，责任保险与人身意外伤害保险的性质是截然不同的。人身意外伤害保险是给付性的，保险公司赔付与否取决于是否发生了保险事故，而不论该事故的责任归属于哪一方。并且在保险事故发生后，保险公司直接与受害方发生关系，第三方无权介入。责任保险则是补偿性的，以被保险人对事故负有民事赔偿责任为赔付的前提，保险公司一般不与受害方直接发生关系。

（3）在本案中，商场已经向保险公司投保了以商场顾客为被保险人的人身意外伤害保险，受害人父母也从保险公司得到了保险金，那么商场对受害人的赔偿责任是否就因此而免除了呢？根据前面所述人身意外伤害保险合同的特点可以知道，虽然商场是该保险合同的投保人，保险费也由商场交纳，但保险合同成立后，商场对该项合同的保险金并没有请求权，请求权在被保险人（商场顾客）手里。本案中受害人父母获得保险公司给付保险金的依据是已经生效的意外伤害保险合同，而不是依据商场对受害人应负的赔偿责任。也就是说，尽管该保险合同的投保人是商场，但是保险公司向受害人父母给付保险金与商场应负的赔偿责任之间没有任何关系，两者是不能混淆在一起的。受害人父母仍然有权向商场提起索赔。

【结论】

该商场虽然投保了以商场顾客为被保险人的人身意外伤害保险，但是并不能免除其对在商场内受伤的顾客的赔偿责任。受害人父母除了根据保险合同应该得到 3 万元保险金外，还应该得到该商场依法应承担的经济赔偿责任额。

【启迪】

（1）该商场向保险公司投保的本意应该是想通过保险来转嫁自己的潜在责任，但遗憾的是没能分清人身意外伤害保险与责任保险的区别。该商场为顾客投保的人身意外伤害保险可以视作该商场吸引顾客的手段之一，也可以视作该商场为顾客额外提供的福利，但却不可以视作该商场转移自己潜在责任的措施。本案中，如果该商场在保险公司投保的是场所责任保险，由于场所责任保险承保固定场所因存在结构上的缺陷或管理不善而造成他人人身伤亡和财产损失引起的赔偿责任，那么，该商场依法应对顾客负有的赔偿责任，就可以在该保险合同项下得到补偿。本案不仅给了该商场一个教训，同时也给类似的公众场所经营者提了一个醒。经营公众场所面临着各种风险，对顾客的潜在责任就是不容忽视的一种。如果运用得当，保险应该是非常好的一种转移风险的措施。但从本案例可以看到，险种的选择也非常重要。如果选得不对的话，不但付出了一笔保险费，其风险也没有得到转移。

（2）就保险人而言，为了使保险客户切实转移风险，得到客户的真正信赖，也为了开发经营更多的保险险种，促进自身业务的发展，保险公司对类似商场这样的投保人，应该尽自己的义务，向投保人真实介绍或解释有关保险险种，在其投保时对其选择保险险种提出自己的参考意见，以避免投保人投了保却不能转嫁自身风险的现象发生。

48. 无证驾驶致人死亡的不计免赔责任险索赔案

【案情简介】

被保险人张某聘请无驾驶证的李某驾驶张某所有的一小型货车。某年 9 月 9 日，李某驾车与因故障停在路边的另一大型货车后部相撞，造成了本车驾驶员李某、乘车人王某、夏某及在货车下修车的敬某 4 人死亡并两车严重损毁的重大交通事故。

张某在交通事故发生前已经为自己的小货车在某保险公司投保了车辆损失险、商业第三者责任险（含交强险）、附加车上人员责任险和附加不计免赔特约险。事故发生后，张某在知道车辆损失险和商业三者险不能获得赔偿的情况下，向保险公司索赔交强险、附加车上人员责任险及附加不计免赔特约险的保险赔偿。但保险公司以无证驾驶也属于张某索赔交强险等三险种的免责责任为由拒赔，张某不服，诉诸法院。为此，引起了业界内外对本案保险公司是否应赔付的争议。

【不同观点】

（1）不能赔偿。持该观点的人认为，虽然交强险及附加险的责任免除条款未规定无证驾驶属于免责范围，但取得合格驾驶证书是机动车所有人或者管理人进行投保的必备基本条件；而其中两个附加险更是在车辆损失险、商业三者险这两个基本险中做了免责规定，即无证驾驶属附加险约定条款中的"未尽之处"，应参照基本险的免责规定予以拒赔。同时"车上人员责任险"的责任免除条款中约定，"由于驾驶员的故意行为……"属免责范围，现被保险人将保险车辆交给没有驾驶证人员驾驶的行为也是故意行为，由此带来的损失，保险公司拒绝赔偿是合理的。

（2）应该赔偿。持该观点的人认为，保险公司以"驾驶员无证驾驶和被保险人的故意行为"为由免责不能成立。一是《机动车交通事故责任强制保险条例》第二十二条规定，驾驶人未取得驾驶资格的，保险公司在机动车交通事故责任强制保险责任限额范围内垫付抢救费用，事后有权向致害人进行追偿。二是在保险事故发生时，行为人已当场死亡，从其行为的主观方面和形成的后果并不能认定是驾驶员的故意行为；至于让无驾驶证的李某驾驶被保险车辆是否是被保险人的故意行为，也不能肯定，而且也可能是对保险合同条款的误解所致。所以，上述第一种观点不能成立，保险公司应该赔付。

【分析】

（1）我国的机动车辆保险分为基本险（车辆损失险和第三者责任险）和附加险。其中，车辆损失险属于财产损失保险的范畴，而第三者责任险有法律强制与自愿购买两种类型，但都属于责任保险的范畴。机动车辆保险的车辆损失险和第三者责任险只承保了被保险人的车辆本身和第三者责任，且在保险责任范围方面有诸多限制。对于保险客户而言，还有许多风险未能转嫁，因此，为满足不同投保人的需要，保险人在机动车辆保险中同时开办了各种附加保险，如本案的车上人员责任险、不计免赔特约险就是其中的两种。一般而言，只有在投保了机动车辆保险基本险的基础上才能投保附加险。本案的车上人员责任险与不计免赔特约险均必须是在投保了商业第三者责任险、车辆损失保险的基础上投保才有效。值得指出的是，保险合同一般规定，附加险条款与基本险条款相抵触的，以附加险条款为准，未尽之处，以基本险条款为准。本案中，尽管附加险的除外责任没有标明无驾驶执照所导致的交通事故属于除外责任，但基本险商业第三者责任险中已经标明属于除外责任，未尽之处，以基本险条款为准，因此，无驾驶执照的除外责任同样适用于附加险车上人员责任险和不计免赔特约险。

（2）我国现行《道路交通安全法》第十九条规定：驾驶机动车，应当依法取得机动车驾驶证。驾驶人应当按照驾驶证载明的准驾车型驾驶机动车；驾驶机动车时，应当随身携带机动车驾驶证。本案中的肇事者李某是无驾驶执照司机，其驾驶汽车是一种违法行为。违法行为属于故意行为，而故意行为在保险合同中，无论是基本险还是附加险，都被列入除外责任，即保险公司不负责赔偿责任。至于本案中被保险人将保险车辆交给没有驾驶证人员驾驶是不是故意行为，这里完全可以肯定地说其是故意行为。因为根据我国现行《道路交通安全法》第九十九条、第一百零一条的规定，强迫机动车驾驶人违反道路交通安全法律、法规和机动车安全驾驶要求驾驶机动车，造成交通事故本身就是违法。对于违法行为，所有保险合同基本上都是拒绝不保或不赔偿。

（3）虽然被保险人投保了不计免赔特约险，但是根据该条款的规定，不计免赔只是针对所投保的基本险，附加险的赔付不在免赔之内。即办理了不计免赔特约险的机动车辆发生保险事故造成赔偿，对于其在符合赔偿规定的金额内按基本险（车辆损失险和商业三者险）条款规定计算的免赔金额，保险人负责赔偿。对于各附加险项下规定的免赔金额，保险人不负责赔偿。而且当车辆损失险和商业第三者责任险中任一险别的保险责任终止时，不计免赔特约险的保险责任同时终止。由此可见，不计免赔特约险的赔偿责任是以基本险的赔偿责任为前提条件的，本案中，被保险人也就不能从这一险种获得赔偿。

（4）我国《机动车交通事故责任强制保险条例》第二十二条规定："有下列情形之一的，保险公司在机动车交通事故责任强制保险责任限额范围内垫付抢救费用，并有权向致害人追偿：（一）驾驶人未取得驾驶资格或者醉酒的；（二）被保险机动车被盗抢期间肇事的；（三）被保险人故意制造道路交通事故的。有前款所列情形之一，发生道路交通事故的，造成受害人的财产损失，保险公司不承担赔偿责任。"驾驶人未取得驾驶资格的，保险公司在机动车交通事故责任强制保险责任限额范围内垫付抢救费用，事后有权向致害人进行追偿。也就是说，保险公司对车辆损失保险、商业三者险、附加的车上人员责任险及附加不计免赔特约险不予赔付，但根据《机动车交通事故责任强制保险条例》第二十二条的规定，如果本案发生有车祸人员抢救费用，其不能拒绝在交强险责任限额内先行垫付。同时，《机动车交通事故责任强制保险条例》第二十一条第一款规定："被保险机动车发生道路交通事故造成本车人员、被保险人以外的受害人人身伤亡、财产损失的，由保险公司依法在机动车交通事故责任强制保险责任限额范围内予以赔偿。"保险公司即使要在交强险责任限额内先行垫付抢救费用，也只能是对"本车人员、被保险人以外的受害人"进行抢救费用的垫付。因此，本案即可对在货车下修车的敬某进行垫付，其他包括驾驶员李某在内的三人因均是本车人员，都不能从保险公司获得抢救费用的垫付。此外，如果保险公司垫付了抢救费用，事后可以向致害人进行追偿，只是本案致害人李某也因车祸死亡，保险公司能否向致害人家属进行追偿以及能够追回多少额度，只能依据致害人家属的经济状况及法院是否进行调解等因素来决定了。

【结论】

因本案事故的肇事者是无证驾驶人员，属于机动车辆商业保险合同中的免责范围，无论是基本险车辆损失保险和第三者责任保险与附加险车上责任险和不计免赔特约险都不能得到保险公司的赔付，但如果发生有车祸人员抢救费用，保险公司一般不能拒绝在交强险责任限额内先行垫付。

49. 工厂爆炸事故索赔案

【案情简介】

某化工厂与工人签订了劳务（雇佣）合同，其中规定如果工人在生产过程中发生意外事故致死，由厂方给付丧葬费、抚恤金50万元。考虑到工人意外伤害的风险客观存在，厂方与保险公司签订了雇主责任保险合同，以工人在受雇期间的意外伤害赔偿为保险责任，每人保险限额为50万元，投保人与被保险人均为厂方。在保险有效期内，因发生车间爆炸事故而致5名工人死亡，其家属纷纷向工厂和保险公司提出索赔。

【不同观点】

（1）第一种观点认为，保险公司应该赔付。理由是：保险人承保的是工人的意外伤害，现在工人因意外事故致死，符合保险条款中的保险责任规定，保险方应将每名死者的保险金全数赔付其家属。

（2）第二种观点认为，死者家属可以获得双份赔偿。理由是：自然人的生命无价，死者家属既可以依据保险合同向保险方索取全额意外伤害保险金，也可以依据劳务合同或《工伤保险条例》向厂方索取法律赔偿金。前者因为工人的意外伤害是保险责任事故，后者则有我国的《工伤保险条例》《侵权责任法》等作为法律依据。

（3）第三种观点认为，保险方与厂方分担赔付责任。理由是：一方面，厂方虽转嫁了风险却不应因有了商业保险而逃脱赔偿责任，否则，会助长厂方无视安全管理、损害工人权益的行为，这也是法律所不允许的；另一方面，既然厂方要承担责任，而劳务合同又规定赔偿限额为50万元，厂方可以在保险方赔偿后按该限额补足其差额，以维护工人的合法权益。

【分析】

我们认为，本案是一起混淆了相关概念的雇主责任保险案，应按雇主责任保险的经营原则和有关法规处理。

（1）雇主责任保险与人身意外伤害保险的主要区别。雇主责任保险与人身意外伤害保险都是对人的身体与生命的保险，但两者存在根本的区别。首先，雇主责任保险的保险标的是雇主法律赔偿责任，而人身意外伤害保险的保险标的是被保险人的生命或身体。其次，雇主责任保险的投保人和被保险人都是雇主，而人身意外伤害保险的投保人和被保险人既可以是同一主体，也可以是两个不同的主体。如本案化工厂，如果购买雇主责任保险，则厂方即雇主既是投保人，也是被保险人；但如果厂方购买的是意外伤害保险，厂方是投保人，而工人即雇员则是被保险人。再次，雇主责任保险的直接索赔人是雇主，在发生保险合同约定的保险事故时，雇主应当承担的法律赔偿责任可由保险人代为承担；而人身意外伤害保险的直接索赔人为发生伤亡意外的雇员或雇员的家属，保险人向雇员或其家属赔付意外伤害保险金后，不能免除雇主的法律赔偿责任。本案厂方购买的保险是雇主责任保险，不是意外伤害保险，不同意见中的第一种观点混淆了两者的本质，而第二种观点也将本保险当作意外伤害保险来看待。

（2）工伤保险与雇主责任保险的区别。工伤保险是国家为保护职工利益而创设的一种社会保障制度。工伤保险待遇是在劳动者为社会尽了劳动义务发生工伤以后发放的，它的保障水平是根据整个社会的经济发展水平和各方面的承受能力，由政府单方面确定。在支付工伤保险待遇时，要考虑劳动者基本的生活需要，还要考虑劳动者过去劳动贡献的大小。工伤保险是一种基本的保险，一般地，它所提供的保障水平仅是保障劳动者及其家属的基本生活需要，要高于社会贫困线，低于劳动期间的工资标准。而雇主责任保险是保险公司为转移雇主风险而开发的一种商业性保险产品，雇主责任保险的保险金额是由保险人和投保人双方约定的，投保人按规定缴纳保险金，当发生保险事故时，保险人按合同规定的金额支付保险金。所以雇主责任保险所提供的保障水平是依保险人与投保人或被保险人签订的保险合同和投保人缴纳的保险费的多少而定的。工伤保险作为一种社会保险是国家强制实行的，无论企业是否投保了雇主责任保险，企业都必须参加工伤保险。正因为企业参加工伤保险是法定的义务，因此其是否购买雇主责任保险这类的商业保险，要根据自身的情况有选择地参加，以求得企业与员工的利益最大化。

（3）法律相关规定。我国《保险法》第六十五条第一款、第二款规定："保险人对责任保险的被保险人给第三者造成的损害，可以依照法律的规定或者合同的约定，直接向该第三者赔偿保险金。责任保险的被保险人给第三者造成损害，被保险人对第三者应负的赔偿责任确定的，根据被保险人的请求，保险人应当直接向该第三者赔偿保险金。被保险人怠于请求的，第三者有权就其应获赔偿部分直接向保险人请求赔偿保险金。"因此，虽然雇主责任保险涉及的第三方即雇员或工人不需向保险方尽交保险费等义务，但根据《保险法》第六十五条规定，被保险人怠于请求的，保险方在被保险人请求赔偿下可以直接向雇员或其家属赔偿保险金。本案厂方购买的是雇主责任保险，厂方可以要求保险公司进行雇主责任保险金的赔付，但前提条件是，雇主承担的法律赔偿责任要在保险合同赔付限额之内或相等，超过合同赔偿限额的法律责任，只能由雇主来承担。至于企业参加的工伤保险与购买的雇主责任保险，两者是否可以按比例分担或赔付有先后顺序，或两者同时领取，我国目前的法律没有具体规定。

（4）雇主责任保险以受害人对被保险人的有效索赔作为赔偿的先决条件。由于雇主责任保险关系仅存在于保险方与雇主之间，且以雇主应承担的民事损害赔偿责任为依据，如果雇主没有民事上的赔偿责任和损失后果，保险方也没有赔偿责任；如果雇主即被保险人不提出有效索赔，保险方也不会对无关的第三者即受害人承担赔偿责任。因此，处理雇主责任保险赔案，应以受害人对被保险人的有效索赔作为先决条件，即被保险人受到受害人的索赔，且法律认定被保险人应承担对受害人的损害赔偿责任。本案中，被保险人即雇主与工人签订的劳务合同受法律保护，工人的死亡因意外伤害所致，受害者的家属纷纷索赔，据此可以认定受害方对被保险人的索赔是有效的，被保险人可转交保险人处理或先赔偿受害方再从保险方获得补偿。

（5）本案中的受害方不能获得两份赔偿金。理由在于：自然人虽在法律上被允许在伤残、死亡后可以兼取多份赔偿金，但必须是依法享有的索赔权益才行。本案中，受害方只与雇佣方签订了劳务合同，并未与保险方签订保险合同，从而只能依法享有向雇主即厂方索赔的权益，而不可能向保险方行使索赔权益，除非厂方怠于向保险公司请求赔付。因此，受害者家属只能凭劳务合同向矿方索取50万元的赔偿金。当然，如果工伤保险赔偿额度高于雇主责任保险金，则厂方还应在雇主责任保险金赔偿之外对受害者家属进行差额的补足。此外，如果受害人中有人单独与保险方签订了人身保险合同且在事故发生时仍在保险期内，其家属（受益人）也可以向保险方索取死亡保险金，但这份赔款与雇主责任无关，本案中并不存在这种现象。可见，受害方只能享有一种索赔权益即向厂方索赔的权益，而厂方已将这种风险转嫁给了保险方，最终要由保险方来承担赔偿责任。所以，本案中的第二种观点也是错误的，但第三种观点有其合理性。

【结论】

按照雇主责任保险原则，本案中保险人以劳务合同为依据，承保厂方的雇主责任风险，且依法签订了雇主责任保险合同，应认定是合法的；同时，雇员因车间爆炸事故而致死，属发生在雇佣期内的意外伤害，按劳务合同的规定，雇主即厂方对此负有损害赔偿责任，雇主因此要支付给受害工人家属50万元赔偿金，其损失风险又已转嫁给保险公司，故应由保险方给予补偿。

【启迪】

（1）熟悉有关法律法规是对案件准确定性的关键。无论是投保人或被保险人，还是保险人均应该熟悉我国的有关法律法规，如工伤保险所依据的《劳动法》与《工伤保险条例》，雇主责任保险所依据的《保险法》与雇主责任保险合同等。因为法律法规既是正确判断劳动者工伤索赔权益的依据，又是判断雇主或保险人是否承担或由谁来承担赔偿责任的依据。

（2）正确区分雇主责任与合同责任。雇主责任与合同责任是两个不同的概念。就前者而言，雇主承担的责任必须按照我国《工伤保险条例》来定，如果雇员发生了工伤事故，雇主不仅要一次性地补偿受害者，而且要对伤残、死亡者及其家属提供全面保障。而合同责任（如劳动合同、保险合同）是当事人双方约定有关责任，如约定了赔偿额，当事故发生要进行补偿时，只能按照约定的赔偿限额来赔偿。在本案中，因工厂与雇主签订了包括伤亡赔偿额度的劳动合同，所以在工人发生工伤事故后，根据劳动合同只能获得50万元的补偿。同样，因雇主责任保险合同的赔偿限额也只有50万元，因而被保险人只能获得保险公司每人50万元的赔偿。

50. 汽车惊吓他人致死案

【案情简介】

一天，一个中年农民来到某保险公司，要求保险公司给付一笔死亡补偿费。事情是这样的：前一天上午，他的年已70岁的母亲在回家途中，经过县公路段十一公里处时，在公路正中间行走。个体运输专业户易某正驾驶货车在后方中速行驶，见前面100米处有行人在机动车道上行走，即鸣喇叭，老人并未让路，但易某判断当汽车行驶到老人行走的位置时，老人已过马路了。谁知，当易某以估计速度行驶时，老人并没有按易某估计的那样走过马路，眼看货车距离老人只1米左右，有撞击的危险，易某当机立断，马上采取紧急刹车措施，在离老人只0.3米处将车刹住，但老人却被急刹车的机械声惊吓倒地。经过医院抢救，因老人患有严重的心脏病受到惊恐而死亡。保险公司工作人员接待了这个农民以后，向他解释，保险公司只对被保险人——运输专业户易某具有保险合同关系，与死者家属无任何民事关系，对死者家属是否承担补偿费问题，请他向易某交涉处理。农民找到易某，现由易某出面要求保险公司按照机动车第三者责任保险的规定，负责承担经济赔偿责任。

【不同观点】

关于此案，形成了三种不同的观点。

第一种观点认为老人吓倒致死，是由于受被保险车辆紧急刹车的惊恐所直接造成的。尽管死者患有严重的心脏病，如果没受外部条件的刺激，是不会发生这次事故的，因此，驾驶员易某要承担事故的主要责任，应根据保险合同条款，由保险公司负责易某应承担的经济赔偿责任。

第二种观点认为死者在公路机动车道正中行走，本已违反交通规则，驾驶员早已鸣喇叭警告，死者仍未让路，直至驾驶员采取紧急刹车措施，才未直接碰撞。死者因身患严重的心脏病，故而受惊倒地死亡。驾驶员临场措施得当，死者应自负事故的全部责任，此案在法律上不应由易某承担事故责任，保险公司也就不负责补偿责任。

第三种观点认为死者确属违反交通规则，加上患有严重的心脏病，应对死亡事故负主要责任；但易某如果更早地采取刹车措施，也不致使老人受惊而致死亡。因此，易某应对事故负一定的责任。此案可以由保险公司承担一部分补偿费。

【分析】

（1）一般而言，汽车第三者责任险（含交强险）的保险责任是被保险人在法律上应承担的经济赔偿责任，保险公司按照条款的有关规定负责赔偿。一方面，就商业三者险而言，如果在法律上被保险人不承担法律责任，也就不属于商业第三者责任保险的责任范围。另一方面，如果是交强险，被保险人不承担责任，一般不赔付；但若存在驾驶人未取得驾驶资格或者醉酒的、被保险机动车被盗抢期间肇事的、被保险人故意制造道路交通事故的情形，保险公司应在交强险责任限额范围内垫付抢救费用，并有权向致害人追偿。本案易某是否有责，应当以交通管理部门定责为准，即以法规为准绳来分清被保险人易某应承担什么责任。

（2）就案情而言，死者违反公路行人交通规则是这次事故的直接原因，应负全部责任；驾驶员易某在公路上完全是按章行车，并且遇情况采取措施有力，不应承担任何责任。同时，此案并未构成交通事故，易某不负任何法律责任。其理由是：所谓交通事故，是指汽车在道路上行驶、停放（行驶过程中临时停放）发生碰撞、辗压、刮擦、翻车、失火、落水、坠车、爆炸所造成的人员和牧畜（牛、马）伤亡、车物财产损毁等。本案既然保险车辆根本未触及死者，也就不成构汽车第三者责任险的保险责任。

（3）我国《道路交通安全法》第七十六条规定：机动车发生交通事故造成人身伤亡、财产损失的，由保险公司在机动车第三者责任强制保险责任限额范围内予以赔偿；不足的部分，按照下列规定承担赔偿责任：①机动车之间发生交通事故的，由有过错的一方承担赔偿责任；双方都有过错的，按照各自过错的比例分担责任。②机动车与非机动车驾驶人、行人之间发生交通事故，非机动车驾驶人、行人没有过错的，由机动车一方承担赔偿责任；有证据证明非机动车驾驶人、行人有过错的，根据过错程度适当减轻机动车一方的赔偿责任；机动车一方没有过错的，承担不超过百分之十的赔偿责任。③交通事故的损失是由非机动车驾驶人、行人故意碰撞机动车造成的，机动车一方不承担赔偿责任。也就是说，即使本案司机没有过错，根据前述《道路交通安全法》内容，也要承担一定的责任，机动车一方唯一的免责条件是，交通事故的损失是由行人故意造成的。然而本案中没有证据证明行人是故意的。

（4）我国《侵权责任法》第二十四条规定："受害人和行为人对损害的发生都没有过错的，可以根据实际情况，由双方分担损失。"我国《道路交通事故处理办法》第四十四条规定："机动车与行人发生交通事故，造成对方死亡或者重伤，机动车一方无过错的，也应分担对方百分之十的损失。"因此，易某虽无过错，但却不能排除民事责任，该事故属于无过错责任。

【结论】

既然明确了被保险人的民事赔偿责任，保险公司也就有赔付的义务。鉴于商业三者险无过错不赔付，而交强险可以赔付的规定，本案保险公司应该在交强险合同金额内给予易某合理的赔付。

【启迪】

对于机动车辆第三者责任赔案的处理，是否对受害人进行经济补偿，关键是要确定被保险人对受害人是否负有法律责任。根据第三者责任保险合同条款的相关规定，被保险人或其允许的驾驶人员在使用保险车辆过程中发生意外事故致使第三者遭受人身伤亡或财产的直接损毁，被保险人依法应当支付的赔偿金额，保险公司依照保险合同的规定给予补偿。所谓依法，就是依据我国《保险法》《道路交通安全法》《道路交通事故处理办法》《侵权责任法》等进行处理，属被保险人应负的责任且不在除外责任内，才能由保险人赔偿。

人身保险篇

1. 被保险人从致害人处获得赔偿后请求保险理赔案

【案情简介】

　　某年 1 月 20 日，陈某向 A 人寿保险公司申请为自己投保个人人身意外伤害保险，并预交了保费 388 元，A 人寿保险公司随后向其出具的保险单载明：保险期间自某年 1 月 25 日至次年 1 月 24 日，意外伤害医疗保险金额为 50000 元，每日住院免赔金额为 20 元。此外，保险单还明确规定："被保险人因遭受本合同认定的意外事故，需经医院进行必要的治疗，本公司对其自事故发生之日起 180 天内支出的必须且合理的实际医疗费用 100 元以上部分向被保险人给付意外伤害医疗保险金。被保险人意外伤害医疗保险金的累计给付，以保险单载明的意外伤害医疗保险金金额为限。"同年 5 月 24 日，陈某因意外交通事故受伤住院治疗，于一个月后的 6 月 28 日出院，其间共计花费各项治疗费用 17200 元。此交通事故已由当地某交警大队处理，认定肇事司机负全责，陈某不负责任。同时，通过该交警大队调解，双方达成调解协议，由肇事司机一次性支付陈某各项费用 20000 元，此款于调解日全部付清。后陈某向 A 人寿保险公司申请理赔，A 人寿保险公司认为，陈某已接受肇事司机赔偿，其损失已获得充分填补，再进行保险理赔将有违损失补偿原则，为此拒绝赔付。双方由此发生争议，诉至法院。

【不同观点】

　　第一种观点认为，保险公司不能赔付。理由是，本案被保险人已经从肇事方获得了足额赔付，如果保险公司再赔付的话，被保险人将获得额外的利益，这非常容易导致道德风险的发生。

　　第二种观点认为，保险公司应该赔付。理由是，本案被保险人购买的保险为人身保险，人的生命无价，只要在保险合同约定的保险金额范围内，保险公司就应该赔付。

【分析】

　　本案争议的焦点是，陈某因交通事故受伤后，在已经获得肇事司机的全部损失赔偿后，能否再向保险公司索赔，保险公司是否应给予理赔。

　　我们可从以下四个方面进行分析：

　　（1）从保险性质而言，陈某投保的个人人身意外伤害保险属于人身保险。所谓人身保险是指以人的生命或身体为保险标的，当被保险人在保险期限内发生死亡、伤残或疾病等事故或生存至规定时点时保险人给付被保险人或其受益人保险金的保险。我国《保险法》第九十五条第一款第一项规定："人身保险业务，包括人寿保险、健康保险、意外伤害保险等保险业务。"其中，意外伤害保险是指被保险人不幸遇到意外事故受到人身伤害时，保险公司按合同约定支付保险金的一种保险。由于意外保险保障的是被保险人自己的身体和生命，因而其属于人身保险范畴。可见，法律条款已明确规定意外伤害保险属于人身保险性质。

　　（2）"损失补偿原则"不适用于人身保险合同。损失补偿原则又称保险赔付原则，一般是指当保险标的遭受保险责任范围内的损失（害）时，保险人应按照保险合同的约定履行其赔偿或给付保险金的责任。损失补偿原则一般属于财产保险合同的概念。虽然在某些情况下，意外伤害产生的医疗费用支出，属于经济损失，其数额可以确定，类似于财产保险的补偿性质，但从理论属性而言，意外伤害保险是基于人身发生的意外伤害，人的身体或生命是无法用价值去衡量的，所以，不存在保险补（赔）偿的概念（约定的费用型医疗保险除外，详解见后）。当发生人身保险事故时，只能是按合同约定的赔偿限额进行给付。正因为人的身体与生命无法用价值去衡量，本案中的陈某虽然因交通事故产生的医疗费用只有17200元，但肇事司机却赔了20000元，其事故侵权赔偿本身就证明了人身的损失是不能用损失补偿原则来处理的。

　　（3）定额给付型医疗保险与费用型医疗保险是两类不同性质的产品。定额给付型医疗保险是指按照约定的数额给付保险金的医疗保险。其特点是，与实际医疗费用支出没有必然联系，只与投保人购买的额度有关系。而费用型医疗保险即补偿型医疗保险，是指根据被保险人实际发生的医疗费用支出，按照约定的标准确定保险金数额的医疗保险。费用型医疗保险的给付金额不得超过被保险人实际发生的医疗费用金额。其特点是，在保险额度和责任范围内，对被保险人的医疗费用花多少补偿多少；如果被保险人从第三方处获得了补偿，保险公司仅补偿其差额部分；若投保人向多家保险公司投保，各保险公司根据一定比例分摊。总的补偿金额不能超过被保险人的实际支出。而本案投保人购买的是意外伤害定额医疗保险，其定额为50000元。即无论被保险人实际住院花多少钱，保险公司只负责给付被保险人总额不超过50000元的医疗费用。

　　（4）本案中，陈某发生交通事故后，其医疗费用虽已从侵权的第三者即肇事司机处获得足额赔付，但该赔偿是依据陈某与侵权人之间产生的侵权法律关系获得的侵权赔偿。陈某要求A人寿保险公司赔偿保险金，是依据双方之间签订的保险合同产生的合同关系获取的赔偿。同时，陈某与A人寿保险公司也没有约定若被保险人从第三人处获得赔偿后，保险人不再给付相应保险金。据此，陈某从致害人处获得足额赔付后，仍有权向A人寿保险公司请求支付保险金，而A人寿保险公司不得以陈某已获得侵权赔偿为由拒绝承担保险理赔责任。事实上，我国《保险法》第四十六条"被保险人因第三者的行为而发生死亡、伤残或者疾病等保险事故的，保险人向被保险人或者受益人给付保险金后，不享有向第三者追偿的权利，但被保险人或者受益人仍有权向第三者请求赔偿"的规定，已从法律上对本案做了诠释。即法律一方面对人身保险是明确限制保险人行使代位追偿权的；另一方面也赋予了被保险人或受益人在保险赔付之后享有向有责任的第三者主张侵权赔偿的权利。

综上所述，本案陈某在已获得肇事司机的全部损失赔偿后，可以向 A 人寿保险公司索赔，且保险公司不得拒赔。

【法院审理结果】

本案一审法院判决被告 A 人寿保险公司给付陈某保险金 16480 元（＝17200 元－20元×36 天），并于判决生效后 10 日内付清。一审宣判后，双方均未上诉。

【启示】

本案带给我们的启示有两个：

一是包含人身意外伤害在内的人身保险与财产保险是两类不同性质的保险，定额给付型医疗保险与费用型医疗保险是两类不同性质的产品，前者属于给付性质，后者属于损失补偿性质，两者的性质不能混淆。保险公司在开发与销售产品时，应明确每种产品或给付或补偿的性质，以避免实务中产生争议而带来理赔或诉讼成本的增加。

二是侵权责任与保险责任是两个不同的概念。陈某向致害的第三方索赔，依据的是有关侵权责任损害赔偿法律而获得的索偿权益；而向 A 人寿保险公司申请理赔，是依据双方签订的保险合同而产生的合同权益，两者是属于不同法律领域的规范，应各自独立适用，不能代替或抵消。

2. 被保险人持医疗费单据复印件的保险索赔案

【案情简介】

某年 5 月 7 日，李某所在单位在甲寿险公司为全体职工子女购买了"学生、幼儿平安保险"一份（该保险含附加意外伤害医疗保险，保险期限为 1 年），并按规定缴纳了保险费。李某之子小李享有该团体保险单的保障。在保险期限内，李某带小李乘坐两轮摩托车发生了交通事故，小李受伤住院，用去医疗费 1300 元。因李某另在乙寿险公司为小李购买过某分红保险附加意外伤害医疗保险，事故发生后，李某带着儿子小李持医疗费发票原件等相关资料到乙寿险公司索赔并获得 1250 元的医疗保险赔付（实际支出的医疗费 1300 元扣除免赔额 50 元）。之后，李某又带着儿子小李持医疗费发票复印件及病历原件等相关资料到甲寿险公司要求理赔，但甲寿险公司以医疗费发票非原件为由进行了拒赔。

【不同观点】

本案在业界与学界均引起了争议，其争议的焦点主要涉及如下两方面：一是意外伤害医疗保险是人身保险还是财产保险，是否适用财产保险的损失补偿原则；二是被保险人已经从第三方获得赔偿，再持医疗费发票复印件请求理赔，保险公司能否拒绝。上述争议，相应形成如下两种观点：

第一种观点认为，依保险性质，保险人应该赔偿。意外伤害医疗保险在性质上属于人身保险而不属于财产保险，本案赔偿不适用于损失补偿原则，而适用于人身保险合同给付原则；而且，保险合同中并无第三方已经赔付属于免责事由的规定。因此，只要被保险人能够提供证据证明所发生的保险事故性质、原因及程度等即可获赔。即使被保险人没有提供原始有效凭证（如医疗费发票原件），只要保险事故确实发生，保险公司就应当按保险合同的规定理赔。

第二种观点认为，依合同规定，保险人可以拒赔。意外伤害医疗保险合同的规定非常明确，即在发生保险事故后，被保险人必须提供医疗费发票等资料原件方可理赔。合同做如此规定的目的，旨在确认被保险人是否已经从他处获得赔偿，进而对重复理赔行为加以规避，也避免道德风险的发生。本案中小李父亲单位为小李投保的是学生平安保险附加意外伤害医疗保险，这种附加保险是一种财产性质的保险，适用损失补偿原则，在小李已经获得乙寿险公司赔付的情况下，当然不能再凭医疗费发票复印件获得理赔，否则，被保险人将获得额外的不当利益，也违反公平原则，易引发道德风险。

【分析】

我们认为第一种观点比较正确。

（1）依据我国《保险法》第九十五条第一款第一项及第四十六条的规定，意外伤害医疗保险在性质上属于人身保险，不适用损失补偿原则，当然也没有代位追偿和重复投保限制的问题。因此，保险人必须依据人身保险合同的给付性质及合同的约定予以给付。

（2）根据我国《保险法》第二十二条第一款"保险事故发生后，按照保险合同请求保险人赔偿或者给付保险金时，投保人、被保险人或者受益人应当向保险人提供其所能提供的与确认保险事故的性质、原因、损失程度等有关的证明和资料"的规定，被保险人、受益人的举证责任不是绝对的，仅限于"其所能提供"的范围。被保险人、受益人对能够提供的证据由其承担举证责任。如果被保险人、受益人对保险事故的原因及性质确实不知，那么举证责任就转移到保险公司（不属于被保险人、受益人能够提供的证据由保险公司承担举证责任，即举证责任倒置）。如果保险公司不能举证，就应当承担保险责任。因此，对于本案的人身保险索赔，只要被保险人提供的有关证明和资料能够确认事故及相关费用已经发生，保险公司就应按保险合同履行给付保险金的义务，而不应以被保险人是否出具相关费用单据原件为必要条件。保险合同是最大诚信合同，既然保险公司对于被保险人发生保险事故的事实并无异议，就不能仅仅凭被保险人提供的是医疗费收据复印件而不予理赔。对于保险责任范围内的索赔，保险公司如果要拒绝理赔，也必须以我国《保险法》和保险合同为依据。只有在相关法律和保险合同有明确规定不予赔付以及保险人举证证明可以不予赔付的情况下，才能予以拒赔。

（3）我国《保险法》第十七条第二款规定："对保险合同中免除保险人责任的条款，保险人在订立合同时应当在投保单、保险单或者其他保险凭证上作出足以引起投保人注意的提示，并对该条款的内容以书面或者口头形式向投保人作出明确说明；未作提示或者明确说明的，该条款不产生效力。"就本案而言，如果保险公司在保险免责条款中，明确规定了复印材料属于免赔，并按《保险法》第十七条第二款的规定对该条款的内容以书面或者口头形式向投保人做了明确说明，则保险人可以免责。然而，本案作为团体保险单，保险人一般不会也没有证据证明保险人向被保险人进行了明确说明或详细解释。因此，根据《保险法》第十七条的规定，未做提示或者明确说明的，该条款不产生效力，保险人不能以医疗费发票是复印件为由拒赔。

【结论】

意外伤害医疗保险属于人身保险的一种，不适用财产保险中的"损失补偿原则"。被保险人已经从第三人处获得赔偿，不能成为保险公司拒赔的理由。因此，此案保险公司必须按合同约定的责任进行赔付。

3. 代理人离职后代办保险案

【案情简介】

王某拥有保险代理人资格证书，某年3月加入了W保险公司的保险代理人队伍，并与W保险公司签订了保险代理合同，该保险公司向其核发了正式的展业证书。在开展代理工作后，王某虽然非常努力，但业绩并不理想。入职半年后，王某与W保险公司解除了保险代理合同关系。W保险公司通知王某，务必在解除合同三日内向公司交回其展业证书、各类保险合同条款、投保书等业务资料。就在解除代理合同后的次日，王某以前展业时开发的一个潜在客户赵某决定投保，打电话给王某，邀请其上门服务、尽快签下保单。王某在隐瞒自己已与W保险公司解除代理合同的情况下，带上全套的投保资料来到赵某家中，指导赵某填好投保书，收取赵某首期保费3000元，并出具了保费收据与保险合同。但王某并未将这些保费及该客户的投保资料交给W保险公司。在约定期间内，赵某一直不见保险公司寄来保险单及收取保费的正式发票。在电话联系不上王某后，赵某直接与W保险公司取得联系，得知王某在同他签订保险合同的前一天即已离职，其签订的保险合同是无效合同。为此，赵某以保险合同为W保险公司签章的合同为由，向W保险公司提出所交保费的赔偿。但W保险公司声称：公司早已解除与王某的保险代理合同，王某已不具有保险代理人身份，其私收保费的行为完全是一种欺骗行为，而不是保险公司的授权行为。我国《民法总则》第一百七十一条第一款规定："行为人没有代理权、超越代理权或者代理权终止后，仍然实施代理行为，未经被代理人追认的，对被代理人不发生效力。"因此，保险公司不对王某的行为负任何责任。

【分析】

本案实质上是一个有关"表见代理"如何处理的问题。

（1）所谓表见代理，是指没有代理权、超越代理权或者代理权终止后的无权代理人，以被代理人的名义进行的民事行为在客观上使第三人相信其有代理权而实施代理行为。我国《民法总则》第一百七十二条明确规定："行为人没有代理权、超越代理权或者代理权终止后，仍然实施代理行为，相对人有理由相信行为人有代理权的，代理行为有效。"我国《合同法》第四十九条也有类似规定。为了保护不知情的善意投保人，我国《保险法》第一百二十七条也规定："保险代理人没有代理权、超越代理权或者代理权终止后以保险人名义订立合同，使投保人有理由相信其有代理权的，该代理行为有效。保险人可以依法追究越权的保险代理人的责任。"

（2）就本案而言，从表面看，王某在为赵某办理保险业务时，已经和保险公司解除了代理合同，已经不是该保险公司的代理人，王某的行为是其私人行为，与保险公司无关。因此，W 保险公司以我国《民法总则》第一百七十一条第一款的规定拒绝赵某的损失赔偿要求。但这对投保人赵某来说显失公平。其一，王某在最初向赵某展业的时候，确实是保险公司的合法代理人；虽然在填写投保书收取保费之时，王某已经不是该保险公司的代理人，但赵某对此并不知情且也没能力知情。因此，赵某有理由认为王某仍然是该保险公司的代理人。其二，W 保险公司没有及时收回王某持有的各类展业证件和资料，存在过失责任。而针对此类情况，我国《民法总则》《合同法》及《保险法》等均通过"表见代理"的规定来保护不知情的善意相对人。

【结论】

综上所述，对于本案，我们可以得出结论：投保人赵某有理由相信王某仍然是保险公司的代理人，W 保险公司有责任退还赵某首期保费或者开具保险单及保费正式发票；而后，保险公司则可向王某进行追偿。

【启迪】

本案至少可从如下两方面吸取教训：

第一，保险公司代理人管理制度的不完善，既损害了投保人或被保险人的权益，也损害了自身的权益。一方面，本案的 W 保险公司如果在王某辞职的同时收回其展业证书、各类保险合同条款、投保书等业务资料而不是规定三天内收回，也就不会出现王某欺诈投保人获取不当得益的问题。另一方面，保险公司如果要求代理人每次行使代理行为时必须向投保人出具充分的代理证明，且进行保单的网络跟踪，也可以在一定程度上避免类似王某欺骗保险消费者的行为发生。此外，保险公司在展业材料中如果包含一份公司书面声明，明确告知投保人在填写投保单和交纳保费时必须查验代理人的保险代理证明，否则上当受骗不承担责任，在一定程度上也可以避免或减少自己的经营风险损失。

第二，投保人在投保时如果要求代理人出示保险代理证，在一定程度上也可达到避免本案类似上当受骗现象的发生。

需要强调的是，表见代理的案例在国内外时有发生。保险人有必要担当起对保险代理人更加严格的管理责任。只有加强管理，弥补制度上的缺陷，保险公司才能更好地在保护自身利益的同时，也保护保险消费者的利益。

4. 超过合同规定期限的医疗费用索赔纠纷案

【案情简介】

50岁的陈某于某年5月18日投保了2万元的意外伤害保险附加1万元的住院医疗保险，保险期限自某年5月19日至次年5月18日。该保险合同规定，对于被保险人在保险有效期内发生意外伤害，自遭受意外伤害之日起的180天内导致其死亡或残疾的，保险人承担给付保险金的责任；合同同时还规定，在保险期限内，被保险人因意外伤害住院治疗，保险人负责其住院期间合理药费、检查费、输血费、理疗费、注射费的给付责任。次年3月1日，陈某骑摩托车时不慎摔倒，造成左髋关节脱位，股骨头粉碎性骨折，在专科医院进行治疗8个月后出院回家继续治疗，并未间断。出院一年后，医生确诊："髋关节脱位，股骨头坏死"。陈某见治好无望，便停止了治疗，并向保险公司提出索赔，要求保险公司给付其住院及在家治疗的全部医疗费用和残疾保险金。

【不同观点】

此案本是发生在保险期限内的保险事故，保险公司理应负赔偿责任。但由于被保险人没有及时索赔，住院期限拖延至保险期限之外几个月，确诊为残废也大大超过了保险合同条款中规定的180天定残期限。因此，围绕被保险人的医疗费和残废保险金是否给付及如何给付，在保险公司内部就产生了如下几种不同的观点。

第一种观点主张拒付。原因是被保险人出事后，没有及时索赔，而是在一年后持医疗费收据、残疾证明到保险公司索赔，意外伤害发生后的时间已超过了保险合同规定的180天。因此，医疗费和残废保险金均不能给付。

第二种观点主张只给付部分医疗费用。原因是被保险人的意外伤害事故发生在保险期限内，保险期限就是保险公司的责任期限。因此，按保险合同规定，保险公司应负责在保险有效期内被保险人因意外伤害所致的残疾和住院治疗费用。即保险公司可以给付被保险人出险后到保险期结束前这段时间的住院医疗费用。

第三种观点则主张只给付残疾保险金。被保险人出险后未连续住院治疗，也未及时结案，所以不能给付医疗费，但应给付残疾保险金。理由是，被保险人遭受意外伤害后，并非可以马上或短时间内断定是否全残或部分残疾或终身残疾，一般情况是意外伤害的被保险人需要经过一段时间的治疗和观察后才可判断其身体机能是否可以恢复。保险合同中也有确定被保险人残疾程度期限的规定，只是这一观察期不能太长。太长既对被保险人不利，也对保险人不利。即残疾程度观察期太长，被保险人不能及时得到保险金的给付，而保险人也迟迟不能结案，而加大理赔的工作量与成本。就本案而言，虽然被保险人索赔超过了定残期限，但案情事实清楚，况且给付被保险人残疾保险金既不违背保险原则和保险合同条款的实质内涵，也不会助长道德风险的发生，还能体现保险公司用户至上、处处为保户着想的服务宗旨。因此，保险人不能以超过定残期限为由而拒付残疾保险金。

第四种观点则主张给付住院期间的医疗费用和残废保险金。该观点认为，被保险人投保意外伤害保险附加医疗险的目的，在于被保险人一旦发生意外能够及时得到伤残给付和医疗费用的补偿。假如出院后连正常住院治疗的费用都不能得到赔付，那么投保该险种也就失去意义。至于保险期限内发生保险事故而导致的被保险人残疾，保险公司理所当然应给付保险金。

【分析与结论】

通过综合分析，我们认为上述四种观点中，第一种观点是完全错误的，其余三种虽然不全面，但都有某些可取之处。我们的基本结论是：本案应给付被保险人住院医疗保险费的一部分，并按残疾程度给付残疾保险金。理由如下：

本案的保险合同条款中明确规定："在保险期内，被保险人因意外伤害住院治疗，保险人负责其住院期间合理药费、检查费、输血费、理疗费、注射费的给责任。"但对于这一条款，既可以理解为保险公司负责在保险期限内发生的保险事故导致的被保险人在保险期限内住院治疗的费用，也可以理解为保险公司负责在保险期限内发生的保险事故导致的被保险人住院期间（包括超出保险期限的期间）所发生的医疗费用。我国《保险法》第三十条规定："采用保险人提供的格式条款订立的保险合同，保险人与投保人、被保险人或者受益人对合同条款有争议的，应当按照通常理解予以解释。对合同条款有两种以上解释的，人民法院或者仲裁机构应当作出有利于被保险人和受益人的解释。"因此，从法律条款的含义看，保险合同的上述条款完全可以理解为保险公司应给付被保险人住院期间的全部治疗费用。然而，如果被保险人的意外伤害事故只要发生在保险期限内，不管住院治疗持续多长时间，所花费的医疗费多么巨大，保险公司都一概承担的话，这种无限制的责任对保险公司而言也是不公平的。因此，本案中，保险公司不能给付被保险人住院医疗的全部费用，但可以参照当前保险市场上同类保险产品的责任期限（天数）来计算赔付，如市场上同期其他保险公司推出的住院医疗保险责任期限一般规定为180天，本案也可照此办理。

因此，本案保险公司应承担的责任是：按被保险人陈某的残疾程度应给付的比例（40%）给付残废保险金8000元，住院医疗费从陈某住院时起往后推算6个月，在保险金额10000元以内赔付。

5. 重疾险给付与身故保险金给付发生竞合而产生的纠纷案

【案情简介】

谢女士身患恶性肺癌而死亡。其生前在保险公司为自己投保了一款保险金额为30万元的重大疾病保险（以下简称重疾险）产品。该产品条款规定的主要保险责任如下："（1）在被保险人罹患保险合同约定的疾病时，被保险人或其委托人可以申请保险公司给付重大疾病保险金；（2）在被保险人身故后，保险公司向其指定受益人给付身故保险金，但应扣除已给付的重大疾病保险金。……"谢女士指定其身故保险金的受益人为其丈夫王某。因谢女士患病期间未来得及领取重大疾病保险金，在其身故后，保险公司根据保险合同约定，向王某支付了谢某身故保险金30万元。谢女士的父母谢某、李某知道此事后，与女婿王某就30万元身故保险金的领取发生了争议。两位老人认为，其女儿生前未曾领取过重大疾病保险金，因此，30万元身故保险金的性质是重大疾病保险金，应属于其女儿的遗产，而保险公司未经他们俩同意就由王某全部领取的行为是错误的。故请求保险公司按照我国《继承法》有关遗产继承规定向其给付作为遗产的重疾保险金20万元。在与保险公司协商未果的情况下，谢某夫妻俩将保险公司诉至法院。法院经审理认为，保险公司适用合同约定给付王某的行为并无不当，判决驳回谢某与李某的诉讼请求。

【分析】

本案其实是对重大疾病保险金给付与疾病身故保险金给付发生竞合而产生的纠纷案。

（1）重大疾病保险金的给付条件是确诊给付，即只要被保险人购买了重大疾病保险，确诊的疾病符合保险条款中的保障对象，则被保险人可以一次性获得保险公司约定保险金额的给付。重大疾病保险金的目的是弥补被保险人重大疾病的治疗费用和丧失劳动能力的生活费用。换言之，在重大疾病保险中，只要被保险人符合保险条款中约定的重大疾病定义的状况，保险人就要向被保险人进行支付，即便之后被保险人在治疗过程中不幸死亡，保险公司仍需承担给付重大疾病保险金责任。因此，在重大疾病保险的理赔中，被保险人是否存活不构成理赔的必要条件。

（2）疾病身故保险金是指被保险人因疾病身故后，保险公司应按保险合同规定支付给受益人（没有指定受益人的情况下支付给继承人）的保险金额。疾病身故保险金的目的是保障指定受益人的利益。通常情况下，重大疾病保险金与疾病身故保险金两者只能领其一。因此，本案中，保险条款规定，在被保险人身故时，保险公司向被保险人指定的受益人给付身故保险金，但应扣除已给付的重大疾病保险金。

（3）实务中，在被保险人未来得及领取重大疾病保险金就死亡的情况下，重大疾病保险金与身故保险金这两种保险金的请求权会同时存在，即存在竞合。本案中，重大疾病保险金的名义受益人是谢女士本人，其在没有领取该保险金时便死亡了，此时重大疾病保险金的受领人由谢女士转化为她的遗产继承人——包括其父母谢某与李某及其丈夫王某。故被保险人谢女士的父母指出保险公司将 30 万元保险金全部付给王某的行为是不当行为。然而，本案中的被保险人谢女士在罹患疾病后不久就身亡，保险合同弥补治疗费用的目的已难实现，在合同无其他约定的情况下，保险公司将 30 万元身故保险金全部向王某进行给付的做法其实是体现了谢女士当初投保的目的。因此，从投保目的的解释角度而言，本案法院作出的判决是合理的。

【启迪】

本案保险金给付请求权竞合的处理虽然在法律上尚无明确规定，但在实际操作过程中，应以遵循保险合同的约定为基本原则来确定保险金的归属。

6. 合同成立与生效时间不一致的保险索赔案

【案情简介】

某年 4 月 29 日，A 公司为全体职工投保了团体人身意外伤害保险，保险公司收取了保险费并当即签发了保险单。保险单上列明的保险期间自当年 5 月 1 日起到次年 4 月 30 日止。投保的第二天即 4 月 30 日，A 公司的职工王某登山，不慎坠崖身亡，事故发生后，王某的家人向保险公司提出了索赔申请。

【不同观点】

第一种观点认为，保险公司不承担赔付责任。因为，保险合同成立的时间并不等于保险责任开始的时间，本案的保险责任开始时间为 5 月 1 日，而被保险人王某的事故发生时间为 4 月 30 日，显然不在保险责任期间内，故保险公司不承担赔付责任。

第二种观点认为，保险公司应承担赔付责任。理由是，本案中的保险合同于 4 月 29 日成立了，保险合同的成立也就意味着保险合同生效。保险合同生效后，双方当事人应开始履行各自的权利和义务。投保人缴纳了保险费，已履行了投保方的合同义务，被保险人在事故发生后就有权享受保险公司提供的保险保障；保险人收取了保险费，就应当承担保障被保险人的义务。因此，保险公司必须根据保险合同的规定进行赔付。

【分析】

本案的关键在于弄清保险合同成立与生效的关系。

（1）我国《保险法》第十三条规定："投保人提出保险要求，经保险人同意承保，保险合同成立。"在一般情况下，如果当事人对合同生效没有特别约定，合同自成立时生效。但是，如果当事人对合同生效约定了附属条款，则保险合同从符合附属条款约定的生效情形时开始生效。

（2）保险合同自生效到终止的期间为保险期间，即保险合同的有效期间。在保险实务中，如无特别约定，保险合同生效的时间与保险责任开始的时间是一致的。

（3）保险责任开始的时间是保险人开始承担保险责任的时间，从保险人承担责任开始到终止的期间为保险责任期间，在此期间内发生保险事故，保险人应当承担保险责任。反之，保险人不承担保险责任。换言之，保险责任开始的时间才是被保险人真正享受保险合同保障的时间。另外，我国《保险法》第十四条规定："保险合同成立后，投保人按照约定交付保险费，保险人按照约定的时间开始承担保险责任。"据此，保险合同的当事人可以在合同中约定保险责任开始的时间。

【结论】

本案中，保险合同明确规定了保险责任期间开始于 5 月 1 日，而保险事故发生于 4 月 30 日，正好在保险责任期间外，故保险公司不承担保险责任。

7. 未及时出具保险单的保险索赔纠纷案

【案情简介】

某年 5 月 6 日，林某与其妻王某在寿险营销员的动员下，投保终身寿险并缴纳了首期保险费，林某的保险金额为 100 万元，保险费为 6000 元，其妻王某的保险金额为 50 万元，保险费为 4000 元，两项保费合计 10000 元；受益人均为法定。6 月 20 日，林某夫妇外出游玩，路上偶遇大雨，其所乘坐的轿车与一辆卡车相撞，两人不幸身故，留下林某的老母亲徐某及 4 岁幼儿伟伟。

7 月 1 日，徐某持其子林某遗留的两张保费收据向保险公司提出 150 万元保险金全额给付的申请。然而，保险公司以投保人未体检、投保单未加盖"同意承保"章，而仅仅是公司行政章，保险合同尚未成立为由拒付。但考虑到本案的特殊性，决定按照两投保人无须体检的最高保额共计 40 万元赔付。双方协商未果，徐某向法院提起了诉讼。

【不同观点】

该案主要在被告保险公司与原告徐某之间产生了结论完全相反的观点。

（1）被告认为本案不能赔付。其理由有三点：一是投保人填写投保单预交保费只是要约的构成部分，并不表示收费后合同即成立；二是按照规定，因两投保人的保险金额属于高额保险，必须进行体检，即"先体检后核保再承保"是保险运行的步骤，而投保人尚未体检，所以保险人无法确定最终的保险金额和保险费用，故而保险合同并不成立；三是投保单应加盖"同意承保"章才表示已承保，加盖公司行政章不能代表公司已承保。因此，被告方不承担赔偿责任。

（2）原告认为本案必须赔付，其理由也有三点：一是投保人填具投保单并缴付保险费，合同成立的充分必要条件之一的要约阶段已经完成；保险公司收取首期保险费就表示其接受投保单，是承诺的具体表现与证明。二是体检未完成的过错在于保险公司，保险公司既未通知投保人体检，也未对体检前这段时间内可能发生的情况作出严谨规定。况且体检只涉及保险费问题，即使拒保也是身体原因，而投保人死亡纯属意外，与身体疾病无关；同时原告方还当庭举证证明保险公司曾经承保一例应体检而未体检的保险合同。三是投保单上注明"投保人和被保险人填写完本投保单和健康告知书后，请向我公司业务员缴纳首期保险费，并索取临时收据。保险计划书、保险费正式收据及保险证将延后1至5天呈送"，事实上，从投保人填具投保单缴纳保险费之日起至投保人死亡止，已远超过5天，投保单上的核保栏迄今仍是空白，未署明拒保或缓保，这说明已经以加盖公司章的方式承保，保险惯例上称为默示表示的承诺。因此，保险公司不能根据其未曾有肯定的意思表示而主张保险合同不成立。

【分析】

本案涉及的问题其实就是保险合同是否成立并生效的问题。我们的分析如下：

（1）保险公司预收保险费，在承诺期限内保险公司又保持沉默，法律上应推定接受投保人的投保要约，从而保险合同成立。因为，一方面保险公司收受首期保险费，享受着保险合同的权利；另一方面又无故无限期地拖延时间签发、交付保险单，一旦在此之前发生伤亡事故，投保人所面临的只能是"保险合同尚未成立、保险公司不予赔付"的结局，这对投保人而言是绝对不公平的。因此，保险合同是否成立应探究当事人的真意，不拘泥于投保人是否持有保险单。即使保险人没有签发保险单，只要从一定的事实可推定其意思，也可认为保险合同业已成立。

（2）从法理上分析，认为该保险合同不成立也是不合理的。投保人填写投保单是保险合同成立的第一个阶段，即要约。只有当保险公司作出承保承诺后，保险合同方能成立。在一般合同中，受约方只要无意与要约方签订保险合同，无须作出承诺。然而，寿险合同则不同，在寿险合同中，保险公司作为受约方，不管其是否接受投保人的投保要约，都必须作出答复。如果保险公司预收保费，又在承诺期内保持承诺，各国法律通常推定为保险人已经接受投保人的投保要约。本案中保险公司的承诺期限是5天，既然5天的承诺期限已过，就应当认为保险合同是成立的。因此，本案中，即使保险人没有签发保单，也应视为保险合同已经成立，保险公司应按照合同约定承担保险金的赔付责任。

（3）我国《保险法》第十三条第一款规定："投保人提出保险要求，经保险人同意承保，保险合同成立。保险人应当及时向投保人签发保险单或者其他保险凭证。"而本案中的保险公司应该及时出具保险单而未及时出具，即违反了这一规定。司法解释（二）第四条更是明确规定："保险人接受了投保人提交的投保单并收取了保险费，尚未作出是否承保的意思表示，发生保险事故，被保险人或者受益人请求保险人按照保险合同承担赔偿或者给付保险金责任，符合承保条件的，人民法院应予支持；不符合承保条件的，保险人不承担保险责任，但应当退还已经收取的保险费。保险人主张不符合承保条件的，应承担举证责任。"本案中，被保险人是意外死亡，并非不符合承保条件，因此，保险人必须按合同约定进行赔付。

【结论】

由以上分析可知，本案原告的要求是合理合法的，被告保险公司必须按合同约定对法定受益人进行保险金的给付。

8. 尿毒症未透析被拒赔纠纷案

【案情简介】

某年4月21日，投保人余某为自己在T保险公司投保了一份医疗保险，合同约定保险人承担赔付责任的重大疾病范围包括"慢性肾衰竭（尿毒症）"，保险金额为50万元。余某按照合同约定缴纳了全部保费，保险期限为10年。该医疗保险合同条款中对"慢性肾衰竭（尿毒症）"进行的解释是："两个肾脏慢性且不可复原的衰竭而必须且已进行定期透析治疗者。"在保险期限内，余某经诊断为系统性红斑狼疮、狼疮性肾炎、慢性肾衰竭、肾功能不全（尿毒症），且两个肾功能不可逆转衰竭。医院建议透析治疗，但余某并未进行透析治疗。事后余某向T保险公司申请理赔时，保险公司以其所患疾病没有进行透析治疗，不属于保险合同解释的"慢性肾衰竭（尿毒症）"概念为由，拒绝赔付。余某遂将保险公司诉至法院。

【不同观点】

本案在原告余某与被告保险公司之间产生了赔与不赔两种观点。

（1）坚持赔付观点的原告一方认为，被告拒赔的主要理由是被保险人虽然被诊断为"慢性肾衰竭（尿毒症）"却没有进行定期透析。被告该解释中对进行透析治疗的限制是被告的单方解释，其解释内容明显违背了保险条款设立的目的，使合同双方给付代价相对等的利益关系失衡，将应当由保险人承担的责任排除在保险责任之外，使得被保险人获得的理赔权利变小。这种权利明显偏向于提供格式合同一方的保险合同是不公平合同。根据我国《保险法》第十九条的规定，保险人对慢性肾衰竭（尿毒症）定义的解释规定对于被保险人而言不产生法律效力，因此，保险公司应当予以赔付。

（2）坚持不赔付观点的被告一方认为，本案保险合同是双方当事人真实意思表示，且不违反法律法规禁止性规定。因此，该保险合同是有效合同，双方当事人应严格按照合同约定履行权利义务，被保险人虽然被诊断为慢性肾衰竭（尿毒症）却没有进行定期透析，与合同赔付规定不同，保险公司当然不应当承担赔付责任。

【分析】

本案中原被告双方争议的焦点是保险合同中有关"慢性肾衰竭（尿毒症）"疾病的释义，我们分析认为，本案是一个必须赔付的案例。

（1）从医学解释来看，所谓慢性肾衰竭（CRF），是指各种原因造成慢性进行性肾实质损害，致使肾脏明显萎缩，不能维持基本功能，出现以代谢产物潴留，水、电解质、酸碱平衡失调，全身各系统受累为主要表现的临床综合征。慢性肾衰竭（尿毒症），是各种病因引起肾脏损害并进行性恶化，当发展到终末期，肾功能接近正常的 10% ~ 15% 时，会出现一系列临床综合症状。目前对慢性肾衰竭（尿毒症）的治疗，西医主要采用抗炎和净化血液的办法。其中净化血液主要就是透析，包括血液透析和腹膜透析。但透析存在最少两个弊端，弊端之一就是只能清理血液中的小分子物质（比如肌酐），对于中、大分子物质效果不大；另一个弊端在于使用时机。在慢性肾衰竭的初期，血液就已经开始受到污染了，但此时几乎不会有人考虑透析，通常只有在慢性肾衰竭发展到衰竭期，也就是血肌酐升到 500μmol/L 以上时，才会进行透析，但这时候往往已经很晚了，即透析对延迟生命几乎意义不大，且可能降低患者的生活质量，同时因延长住院时间，也将造成不必要的医疗资源浪费。现实中，经济不富裕或比较理性的人群，一般会放弃透析。本案的患者即被保险人放弃透析可以理解为是此类原因。而本案中保险人单方面扩大条件来界定"慢性肾衰竭（尿毒症）"的范围，既不符合医学解释，也不符合常人所理解的含义。保险人对慢性肾衰竭（尿毒症）的界定，仅仅是从其自身降低理赔率、争取更大利润的角度考虑的结果。

（2）本案投保人购买重大疾病险的目的只有一个，即被保险人发生保险事故时能够得到保险经济补偿。换言之，购买保险是为了在病情严重、花费巨大的疾病治疗时能够得到一定的经济支持。可保险人提供的保险合同对慢性肾衰竭（尿毒症）必须有透析的定义规定，却缩小了被保险人获得赔付的范围，让投保人投保重大疾病险失去了价值和意义，这是有背投保人投保重大疾病险而签订保险合同目的的。对于本案患者即被保险人而言，当其患重大疾病时，最期望的是采用先进的、科学的、风险更小的手术方式得到有效治疗，而不是为了得到重大疾病保险金的给付而采取保险人限定的手术方式。本案所谓的透析，无非是印证肾衰已经到了服药不能解决问题的地步，但透析费用很高，一般的家庭无力支付。事实上，是否透析是患者即被保险人的权利，却不是义务。我国《保险法》第十九条明文规定，采用保险人提供的格式条款订立的保险合同中的下列条款无效：一是免除保险人依法应承担的义务或者加重投保人、被保险人责任的；二是排除投保人、被保险人或者受益人依法享有的权利的。本案保险人对慢性肾衰竭（尿毒症）的解释条款，很显然存在着免除保险人依法应承担的义务却加重投保人、被保险人责任的现象，其目的就是排除投保人、被保险人或者受益人依法享有的权利。因此，依据《保险法》第十九条的规定，保险人对慢性肾衰竭（尿毒症）必须有透析这一定义，相对于投保人或被保险人而言不产生法律效力。

（3）本案中，保险条款上的慢性肾衰竭（尿毒症）赔偿责任跟保险消费者普遍信任的临床医学上的慢性肾衰竭（辰毒症）定义存在着差别，而正是这一差别，造成了消费者购买重疾险的预期与实际情况的差距，进而与保险方产生争议或纠纷。我国《合同法》第一百二十五条第一款规定："当事人对合同条款的理解有争议的，应当按照合同所使用的词句、合同的有关条款、合同的目的、交易习惯以及诚实信用原则，确定该条款的真实意思。"从《合同法》这一规定不难看出，关于合同条款的理解存在争议的，应坚持意图解释原则。我国《保险法》第三十条也明文规定："采用保险人提供的格式条款订立的保险合同，保险人与投保人、被保险人或者受益人对合同条款有争议的，应当按照通常理解予以解释。对合同条款有两种以上解释的，人民法院或者仲裁机构应当作出有利于被保险人和受益人的解释。"因此，本案投保人或被保险人方按医学上的解释是符合法律规定的。此外，保险人销售类似本案重疾险产品约定的保险期限往往为终身，在如此长的时间内，医学发展变化必定很大，以被保险人投保时的手术方式来锒定若干年后被保险人患重大疾病时施行的手术，也不符合医学发展规律。

【结论】

综上所述，被保险人即患者对透析这样的治疗方式因其各种主观因素的制约是可以选择取舍的，故不应成为慢性肾衰竭（尿毒症）含义的认定依据和标准，更不能与保险是否赔付捆绑挂钩。本案中保险人对慢性肾衰竭（尿毒症）治疗方式的格式合同约定，不符合医学发展规律，其以透析这一治疗方式限定该病种的范围实际上免除了保险人依法应当承担的保险责任，限制了投保人获得理赔的权利，也违背了投保人投保重大疾病保险的基本目的，依据前面分析步及的《保险法》第十九条、第三十条、《合同法》第一百二十五条的规定，保险人必须按合同的约定进行保险赔付。

9. 医疗意外死亡的保险金索赔案

【案情简介】

某年 10 月 25 日，金某所在单位 S 厂与 A 寿险公司签订了一份人身意外综合保险合同。该保险合同载明：投保人为 S 厂，被保险人为金某，受益人为 S 厂；保险期限为 1年；保险费为 100 元，保险金额为 10 万元。该保险合同第三条规定："被保险人在保险责任有效期内，本公司依下列约定承担给付保险金责任：被保险人因意外伤害身故，本公司按意外伤害保险金额的 50% 给付保险金，本合同即行终止。"同时，该合同第四条规定了 13 种免除保险人承担责任的情形，其中第 8 种免除责任情形为"被保险人疾病、流产、分娩造成死亡的，本公司不负给付赔偿的责任"。次年 9 月 14 日，金某因低钾病到当地医院就诊，但在诊疗过程中出现医疗意外而死亡（就诊医院出具的死亡医学证明书上载明："低钾血症，在诊疗过程中出现意外死亡"），为此，该医院于 9 月 20 日一次性补偿死者家属 4 万元。同年 9 月 25 日，金某之妻彭某向 A 寿险公司申请理赔，却被拒赔，并于当日收到 A 寿险公司发出的拒赔通知书。该拒赔通知书表明："金某死亡是因疾病所致，而不是意外。"在交涉未果的情况下，彭某和 S 厂向法院提起了诉讼，要求 A 寿险公司按保险合同的约定赔偿意外伤害保险金 10 万元。

【分析】

此案涉及的问题其实有两个方面：一是受益人的指定是否合法；二是保险人是否应承担给付保险金责任。

（1）我国《保险法》第三十九条第一款、第二款规定："人身保险的受益人由被保险人或者投保人指定。投保人指定受益人时须经被保险人同意。投保人为与其有劳动关系的劳动者投保人身保险，不得指定被保险人及其近亲属以外的人为受益人。"本案中，投保人是 S 厂，受益人被指定为 S 厂，很明显与上述《保险法》关于受益人不得指定被保险人及其近亲属以外的人相悖。因此，S 厂作为受益人应被认定为无效指定。根据我国《合同法》第五十六条"合同部分无效，不影响其他部分效力的，其他部分仍然有效"的规定，本案保险合同指定受益人条款无效不影响合同其余条款的效力。因此，保险合同双方仍应按保险合同的约定履行义务。鉴于指定 S 厂为受益人的条款无效，本案保险合同相当于没有指定受益人。为此，在本案被保险人死亡之后，保险合同的受益人应为被保险人的法定继承人。我国《保险法》第四十二条规定：被保险人死亡后，有下列情形之一的，保险金作为被保险人的遗产，由保险人依照《中华人民共和国继承法》的规定履行给付保险金的义务：一是没有指定受益人，或者受益人指定不明无法确定的；……因此，本案保险金应作为被保险人的遗产，由保险人向其法定继承人履行保险给付义务。

（2）医疗意外是指医务人员在从事诊疗或护理工作过程中，由于患者的病情或患者体质的特殊性而发生难以预料和防范的患者死亡、残疾或者功能障碍等不良后果的行为。本案中，被保险人金某就诊医院开具的死亡证明书已表明金某是死于医疗意外而不是死于疾病，为此，医院也进行了相应赔偿（如果被保险人是正常的疾病死亡，医院是不会承担任何责任的）。因此，金某的死亡是意外死亡，完全符合保险条款中约定的保险赔付责任。

【结论】

综上所述，根据我国《保险法》第二十三条的规定，保险人收到被保险人或者受益人的赔偿或者给付保险金的请求后，应当及时作出核定；对属于保险责任的，在与被保险人或者受益人达成赔偿或者给付保险金的协议后十日内，履行赔偿或者给付保险金义务。保险合同对赔偿或者给付保险金的期限有约定的，保险人应当按照约定履行赔偿或者给付保险金义务。因此，A 寿险公司应按照保险合同的约定，对金某的法律继承人支付保险金额 10 万元的 50% 即 5 万元的意外伤害保险金。

10. 被保险人诈死索赔案

【案情简介】

某年 12 月，袁某先后两次向某保险公司为自己投保人身意外伤害保险，保险金额共 26 万元，并指定前妻朱某为受益人。次年 8 月，朱某前来报案，称被保险人袁某于 8 月 10 日下午在 C 江坐船游玩时不幸落水死亡。死者家属已向当地派出所报案，但一直未找到尸体。保险公司接案后，要求受益人收到认尸通知书后及时告知保险公司，待保险公司确认死者身份后再行火化。同年 9 月，朱某向保险公司提交了由医院出具的袁某死亡证明和户口注销证明，死亡证明填写的死亡地点为 C 江，死亡原因诊断依据为推断意外落水死亡。朱某同时作为受益人要求保险公司按照合同约定赔付被保险人死亡保险金 26 万元人民币。保险公司在受理后认为，仅凭医院出具的袁某死亡证明和户口注销证明不能确认被保险人死亡或死于意外事故。根据我国相关法律规定，未找到尸体只能按失踪处理，意外事故造成的失踪，两年后法律才会宣告死亡，待法院宣告被保险人死亡后，保险公司才能履行死亡赔付。因此，保险公司要求朱某向法院提出申请宣告被保险人袁某死亡，但遭到朱某的拒绝。朱某坚持要求保险公司立即赔付，并且吵闹不休，还找到当地新闻媒体报道此事，给保险公司施加压力。

【调查分析与真相】

为了了解本案的真相，保险公司做了进一步调查分析，从中发现了许多疑点：（1）袁某离职后无固定工作与收入，生活窘迫，却主动投保，且保额达 26 万元，其投保动机值得推敲；（2）袁某与朱某离婚多年，却将朱某指定为受益人，令人费解；（3）被保险人姐姐与被保险人前妻朱某长期不和，在索赔过程中，却总是结伴而行，配合默契，不符合常理。综合以上疑点，保险公司遂向公安部门报案，请求公安部门协助立案调查。

同年 12 月 25 日，保险公司受到举报，称有人在某地看到了袁某，保险公司立即通知公安部门。12 月 27 日下午，被保险人袁某被公安机关抓获，随后涉嫌此案的朱某等也落网。在审讯中，袁某等人对自己的犯罪行为供认不讳。袁某原是某单位工程师，下海经商后亏了钱，一次偶然的机会与某保险业务员聊保险工作，其以为通过保险可以骗取保险金以弥补经商亏损，便找到其前妻朱某及其姐姐共同设计了溺水身亡的骗赔方案。

【启迪】

本案属于典型的保险欺诈案，根据我国《保险法》第一百七十四条的规定，编造未曾发生的保险事故，或者编造虚假的事故原因或者夸大损失程度，骗取保险金的，尚不构成犯罪的，依法给予行政处罚。同时，我国《刑法》第一百九十八条规定：投保人、被保险人或者受益人编造未曾发生的保险事故，骗取保险金的，其数额较大的，处五年以下有期徒刑或者拘役，并处一万元以上十万元以下罚金；数额巨大或者有其他严重情节的，处五年以上十年以下有期徒刑，并处二万元以上二十万元以下罚金；数额特别巨大或者有其他特别严重情节的，处十年以上有期徒刑，并处二万元以上二十万元以下罚金或者没收财产。因此，依据上述法律条文的规定，本案被保险人袁某及其前妻朱某、其姐姐应相应承担行政责任或刑事责任。本案在说明以身试法者必将受到法律制裁的同时，也给我们带来了以下两点启迪。

（1）重视意外险索赔的近因或相关线索的调查。与人寿保险、健康保险等在承保时进行体检等风险管控不同，意外伤害保险的风险管控主要在理赔环节，即当意外险合同的被保险人或其受益人报案索赔时，保险公司在未做更详细的调查之前不要轻易进行赔付，以排查索赔人是否有骗保动机或行为。因意外险的骗保行为，在前期是比较难以查出的，但出险的时候，如果是骗保，会存在一些漏洞。因此，保险公司应做专门的调查分析，抓住可疑线索不懈怠，一旦发现骗保，就应拒赔并报案。

（2）由于意外险具有低保费高保险金额赔付的特征，很容易诱发有不良动机的人编造未曾发生的保险事故，或者编造虚假的事故原因或者夸大损失程度，以骗取保险金；或故意造成保险事故，以骗取保险金。因此，保险人应进行风险动态化管理，比如针对大额投保者，要求投保人或被保险人提供近期收入证明材料；承保后建立投保人或被保险人的相关信誉档案；事故发生后，要求索赔人提供户口注销原件、死亡证明、意外事故证明、司法宣判死亡书等。即保险人应在事前、事中、事后建立合理的保险道德风险预防机制，以防止骗保的发生。

11. 代签名的保险合同纠纷案

【案情简介】

某年 11 月 23 日，王某经 S 人寿保险公司业务员卢某主动帮忙填写了一份寿险投保单，被保险人为其丈夫秦某，受益人为其儿子小秦，保险金额为 30 万元。投保单上明确指出，投保人、被保险人签名都应由本人亲自签名，否则该投保单无效。因被保险人秦某不在场，王某代秦某签了字。双方签订的投保单中所有填写项除投保人签名、被保险人由投保人代签签名以外，其余均由 S 人寿保险公司的业务员卢某填写。在业务员的声明中，卢某对"所投保险中的条款、投保单各栏及询问事项确经本人据实向投保人说明，由投保人、被保险人亲自告之并签名"认可并签名。王某当日交付了首期保险费，S 人寿保险公司于同年 11 月 29 日签发了保险单。在保险期限内，被保险人秦某因疾病死亡，王某将此事电话通知了 S 人寿保险公司，随后提出书面申请保险理赔。S 人寿保险公司在审核王某的赔偿申请时发现被保险人签字由王某代签，于是认定该保险合同无效不予赔偿，只同意按规定退还王某已交的保险费用。王某不服，遂诉至法院。

【不同观点】

本案主要在原告王某与被告保险公司之间产生了赔与不赔两种不同观点。

（1）原告认为，本合同的签订完全是在保险公司业务员卢某的指导下进行的，且保险人通过审核签章并收取了首期保险费，合同成立且生效了，被保险人死亡是在保险期间里发生的保险事故，因此，根据我国《保险法》与《合同法》的规定，保险人应按保险合同的约定进行理赔。

（2）被告 S 人寿保险公司有两种观点，一种观点认为，保险合同无效，但保险公司应承担缔约过失责任。本案中，保险公司在签约及审批时并未强调要求被保险人本人签名，却按程序收取了保险费并签发了保险单，在保险事故发生时却又以被保险人未亲自签名合同无效为由拒赔，如果这样的行为被认为合理，则在保险经营过程中易产生保险公司可能在未发生保险事故时收取保费，而发生保险事故时以合同无效拒赔的现象。这对于投保人或被保险人一方来说是明显不公平的。因此，保险合同虽然无效，但保险公司仍应当承担缔约过失责任，赔偿王某的损失。另一种观点认为，根据我国《保险法》第三十四条的规定，以死亡为给付保险金条件的合同，未经被保险人同意并认可保险金额的，合同无效。而本案中，被保险人秦某未亲笔签字认可，故保险合同无效。又因投保单中明确载明，投保人、被保险人签名都应由本人亲自签名，保险公司已尽到了书面告知的义务，不应承担导致合同无效的缔约过失责任。因此，保险公司只需退还保费，而不承担保险给付责任。

【分析】

从上述争议看，本案涉及人身保险合同纠纷中几个常见的问题：①合同效力问题；②缔约过失责任承担问题；③赔偿范围问题。

（1）关于合同的效力问题，我国《保险法》第三十四条规定："以死亡为给付保险金条件的合同，未经被保险人书面同意并认可保险金额的，合同无效。"本案中，三某与保险公司之间签订的人寿保险合同，由于王某是在未经被保险人同意的情况下代替其签字，这一客观事实双方确认无误，故保险合同应认定为无效。

（2）关于缔约过失责任的承担问题。本案中，投保人王某是在业务员卢某当场监督的情况下填写保单，没有刻意规避、隐瞒的行为，因此，可以排除投保人代签的故意。然而，作为保险公司的业务员，卢某在王某投保时没有向其说明正确的投保手续以及违反这一手续会导致的严重后果，且业务员在明知被保险人不在场的情况下没有对原告代签投保单的行为加以制止，也没有要求王某出示被保险人书面同意的材料，并于事后将王某代签的投保单加盖体检章上交公司，这表明其实际默认了王某代签投保单的行为，承认该保险合同有效。同时，S 人寿保险公司作为保险合同的承诺方，必须对投保单进行严格核保，有义务及时采取补救措施。本案中，正是由于 S 人寿保险公司怠于履行告知义务，后又疏于审核管理、没能及时发现代签事实的存在，最终造成合同无效的法律后果。因此，S 人寿保险公司应对合同形成过程中出现的问题承担缔约过失责任。

（3）关于赔偿范围的界定问题。根据我国《合同法》第四十二条的规定，缔约过失行为方给对方造成损失的，应承担损害赔偿责任。本案中，双方在合同订立过程中，因保险公司的过失违反了先合同义务，造成王某的信赖利益损失（信赖利益损失是指一方实施某种行为后，另一方对此产生信赖，并为此发生了费用，后因前者违反诚实信用原则导致合同未成立或者无效，该费用未得到补偿而受到的损失），保险公司依法应当承担赔偿责任。这种信赖利益损失既包括因缔约过失行为致对方财产的直接损失，也包括过错方致使受害方丧失了与其他第三方另订合同的机会所造成的损失，致使受害方的财产应增加而未增加的利益。因此，S 人寿保险公司应赔偿王某根据该合同应该得到的信赖利益的损失，即 30 万元的保险金。

【结论】

根据我国《保险法》的规定，以死亡为给付保险金条件的合同，未经被保险人同意并认可保险金额的，合同无效；无效保险合同不能产生当事人预期的法律后果，保险公司不必承担给付保险金的责任。但是，保险公司应对本案投保人方承担缔约过失责任，赔偿对方因此所受到的损失。

12. 重大疾病保险责任认定纠纷案

【案情简介】

伍某于某年 4 月 10 日通过某保险公司网站投保了某一重大疾病保险，保险期间终身，交费年限为 20 年，年交保费 2300 元，保险金额为 10 万元。4 月 23 日，伍某签收了纸质保单回执，确认收到了保险合同。12 月 28 日伍某因病住院，被确诊为右肾血管平滑肌脂肪瘤，并根据治疗需要进行了右肾切除术和下腔静脉修补术，于次年 1 月 15 日出院。其后，伍某向保险公司提交了理赔申请。保险公司受理后，以该手术不符合保险合同对"重大器官移植术"的定义而属于免责范围为由拒绝给付保险金。于是，伍某向当地法院提起诉讼。

【不同观点】

第一种观点认为，保险合同条款中约定了医疗手术方式，从合同的严谨性出发，非此方法治疗产生的费用当然不能赔付。

第二种观点认为，采用什么方式治病不是患者所能控制的，而是医生根据患者的病情、现有的医疗技术条件以及患者的经济接受能力等因素来决定的，本案患者即被保险人所采用的医疗方法是医生根据患者的具体情况来决定的科学方法，保险公司不能以非保险合同规定的"重大器官移植术"来拒赔，而应该赔偿被保险人的相关医疗费用。

【分析】

我们认为第二种观点是比较正确的。其理由可从如下三方面进行分析。

（1）保险合同是否成立与生效。本案的焦点问题虽然是被保险人伍某因所患疾病实施的右肾切除术是否属于保险责任的范围，但我们首先得分析本案保险合同是否成立与生效，因依法成立生效的合同是受法律保护的。我国《保险法》第十三条第一款规定："投保人提出保险要求，经保险人同意承保，保险合同成立。保险人应当及时向投保人签发保险单或者其他保险凭证。"同时，该法条第三款规定："依法成立的保险合同，自成立时生效。投保人和保险人可以对合同的效力约定附条件或者附期限。"本案中，伍某在网络投保后，保险人发出了纸质保险合同，伍某也签收了保险公司提供的保险合同并签发了确认收到的回执。这一系列行为表明投保人与保险人双方之间的保险合同已经成立并生效。现伍某因患病实施右肾切除术，主张保险赔偿，保险公司除非有合法的抗辩理由，否则应按保险合同的约定履行自己的法定义务。

（2）重大疾病（重大器官移植术）的界定。2007年8月1日，由中国保险行业协会与中国医师协会联合制定的我国首部《重大疾病保险的疾病定义使用规范》统一定义了25种重大疾病（包括疾病的名称和判定条件，如果保险公司添加了其中的一种或多种疾病，就必须遵循该规范的定义），其中对重大疾病之一的重大器官移植术的定义是：指相关器官功能衰竭，已经实施了肾脏、肝脏、心脏或肺脏的异体移植手术。也就是说，如果按照保险行业"规范"的定义，本案中的被保险人伍某所进行的右肾切除术和下腔静脉修补术不符合"规范"中重大器官移植术概念的界定，也即不符合重大疾病的评定条件，保险公司可以不赔。然而，对于伍某因所患疾病实施的右肾切除术是否属于保险责任的范围，既要考虑保险合同的约定，也要符合医学甚至社会公众的习惯理解。从上述保险行业"规范"看，保险合同所指的"重大疾病"，通常具有以下两个基本特征：一是"病情严重"，一般是指患者一旦患病，难以治愈，且是成为死亡和致残的主要原因；二是"治疗花费巨大"，此类疾病需要进行较为复杂的药物或手术治疗，需要支付昂贵的医疗费用。然而，医学上的定义，一般是按需要不需要抢救、威胁不威胁生命等客观条件来判断是否是重大疾病，并没有确定哪些病症属于重大疾病，或经过什么手术来确定重大疾病。社会公众对重大疾病的理解一般是遵循医学的定义。换言之，保险行业"规范"或保险合同对重大疾病的定义和医学及社会公众对重大疾病的定义或认识是不完全一样的。此外，本案中的被保险人是否做肾脏移植术，需要综合各方面因素考虑，如是否有肾脏移植的必要、合适的肾源、病人的病情以及病人的经济能力等。而本案中，医院根据病情的需要，实施了右肾切除术，该治疗符合一般的医学对重大疾病界定的标准。

（3）法律对保险合同的规定。根据我国《保险法》第十七条的规定，订立保险合同，采用保险人提供的格式条款的，保险人向投保人提供的投保单应当附格式条款，保险人应当向投保人说明合同的内容。对保险合同中免除保险责任的条款，保险人在订立合同时应当在投保单、保险单或者其他保险凭证上作出足以引起投保人注意的提示，并对该条款的内容以书面或者口头形式向投保人作出明确说明；未做提示或者明确说明的，该条款不产生效力。本案中，伍某是在网络投保，收到保险公司的纸质保险合同时，也未曾得到保险人对合同的内容尤其是对保险合同中免除保险责任条款的解释与明确说明。我国《保险法》第三十条规定：采用保险人提供的格式条款订立的保险合同，保险人与投保人、被保险人或者受益人对合同条款有争议的，应当按照通常理解予以解释。对合同条款有两种以上解释的，人民法院或者仲裁机构应当作出有利于被保险人和受益人的解释。本案双方当事人争议的"重大疾病"应是严重影响患者生命健康和生活的重大疾病的统称，哪些属于重大疾病，均属于不确定概念。是否属于重大疾病应当以通行的医学标准并结合其对患者的健康、生活影响程度来确定。保险公司提交的格式条款中对重大疾病的定义仅是对重大疾病所包含疾病的部分列举，没有概念性解释，其在伍某投保时也只是采取列举的方式解释了哪些是重大疾病，并未就重大疾病的种类条款进行逐一解释，致投保人对投保概念不明而进行投保。因此，保险公司提供的格式条款以被保险人必须进行肾脏移植手术限定重大疾病的范围，限制了被保险人合理选择医疗救济方式的权利，既不符合专业意义上的通常理解，也不符合医学发展规律，且违背了保险合同签订的目的。被保险人有权根据自身病情选择最佳的治疗方式，而不必受保险合同关于治疗方式的限制。保险公司不能以被保险人没有选择保险合同指定的治疗方式而免除自己的保险责任。因此，根据我国《保险法》的上述规定，保险合同当事人对格式条款发生争议，保险人对格式条款未尽到说明义务，应作出有利于投保人或被保险人的解释。

【结论】

综上所述，伍某与保险公司之间所签订的此份重大疾病保险合同合法有效，双方应遵守最大诚信原则，严格履行合同所约定的义务。该合同由保险单、保险条款、投保单等共同构成，是被告方事先拟制的格式合同，其技术和复杂程序，非常人所能了解，作为提供格式条款的被告方，应当遵循公平原则确定双方当事人之间的权利和义务，信守最大诚信原则，采取合理的方式，如实告知投保方保险合同的内容，如果保险合同中规定有关于保险人责任免除条款或限制责任条款的，保险人应当在订立保险合同时针对该免责、限责条款提请对方做特别注意，向投保人做明确的说明或做特别的解释，以便让投保人能在对主要条款特别是免责条款、限责条款充分理解后，决定是否投保，如果保险人未做明确说明，该条款对投保人不产生效力。因此，本案被保险人伍某在保险期限内因患右肾血管平滑肌脂肪瘤并实施了右肾切除术，该手术已经对其健康及生活造成了较为严重的影响，应属于重大疾病范围，保险公司应依保险合同约定向其给付重大疾病保险金10万元。

【启示】

在重大疾病保险市场的买卖过程中，本案所带来的两点启示具有一定的代表意义。

一是不要混淆投保人或被保险人自行阅读与保险公司主动解释及保险公司一般条款

解释与免责条款特别提醒的界限。根据相关法律规定，对于限制责任条款，合同提供方应采取合理的方式予以提醒，在订立该保险合同时，提供格式合同一方的保险人，应履行其关于免责条款的说明义务，不仅应依法在投保单、保险单或者其他保险凭证上作出足以引起投保人注意的提示，而且对合同中的免责条款应进行主动详尽的解释，否则无论被保险人罹患疾病属不属于重大疾病或条款责任免除的情形，这些免责条款均不产生法律效力，即保险人都必须进行赔付。本案中，保险公司提供的合同中对免责条款虽用加黑、加粗的方式进行了提示，但其没有进行主动解释，任凭投保人自行从网络平台及纸质版文字上理解，显然不符合《保险法》的规定，混淆了投保人自行阅读与保险公司主动解释及保险公司一般条款解释与免责条款特别提醒的界限。

二是保险公司在制定保险合同时，合同的全部条款应遵循相互解释的原则。如本案合同的性质是重大疾病保险合同，但又将重大疾病范围进行相关限制并且在每一种疾病后加注限定了理赔的范围，这本身就存在矛盾，同时更是属于保险人对自身赔付义务的限制。尤其是以指定医疗方式限定重大疾病范围，完全缺乏科学依据。在法理上，合同的全部条款得相互解释，以确定每一条款从整个行为所获得的意义。换言之，重大疾病概念的解释不能仅限于该保险合同条款本身，而应统观合同的全部条款及医学等多方面的解释，只有从整个合同条款及相关方来进行解释，才能体现合同双方所获得利益的意义，使保险合同在满足保险公司的利益的同时满足被保险人的合理期待。这样，保险合同才是公平的合同，合同双方才能双赢。

13. 死亡保险金受偿权转让理赔案

【案情简介】

某年 10 月，杨某等 20 名工人经 H 公司外派劳务，到某集团公司驻 S 国的分公司承接当地别墅项目中的工程建设。出国前，H 公司为 20 名工人在某保险公司投保了境内外意外伤害保险，保险金额为每人 50 万元。其中意外事故死亡是 47 万元，其他遗体处理保险责任、意外伤害医疗保险责任、紧急救援保险责任的责任限额分别为 1 万元；保险期限为 1 年。保险合同中未指定受益人。在保险期限内，杨某在上述工地施工过程中因违反有关安全作业规范，发生交通事故意外死亡。杨某女儿小杨为杨某唯一的法定继承人。事故发生后，杨某所在 H 公司对小杨进行了 70 万元死亡赔偿抚恤金的发放，并与其就商业意外保险赔付金签订了赔偿转让协议。该转让协议约定，因 H 公司对小杨已先行支付了杨某的死亡赔偿抚恤金 70 万元，杨某的境内外意外伤害 50 万元保险金则转让给 H 公司，并由小杨协助 H 公司办理保险理赔相关手续。随后，小杨向某保险公司提出了其父意外死亡保险金的索赔请求，但保险公司以小杨已获单位赔偿而丧失了保险金请求权为由拒绝赔付。小杨在索赔未果的情况下，向当地法院提起了诉讼，请求法院判保险公司向其支付保险金 50 万元。

【分析】

本案争议的焦点主要有两个：一是保险公司是否可以拒绝小杨保险金的请求权；二是根据与H公司的赔偿协议，小杨的保险金请求权是否可以转让。

（1）保险合同的有效性及保险金请求权的法律归属。一方面，根据我国《保险法》第十二条第一款的规定，人身保险的投保人在保险合同订立时，对被保险人应当具有保险利益。同时，该法第三十一条第一款规定，投保人对与其有劳动关系的劳动者具有保险利益。因此，本案中的投保人H公司对被保险人杨某具有保险利益，H公司与保险公司签订的境内外意外伤害保险合同是合法有效合同。另一方面，本案中的保险合同未指定受益人。根据我国《保险法》第四十二条第一款的规定，被保险人死亡后，没有指定受益人，或者受益人指定不明无法确定的，保险金作为被保险人的遗产，由保险人依照《中华人民共和国继承法》的规定履行给付保险金的义务。因此，本案中作为被保险人的女儿且为第一顺序、唯一的继承人小杨，有权主张保险金请求权。

（2）保险金请求权转让的法律分析。保险合同规定的保险金请求权从性质上属于一种债权，而债权的转让应当符合相关法律的规定。根据我国《合同法》第七十九条的规定，债权人可以将合同的权利全部或者部分转让给第三人，但有下列情形之一的除外：一是根据合同性质不得转让；二是按照当事人约定不得转让；三是依照法律规定不得转让。司法解释（三）第十三条也规定，保险事故发生后，受益人将与本次保险事故相对应的全部或者部分保险金请求权转让给第三人，当事人主张该转让行为有效的，人民法院应予支持，但根据合同性质、当事人约定或者法律规定不得转让的除外。人身保险合同作为一类特殊的合同，是以将来可能发生的保险事故为基础，为第三人即受益人设立利益。为此，我国《保险法》对于人身保险合同受益人的范围与变更有特殊的限制，例如，《保险法》第三十九条第一款规定，"投保人指定受益人时须经被保险人同意。投保人为与其有劳动关系的劳动者投保人身保险，不得指定被保险人及其近亲属以外的人为受益人"。换言之，受益人为本人或近亲属是由人身保险合同特性所决定，也是合同的特殊要求，受益权即使转让也不应超出法定的范围。本案中，H公司虽然与小杨达成了赔偿转让协议，但由于其法人身份，明显不符合我国《保险法》对人身保险合同受益人的特殊要求。因此，H公司要求小杨转让保险金请求权是不符合法律规定的，其与小杨签订的保险金转让协议为无效协议。

（3）单位抚恤金与意外伤害保险金是可以重复给付的。我国《工伤保险条例》第四十四条规定，职工被派遣出境工作，依据前往国家或者地区的法律应当参加当地工伤保险的，参加当地工伤保险，其国内工伤保险关系中止；不能参加当地工伤保险的，其国内工伤保险关系不中止。本案中杨某的死亡是非故意犯罪、醉酒或者吸毒、自残或者自杀而亡，根据我国《工伤保险条例》的规定，其交通意外死亡应属于工伤事故。同时，依照《工伤保险条例》第三十九条的规定，职工因工死亡，其近亲属可从工伤保险基金中按规定即相关标准领取丧葬补助金、供养亲属抚恤金和一次性工亡补助金等。因此，H公司给付小杨的70万元可以视同于职工工伤丧葬补助金、供养亲属抚恤金和一次性工亡补助金的给付。值得指出的是　尽管人身意外伤害保险与工伤保险性质不同，但两者可同时并存，因为生命无价。即如果发生了工伤，劳动者在享受工伤保险待遇或单位抚恤金待遇的同时，也可获得商业保险的赔偿。因此，无论本案所涉赔偿协议是否为转让受益权的协议，H 公司均无权获取该项人身保险的受益权，保险公司也必须按保险合同的约定进行赔付，而不能以投保人 H 公司已支付了小杨的抚恤金为由免除或减轻自身应承担的商业保险金的赔付义务。

【结论】

综上所述，H 公司为杨某购买的人身意外伤害保险，应视为用人单位为员工提供的一项福利，不能以此来抵消用人单位的工伤保险赔偿责任；同时，保险公司也不能以此为由免除自身的保险金给付责任。

14. 连带被保险人无证驾驶意外死亡索赔案

【案情简介】

吴某向某保险公司投保了家庭保障保险系列的意外伤害保险，保险费为 200 元，保险金额为 10 万元，其中每位连带被保险人的意外伤害保险金额为 5 万元，吴某的父亲老吴为该意外伤害保险连带被保险人。吴某也在保险卡客户回执上签名确认，该回执上载明："贵公司已对本保险卡的保险合同条款内容履行了说明义务，对免除保险人责任的条款内容履行了明确说明义务，并对保单生效条件进行了明确告知。本人已详细阅读本手册全部内容，同意遵守保险合同手册内容，同时确认投保激活时填写资料正确有效。"在保险期限内，老吴驾驶助力车回家，途中意外跌落至村道旁的水渠中，被水流不断冲流头部，约 30 分钟后才被前来寻找的家人发现其淹溺于水中，老吴随即被送至医院，经抢救无效死亡。医院诊断为：①急性心跳呼吸骤停；②脑死亡；③溺水。吴某向某保险公司索赔意外伤害保险金 5 万元，保险公司以老吴无证驾驶为免责事由，作出拒赔决定。

【不同观点】

第一种观点认为，保险公司拒赔不当。理由有两个：①老吴虽然因驾驶助力车出事，但事故后仅受伤未死，当他跌落至水渠时，被水流不断冲流头部，约 30 分钟后才被人发现淹溺于水中，经医院抢救无效死亡。老吴之死驾车仅是诱因，真正的直接死因是溺水，而溺水属于意外伤害险的保险责任范围，故保险公司应当承担保险给付责任；②保险合同是格式合同，投保人吴某买保险时在保险卡客户回执上签名，是保险人强制行为，不签买不了保险，但签了名并不意味着保险人确实进行了明确说明与详细解释。同时，也无证据证明双方在签订保险合同时，保险公司在投保单、保险单或者其他保险凭证上对免除其责任的条款以足以引起投保方注意的字体、符号或其他明显标志作出提示，并作出了明确说明。因此，本保险合同中免责条款的免责事由不产生效力，保险公司应支付吴某意外伤害保险金5万元。

第二种观点认为，保险公司应当拒赔。理由是，本案所涉意外伤害保险合同"责任免除"条款明确规定，"被保险人酒后驾驶、无合法有效驾驶证驾驶或驾驶无效行驶证的机动车"为除外责任。事发时老吴所驾驶的车辆既无牌照，老吴本人也是无证驾驶，这些现象均属于道路交通安全法规所明令禁止的。事实上，老吴的死亡正是因为其无牌无证驾驶所致，而与保险公司在订立保险合同时是否已向投保人履行明确说明义务没有任何关系，何况，一般情况下，保险人均会就保险合同的免责条款进行明确说明或详细解释，否则，投保人也不会签字。故保险公司完全有理由依合同免责条款拒赔。

【分析】

本案涉及的问题主要是被保险人的死因是无证驾驶发生交通事故所致，还是溺水而亡，以及保险公司能否援引保险免责格式条款而主张免责等。

（1）老吴死亡的近因。所谓近因，即直接促成结果或对结果起决定作用的原因，也称主因。保险人在处理保险标的损害索赔案时，损害赔付的条件是造成保险标的损害的近因必须属于保险责任，若造成保险标的损害的近因属于除外责任，则保险人不负责补偿。只有当损害事故的发生与损害结果的形成有直接因果关系时，才构成保险人赔付的条件。

本案老吴驾驶助力车意外跌倒于水渠中死亡，很显然是驾车事故导致溺水死亡，驾车是死亡的主因。而老吴属于无证驾驶，无证驾驶又是保险合同的除外责任。因此，从这个意义上而言，上述的第二种观点是正确的。

（2）本案所涉保险合同是双方真实意思表示，依法成立并生效，受法律保护。双方均应按合同约定履行自己的义务。对于保险公司来说，拒赔应有合理的抗辩事由。本案中，老吴的死亡是因为其无证驾驶无行驶证的助力车发生交通事故而导致死亡的，事件整个过程是连贯发生的，不能分割而论。而根据所涉保险合同中免责条款的规定，无证驾驶为除外责任，因此，保险公司可据此而主张免责。

（3）关于免责条款是否生效的问题。我国《保险法》第十七条第二款规定，对保险合同中免除保险人责任的条款，保险人在订立合同时应当在投保单、保险单或者其他保险凭证上作出足以引起投保人注意的提示，并对该条款的内容以书面或者口头形式向投保人作出明确说明；未做提示或者明确说明的，该条款不产生效力。另根据司法解释（二）第十条的规定，"保险人将法律、行政法规中的禁止性规定情形作为保险合同免责条款的免责事由，保险人对该条款作出提示后，投保人、被保险人或者受益人以保险人未履行明确说明义务为由主张该条款不生效的，人民法院不予支持"。就本案而言，在涉案两份保险合同中约定的免责条款"被保险人酒后驾驶、无合法有效驾驶证驾驶或驾驶无效行驶证的机动车"等内容均属于国家法律、行政法规中的禁止性规定；另外，在订立保险合同时投保人吴某及连带被保险人吴父吴母均在场，保险公司业务员已就本保险合同的保险责任、责任免除等内容向其做了明确的讲解，并有客户回执签字确认，这足以说明保险公司已就保险责任以及责任免除等相关内容做了充分的说明和提示，因此该免责条款内容应属于合法有效内容，对当事人具有法律约束力。

【结论】

综上分析，本案保险公司拒赔属于依法拒赔，是完全正确的做法。对于无证驾驶等法律法规明令禁止的行为，所有人均应严格遵守，不得违反。保险合同将这些行为纳入免责条款，既是为了控制风险，也是为了遏制不法行为，对于这类免责条款，保险公司只要在保险合同中作出合理的提示，即具有法律效力。被保险人如果违规行事，发生事故的，保险人可主张免责。

15. 投保人未及时收到合同变更单的保险索赔案

【案情简介】

某年1月，T公司向W保险公司投保建筑工程团体意外伤害保险，主险为意外伤害身故（10万元）、意外伤害残疾（5万元），附加险为意外伤害医疗（2万元），保险期限为1年。工程项目为A市某建筑工程。保单中约定"若工程结束，保期未结束，需提供相关手续进行变更，本保单另行缴纳主险10%的保险费，变更后可将被保险人遭受意外的场所扩展到其他施工场所而无须另行缴纳保险费直至保期结束，本合同自变更时起，变更前的保险责任自行终止"。同年7月8日，T公司依据上述特别约定向W保险公司提交《团体意外伤害保险事项变更申请书》，称原A市某建筑工程已结束，申请将被保险人遭受意外伤害的场所扩展至B市某建筑工程所在场所。W保险公司于投保人提出变更的当日下发了保险批单，内容为：兹经投保人申请，本公司同意对20××号保险单做如下批改新增特约内容："①工程项目为B市某建筑工程；②因原工程项目已结束，保期截止时不得申请延期；本保险单所载其他的条件不变，特此批注。"同年7月18日，T公司职工高某在A市某建筑工程所在地因施工事故不幸身亡。事发后，高某家属向W保险公司申请理赔10万元，但保险公司以被保险人意外死亡发生地点不在保险合同规定的范围为由作出了拒赔决定。

【保险调查】

经调查核实，上述保险变更事项及保险公司7月8日签发批单属实。只是保险代理人王某7月11日拿到保险公司的批单后，一直未通知投保人T公司，也未将保险批单交付给T公司，直至7月19日，被保险人出险后才将此批单交付给T公司。同时，至事发时，保险公司也未向T公司收取主保险费的10%的保费。

【分析】

很显然，本案争议的焦点为保险合同的变更是否生效，即保险合同的变更是自保险公司签发批单之日起生效，还是自投保人收到保险批单之日起生效。现根据有关法律与原理分析如下：

(1) 变更合同应贯彻法律规定的自愿、协商性原则。我国《民法总则》第五条规定，"民事主体从事民事活动，应当遵循自愿原则，按照自己的意思设立、变更、终止民事法律关系。"我国《合同法》第七十七条规定，"当事人协商一致，可以变更合同。法律、行政法规规定变更合同应当办理批准、登记等手续的，依照其规定。"我国《保险法》第二十条也规定，"投保人和保险人可以协商变更合同内容。变更保险合同的，应当由保险人在保险单或者其他保险凭证上批注或者附贴批单，或者由投保人和保险人订立变更的书面协议。"由本案案情可知，本保险合同的变更是完全符合上述法律关于自愿、协商性原则的规定的。

(2) 书面合同自合同双方当事人签字或盖章时成立。我国《合同法》第三十二条规定："当事人采用合同书形式订立合同的，自双方当事人签字或者盖章时合同成立。"本案虽然是变更合同而不是签订合同，但其性质属于新要约。合同变更以原已存在合同关系为前提，受要约人对要约的内容作出实质性变更的，为新要约。我国《合同法》第三十条规定："承诺的内容应当与要约的内容一致。受要约人对要约的内容作出实质性变更的，为新要约。有关合同标的、数量、质量、价款或者报酬、履行期限、履行地点和方式、违约责任和解决争议方法等的变更，是对要约内容的实质性变更。"本案投保人提出的履行地点变更显然是属于实质性变更，因此，变更后的合同属于新要约。而该新要约的成立应以投保人签收或盖章为条件。但本案的投保人是在 7 月 19 日被保险人出险后的第二天才收到变更后的合同，因此，该变更后的保险合同，其成立的时间应该是 7 月 19 日。

(3) 合同变更后的生效时间。与合同签订相同，合同变更的生效时间一般遵循如下两种方式：一是约定生效，即合同双方约定一个具体的生效日期；二是即时生效，即没有约定则自合同变更后自双方签字或盖章时生效。我国《合同法》第二十六条规定："承诺通知到达要约人时生效。"即以通知方式承诺的，承诺自承诺通知到达要约人时生效。在本案中，即指变更后的保险合同到达投保人即要约人支配的范围内如信箱签收或盖章时生效（如果批单以数据电文形式作出，而投保人即要约人指定特定系统接收数据电文的，则该数据电文进入该特定系统的时间视为到达时间；要约人未指定特定系统的，则该数据电文进入收件人的任何系统的首次时间视为到达时间）。换言之，保险合同的变更应自投保人收到变更保险合同的批单之日起生效，即本案变更后的合同成立之日（7 月 19 日）也是合同变更生效之日。

(4) 合同变更的实质在于使变更后的合同代替原合同。原则上，合同变更向将来发生效力，未变更的权利义务继续有效，已经履行的债务不因合同的变更而失去合法性。因此，在合同变更之前发生的保险事故，保险人应按原保险合同的约定承担保险给付责任。本案被保险人意外死亡事故发生在合同变更之前，保险人理应按原保险合同承担赔付之责。

【结论】

由以上分析可知，本案是一个程序与事实均清楚的投保人未及时收到合同变更单的保险索赔案。本案中，W 保险公司于 7 月 8 日签发了变更保险合同内容的保险批单，此批单交由保险代理人王某，再由王某交给投保人 T 公司。虽然王某在保险事故发生前领取了该保险批单，但因其是保险公司的委托代理人，其领取保险批单的行为并不能对投保人 T 公司产生效力。7 月 18 日，被保险人高某发生意外伤害事故不幸身亡，次日即 7 月 19 日，王某才将保险批单交付给投保人 T 公司。也就是说，T 公司实际取得保险批单的时间是在保险事故发生后。同时，保险公司也未向 T 公司收取主保险费的 10% 的保费。可见，截至保险事故发生之时，上述保险变更批单对投保人 T 公司不产生效力，双方之间仍应适用变更前的保险合同的规定。因此，对于被保险人在保险合同约定地点发生意外事故而死亡的，保险人应按原保险合同的约定承担给付保险金的责任。

【启迪】

本案带给我们的启迪是有普遍意义的。

一是要充分认识到确认合同法律效力的重要性。本案中，确定判断变更后合同生效的时间标准是本案讨论的核心问题。因此，无论是保险合同订立还是变更，其程序从内容到形式均应给予当事人平等、协商的机会，从实质上保证合同能够反映双方当事人的真实意愿、义务与权益，以保证履行的合同能够实现当事人预期的经济目标、维护正常的保险市场交易秩序。例如，本案变更后的保险批单及时送达给投保人，这是保险公司必须履行的义务，而投保人没有及时收到而要求违约方承担法律责任则是投保人应享有的权利。如果投保人连保险单或变更后的批单等都没有看见，也就无从了解保险合同的规定或变更的具体内容。保险人也就没有尽向投保人就保险合同的条款内容特别是免责条款予以明确说明的义务。若发生这种情况，依照我国《保险法》第十七条第二款的规定，"对保险合同中免除保险人责任的条款，保险人在订立合同时应当在投保单、保险单或者其他保险凭证上作出足以引起投保人注意的提示，并对该条款的内容以书面或者口头形式向投保人作出明确说明；未作提示或者明确说明的，该条款不产生效力"。

二是要加强对保险代理人的管理与约束。我国《保险法》第一百二十七条规定，保险代理人根据保险人的授权代为办理保险业务的行为，由保险人承担责任。实务中，因保险代理人不尽其责造成投保人或被保险人继而保险人权益受损的现象并不罕见。因此，保险人应制定严格的代理人管理条例，依法监督代理人在规定时间内履行其代理之责，如本案中将保险批单及时送达给投保人，这是保险公司必须充分重视的一个客观现实问题。

16. 已获致害人赔偿的医疗费用保险索赔案

【案情简介】

某大学为全体在校学生向某保险公司投保了一年期意外伤害保险附加住院医疗保险。该合同的条款注明："医疗费用保险补偿原则，是指本合同中的意外伤害门（急）诊医疗保险为医疗费用保险，适用补偿原则。即被保险人若从其所参加的基本医疗保险、其他保险计划或从任何其他途径取得医疗费用补偿，保险人给付意外伤害门（急）诊医疗保险金以被保险人实际支出的符合保单签发地政府基本医疗保险管理规定的剩余部分医疗费用金额为限。"孙某为该大学的一名在校生，在保险期限内，孙某被第三人醉酒后打伤，后被送至医院进行治疗，产生医疗费用 15000 元。事后，孙某向某保险公司申请理赔，并向后者出具情况说明书。该说明书显示，被保险人被打后已向公安机关报案，犯罪嫌疑人已被抓获，并赔偿了被保险人全部医疗费。保险公司得知说明书内容后，以第三人已进行赔偿为由拒绝了孙某的索赔。为此，被保险人与保险人之间产生了争议。

【不同观点】

本案争议的焦点是，保险公司是否应该对已获得充分医疗费赔偿的孙某给付保险金，即保险补偿原则是否适用于医疗保险。

（1）第一种观点即被保险人方的观点是，保险公司应给付。理由是，医疗保险为人身保险的一种，不适用损失补偿原则。被保险人因第三人意外受人身伤害，第三人依法应承担损害赔偿责任，这与被保险人依保险合同约定向保险人申请理赔，是两种不同的法律关系，不应混为一谈。保险合同中关于补偿原则的规定属于不公平的格式条款，应为无效。故被保险人仍享有保险索赔权。

（2）第二种观点即保险人方的观点是，保险公司不能再给付。理由是，本案所签订的保险合同依法成立并有效，既然合同中明确规定了医疗费用遵循保险补偿原则，双方应遵照执行。现被保险人已从第三人处获得赔偿，全部损失已经得到填补，故保险人依合同约定不再承担理赔责任。

【分析】

就上述两种观点，我们的分析如下：

（1）保险补偿原则又称保险损失补偿原则，其含义是指，当保险标的发生保险责任范围内的损失时，被保险人有权按照合同的约定获得保险赔偿，用于弥补自己的损失，但被保险人不能因保险标的的损失而获得额外的利益。具体而言，保险补偿首先要以保险责任范围内的损失发生为前提，以实际损失为限，即通过保险赔偿使被保险人的经济状态恢复到事故发生前的状况。这一原则有利于防止被保险人通过保险赔偿而获得额外的利益，也有利于防止被保险人以取得赔款为目的故意制造损失的不良企图和行为的发生，从而在一定程度上防范道德风险。

（2）损失补偿原则是补偿性保险合同进行理赔的首要原则，如财产损失保险类合同就必须遵循损失补偿原则，但该原则对给付性的人寿保险合同一般并不适用。人的生命无价，人的寿命和身体是无法用一定数额的金钱来衡量的，因此，人寿保险合同大多都是定额给付型保险合同。当人身保险合同约定的保险事故（如年老、身故）发生时，保险公司按照事先约定的保险金额给付保险金，支付的保险金并不具有财产保险合同中的补偿性质，也无法达到实际意义上的补偿，从而不适用损失补偿原则。同样，定额给付型医疗保险因事先在合同中约定了确定的保险金额，当约定的保险事故发生后，保险公司仅需按照约定的金额给付保险金，而不论被保险人发生了多少医疗费支出。因而也不具有补偿性质，不适用损失补偿原则。但是费用补偿型医疗保险原本就是根据被保险人实际发生的医疗费用支出，按照约定的标准确定保险金数额的医疗保险。医疗费用支出是可以用一定数额的金钱来衡量的，是有价的，因此，对有价的医疗费用补偿型保险则适用损失补偿原则。

（3）我国原保监会颁发的《健康保险管理办法》（保监会令2006年第8号）第四条规定："医疗保险按照保险金的给付性质分为费用补偿型医疗保险和定额给付型医疗保险。费用补偿型医疗保险是指，根据被保险人实际发生的医疗费用支出，按照约定的标准确定保险金数额的医疗保险。定额给付型医疗保险是指，按照约定的数额给付保险金的医疗保险。费用补偿型医疗保险的给付金额不得超过被保险人实际发生的医疗费用金额。"本案中的合同明显是属于费用补偿型医疗保险合同，因此，对此类险种中涉及的治疗及住院等的医疗费用支出，仍然适用损失补偿原则。

【结论】

本案中，被保险人因第三者的行为发生伤残保险事故而产生的医疗费用支出，在第三者先行赔付的情况下，保险人可以在保险金给付中做相应的扣除。当然，如果第三者没有先行赔付，则保险人应向被保险人或者受益人给付保险金，其后再向致害的第三者进行追偿。

17. 被保险人自行要求转化为投保人的纠纷案

【案情简介】

甲乙原为夫妻关系。某年1月17日，甲以乙为被保险人向某保险公司投保终身寿险（分红型）。保险合同载明：保险金额10万元；受益人为丙；交费期10年；保险费1130元/年；交费方式：10年交；保险期间：终身。同时，甲还为乙投保了附加住院医疗保险和附加住院医疗津贴保险。保险合同订立后，甲按约缴纳了各项保险费，保险公司则向其签发了保单。两年后，甲乙协议离婚，之后，乙自行缴纳保险费，保险公司均向其出具了发票或收据。乙多次要求甲变更保险合同的主体，但甲不理会；乙也多次找到保险公司要求变更保险合同的主体，保险公司也未允许。乙遂起诉至法院，请求判令保险公司将投保人变更为自己。

【分析】

本案涉及的问题是，被保险人能否自行要求转化为保险合同的投保人。

（1）保险合同纠纷诉讼主体的确定。我国《保险法》第十条规定："保险合同是投保人与保险人约定保险权利义务关系的协议。投保人是指与保险人订立保险合同，并按照合同约定负有支付保险费义务的人。保险人是指与投保人订立保险合同，并按照合同约定承担赔偿或者给付保险金责任的保险公司。"同时，我国《保险法》第十三条至第十七条进一步对合同主体投保人与保险人的权利与义务进行了具体规范。如该法第十五条规定，保险合同成立后，投保人可以解除合同，保险人不得解除合同。而对于被保险人的法定合同定位，我国《保险法》第十二条第五款是这样规定的："被保险人是指其财产或者人身受保险合同保障，享有保险金请求权的人。投保人可以为被保险人。"可见，保险合同的法定主体是投保人与保险人，合同纠纷诉讼主体自然只能是合同的主体即当事人投保人与保险人，或者说，合同的主体才能成为保险合同纠纷案件的原告或者被告。当然，根据法律规定，在财产保险合同中，投保人可以是被保险人，也可以是第三人（如单位为员工投保家庭财产保险，作为投保人的单位是第三人）；而人身保险合同的投保人必须是对被保险人具有保险利益的关系人。

（2）当保险合同中的投保人与被保险人不一致时，如果被保险人依据保险合同主张相关权利，人民法院应当将被保险人列为诉讼当事人。一般来说，根据合同的相对性原理，合同权利只有当事人才能享有，合同义务只有当事人才承担。除了法律另有规定，合同之外的人不享有合同中的权利，也不承担合同义务，包括不享有行使变更、解除及转让合同等权利。就人身保险合同而言，被保险人虽然依法享有保险金请求权，因其并非保险合同的当事人，故不能行使变更、解除及转让保险合同等投保人应当享有的权利。但是，鉴于人身保险合同的特殊性，在某种情形下，应当允许被保险人转化身份为投保人并享有投保人的合同权利、承担投保人的合同义务。这主要是因为，人身保险合同通常保险期限较长，而投保人分期缴纳保费是人身保险买卖常采用的交费方式。在合同履行过程中，如投保人自身状况发生变化而不能或不愿承担交费义务，而被保险人若无权缴纳保险费的话，则会导致合同解除或终止而损害到被保险人的利益。本案中，甲为乙投保时是在双方夫妻关系存续期间。后双方协议离婚，此时，如果投保人甲不能或不愿承担交费义务而又不允许被保险人乙转化身份为投保人的话，则该保险合同的效力只能中止进而合同被解除。从保险人方面来讲，其承担的是被保险人的风险，收取的保费是保险人承担风险的对价。至于保费由谁缴纳，并不影响保险公司对保险标的危险程度的判断，也不损害保险公司的利益。事实上，从被保险人乙来说，乙与甲离婚后，一直自行向保险公司缴纳保费，保险公司也出具了收据或发票。因此，根据权利义务对等原则和公平原则，乙有权请求转化身份为投保人，保险公司应予变更。另外，本案所涉保险合同为分红型终身寿险合同，虽然保险合同约定的交费期限为 10 年，也就是 10 年后投保人不用交费，但是保险期限为终身。因此，交费期已满并不意味着保险人的保险期限届满，保险合同仍然有效，投保人、被保险人依合同约定享有相应的权利，如享有红利分配的权利、变更受益人的权利等。

【结论】

综上所述，本案中的被保险人为了自身利益，用其个人财产缴纳保险费的，可以申请变更为投保人。

18. 预收保费的合同纠纷案

【案情简介】

某年 3 月 28 日，某保险公司业务员姚某到陈某家中看望陈某。陈某此前已经投保过两次意外伤害保险，当日再次表示要为其丈夫闫某投保一份意外伤害保险。姚某当即让陈某填写了保险单，并预收了保险费 100 元。次日，姚某将保险单及保险费交到公司。保险公司收取保险费后在保险单上加盖保费业务结算专用章，收费章上的日期显示为当日即 3 月 29 日。保险单上载明：投保人陈某、被保险人闫某两人系夫妻关系；受益人为陈某；投保份数为 1 份；缴费标准 100 元/份；保险金额 50 万元；保险期间一年，自本公司收取保费并加盖收银章次日零时起至期满日的二十四时止。在公司声明一栏中丑写明：本合同需同时加盖公司收银章后生效。不巧的是，出具保险单的当日即 3 月 29 日，被保险人闫某意外溺水死亡。事故发生后，陈某向保险公司提出理赔申请，后者以"不在有效保障期内"为由拒赔。

【不同观点】

第一种观点认为，本案保险合同于 3 月 28 日成立并生效，被保险人意外死亡事故发生在合同成立后的第二天即 3 月 29 日，保险公司应当承担保险金给付责任。我国《保险法》第十三条第一款规定："投保人提出保险要求，经保险人同意承保，保险合同成立。保险人应当及时向投保人签发保险单或者其他保险凭证。"该法条表明，保险单是在合同成立之后，保险人应尽的义务。本案投保人陈某于 3 月 28 日提出投保要求，保险业务人员姚某当即让陈某填写了保险单，并预收了保险费 100 元。即意味着保险人对投保人陈某的投保意愿的承诺，保险合同成立且生效了，依法成立的保险合同，对双方具有约束力。现被保险人发生保险事故，故保险公司应承担保险责任。

第二种观点认为，本案所涉保险合同为附条件生效合同，只有符合所附条件，合同才生效。我国《保险法》第十三条第三款虽然规定"依法成立的保险合同，自成立时生效"，但同时该款规定"投保人和保险人可以对合同的效力约定附条件或者附期限"。本案中的保险合同生效附有两个条件：一是合同需加盖公司收银章后才生效；二是合同生效时间点是公司收取保费并加盖收银章后的次日零时。换言之，本案保险合同的生效时间应该是3月30日零时。而本案事故发生在3月29日，故事故发生在保险合同生效之前，保险公司无须承担保险金的给付责任。

【分析】

从上面两种截然不同的观点看，似乎都有道理，且均有法律依据。但是非曲直得有公平判定。

（1）从法理上分析，本案所涉保险合同确实是附条件生效合同。本案合同的生效条件如前第二种观点所述为"收取保险费并加盖公司收银章"与"收取保费并加盖收银章次日零时起保"。附生效条件的合同，自条件成就时生效。我国《保险法》第十三条第三款对此有规定，我国《合同法》第四十五条也有规定，即"当事人对合同的效力可以约定附条件。附生效条件的合同，自条件成就时生效"。因此，第二种观点不无道理。

（2）从实务中分析，本案所涉保险合同虽然是附条件生效合同，但从案情过程看，保险公司业务人员姚某并未将这一重要事实明确告知于投保人陈某。我国《保险法》第十七条明确规定："订立保险合同，采用保险人提供的格式条款的，保险人向投保人提供的投保单应当附格式条款，保险人应当向投保人说明合同的内容。对保险合同中免除保险人责任的条款，保险人在订立合同时应当在投保单、保险单或者其他保险凭证上作出足以引起投保人注意的提示，并对该条款的内容以书面或者口头形式向投保人作出明确说明；未作提示或者明确说明的，该条款不产生效力。"何况，根据《保险法》第十三条第一款的规定，保险合同成立在先，而保险人向投保人签发保险单或者其他保险凭证在后且是保险人应尽的合同成立之后的义务。此外，司法解释（二）第四条规定："保险人接受了投保人提交的投保单并收取了保险费，尚未作出是否承保的意思表示，发生保险事故，被保险人或者受益人请求保险人按照保险合同承担赔偿或者给付保险金责任，符合承保条件的，人民法院应予支持；不符合承保条件的，保险人不承担保险责任，但应当退还已经收取的保险费。保险人主张不符合承保条件的，应承担举证责任。"本案中，保险公司于3月29日签署了保险单即证明陈某对其丈夫闫某的投保是符合保险公司承保条件的。因此，受益人请求保险人按照保险合同承担给付保险金责任，人民法院应予支持。也就是说，保险公司必须对陈某的索赔进行赔付。

【结论】

由以上分析可知，本案是一宗保险人收取保险费在前，而合同生效在后的保险事故必赔案。必赔的主要理由最少有两个：一是根据《保险法》第十七条的规定，本案保险合同附生效的条件对投保人不产生法律效力；二是根据司法解释（二）第四条的规定，保险公司预收保险费后，但尚未作出是否承保的条件之前发生保险事故，而被保险人或者保险标的符合承保条件，则保险公司要依保险合同的约定承担赔偿责任，无论合同是附条件还是附期限。

【启迪】

本案是实务中经常遇到而保险公司很少予以重视的普通纠纷案。我们认为，作为常见纠纷案，本案带来的启迪是具有普遍意义的。

一是对于"保险费收取"与"保险合同的成立"两者之间的顺序问题，依据《保险法》的规定，应是合同成立在前，保险费交付在后。在实践中，保险公司为开拓业务而产生了大量"先收保险费，再决定是否同意承保"的保险合同，如果保险公司没有进行特别约定并对投保人或被保险人进行强调或明确解释，对于投保人而言，收取保险费的行为即是保险公司同意承保甚至已经承保的行为。因此，前面述及的司法解释（二）第四条就规定了保险公司预收保险费而未作出是否承保的决定之前发生的事故，投保人是可以要求保险公司承担保险责任的。为此，保险人在收取保险费之前应做到谨慎展业与承保，避免本案合同虽附有生效条件却不得不赔偿的现象发生。

二是保险条款的"明确说明"是保险人在订立合同时向投保人就免责条款的概念、内容及其法律后果进行提示并解释的一项法定义务。保险人履行明确说明义务是对投保人就免责条款知悉情况处于弱势地位的弥补，这也是《保险法》最大诚信原则的体现。在保险实务中，保险人常常以免责条款的书面提示代替明确说明义务的履行。因此，基于保险行业通常采用格式合同缔约的惯例以及合同具有相对性的特征，保险人应切记完全履行明确说明义务，并以使合同相对人（投保人或被保险人）达到清楚理解的程度。

19. 抑郁症自杀的保险索赔案

【案情简介】

某日，何某为自己向其保险公司投保，投保险种：基本险为终身重大疾病险，初始基本保额4万元，保险期限终身，保险费1760元；附加险为人身意外伤害险和人身意外伤害附加医疗险，保险金分别为3万元、1万元，保险期限为一年，保险费分别为90元、60元；被保险人为何某，受益人为何某妻子及其女儿。当日，何某向保险公司缴纳了保险费共计1910元；同时，何某在该投保书的健康告知书"被保险人或者家属是否患有精神病"和"直系家庭成员中是否有因疾病早于60岁以前去世者"两栏内均填写为"否"。保险公司提供的"终身重大疾病保险条款"第三条第一款保险责任约定："被保险人因意外伤亡或者于合同生效（或复效）一年后因疾病导致身故或者身体全残，本公司按有效保险金额给付身故或全残保险金，本合同终止。"第五条第一款责任免除约定："被保险人在本合同生效（或复效）之日起二年内自杀，本公司不负给付保险金责任。"

投保一年后，何某患上抑郁症，在当地医院住院治疗，但住院期间病情一直未见明显好转。某日晚上九点，护士查房时发现何某已用病员服在住院楼层的厕所里上吊自杀。医院提供的何某死亡诊断书上写明的死因为抑郁症、自杀。另查明，何某之兄曾患躁狂症自杀死亡。何某的后事处理完后，本保险合同的受益人向保险公司提出理赔申请，请求保险公司支付终身重大疾病保险金4万元以及人身意外伤害保险金3万元。

【不同观点】

第一种观点认为，保险人不应承担保险责任。理由有三：一是被保险人是在合同生效两年内自杀，属于免责事由；二是投保人投保时故意隐瞒被保险人有抑郁症家族病史这一重要事实，违反如实告知义务，保险人有权解除合同，对于合同解除前发生的保险事故，保险人不承担责任；三是被保险人并非意外伤害致死，不属于意外伤害险保险责任范围。综上所述，保险公司不承担赔付责任。

第二种观点认为，保险人应承担保险责任。理由是：（1）被保险人因患抑郁症自杀身亡，属于不能控制自己行为的情形，不具有主动剥夺自己生命的故意，也不具有骗保的意图，故不适用自杀免责条款，保险人应给付重大疾病保险金4万元；（2）被保险人自缢死亡属于意外伤害致死，属于意外伤害保险承保责任范围，故保险人应给付意外伤害保险金3万元。

第三种观点认为，被保险人死于抑郁症，抑郁症作为一种疾病，保险人应承担终身重大疾病险的保险责任，而不应承担意外伤害保险的保险责任。理由是：被保险人作为精神抑郁病人，可视为无民事行为能力人，不适用自杀免责条款；而意外伤害必须是遭受外来的、突发的、非本意的、非疾病的使身体受到伤害的客观事件，被保险人因抑郁症自缢死亡，不属于意外伤害保险的责任范围而属于疾病保险的责任范围。

【分析】

本案涉及的问题主要有三个方面：①被保险人因抑郁症引起的自杀，保险人能否免责；②投保人是否违反如实告知义务；③被保险人因抑郁症自缢死亡，是疾病死亡还是意外伤害死亡。我们的分析如下：

（1）从医学上来说，抑郁症以显著而持久的心境低落为主要临床特征，是心境障碍的主要类型。其主要表现有心境低落、思维迟缓、意志活动减退、认知功能损害，甚者悲观厌世，有自杀行为。抑郁症患者的治疗必须借助药物并常需合并心理治疗。抑郁症虽可以治愈，但有75%～80%的患者多次复发。国家卫生计生委曾公布的我国首次覆盖全国31个省市自治区的大规模精神障碍疾病流行情况调查结果显示，我国抑郁障碍患病率为3.59%，其中抑郁症患病率达到2.1%。再据相关医疗研究机构调查，抑郁症患者自杀的风险较高，其中有自杀倾向或自虐行为的患者较多，高达80%左右，而成功自杀患者占15%左右。可见，抑郁症是一种比较严重的疾病。

（2）被保险人因抑郁症引起的自杀，保险人不能免责。本案保险合同是双方真实意思表示，符合相关法律规定，双方之间的合同关系合法有效，双方均应履行。投保人何某缴纳了保险费，保险人应按合同约定履行义务。除非有合法的抗辩事由，保险人就应承担给付保险金责任。本案中，保险合同的责任免除条款确有约定，被保险人在合同生效之日起两年内自杀的，保险公司不负给付保险金责任。这一条款的本意是防止被保险人为了牟取保险金而故意自杀的道德风险。本案中，被保险人何某在投保后两年内因患抑郁症，已经不能控制自己的行为，在这种情况下自杀身亡，不属于主动剥夺自己生命的行为，也不具有骗取保险金的目的，故保险人不能免除理赔责任。根据我国《保险法》第四十四条的规定，以被保险人死亡为给付保险金条件的合同，自合同成立或者合同效力恢复之日起二年内，被保险人自杀的，保险人不承担给付保险金的责任，但被保险人自杀时为无民事行为能力人的除外。故保险公司应承担保险责任。

（3）投保人没有违反如实告知义务。根据《保险法》第十六条的规定，订立保险合同，保险人就保险标的或者被保险人的有关情况提出询问的，投保人应当如实告知。本案中，虽然投保人何某的兄长曾患躁狂症自杀死亡，但不能以此推断其有抑郁症精神病家族病史，保险公司的关于被保险人健康告知书中也并未询问被保险人旁系血亲是否患有某种疾病。因此，何某无义务主动向保险公司告知其兄曾患躁狂症而自杀的事实。何某在关于被保险人健康告知书"被保险人或者家属是否患有精神病"和"直系家庭成员中是否有因疾病早于 60 岁以前去世者"两栏内均填写为"否"，并没有隐瞒家族病史，不存在违反如实告知义务的情形。

（4）被保险人何某的自缢死亡是因抑郁症疾病所致，非意外伤害所致。根据保险合同条款对意外伤害的解释，意外伤害是指遭受外来的、突发的、非本意的、非疾病的使身体受到伤害的客观事件，即构成意外伤害必须具备四个条件：外来的、突发的、非本意的、非疾病的，缺一不可。而本案中被保险人何某因抑郁症自缢死亡，虽然具有突出的、非本意的因素，但不是外来的、非疾病的因素造成。所以，何某的自缢死亡完全是因抑郁症疾病所致，不是意外伤害所致，保险人不承担意外伤害保险的保险责任，但应承担疾病保险责任。

【结论】

由以上分析可知，本案被保险人何某自杀身亡是因抑郁症疾病所致，并非被保险人故意，也非意外事故所致。因此，保险公司应按终身重大疾病险的保险金额 4 万元进行赔付。

20. 被保险人故意犯罪导致死亡的保险索赔案

【案情简介】

某年 9 月，李某为自己向某保险公司投保终身寿险，受益人为其女儿小李，保险金额 10 万元。保险合同责任免除条款约定："被保险人在本合同生效（或复效）之日起二年内自杀，本公司不负给付保险金责任。"合同订立生效后，李某一直依约缴纳保险费。3 年后，李某因生意失败，妻子与他离了婚，女儿被法院判决随母生活。李某心灰意冷，对生活失去信心，决定自杀。某日，李某在乘坐公共汽车时引燃汽油自焚，除李某本人当场死亡外，也造成大量人员伤亡。事后，小李及其法定代理人向保险公司提出理赔申请。保险公司以李某故意犯罪导致自身死亡为由不予理赔。小李及其法定代理人遂提起诉讼。

【不同观点】

第一种观点认为，保险人不应承担保险责任。理由是，我国《保险法》第四十五条明文规定："因被保险人故意犯罪或者抗拒依法采取的刑事强制措施导致其伤残或者死亡的，保险人不承担给付保险金的责任。投保人已交足二年以上保险费的，保险人应当按照合同约定退还保险单的现金价值。"本案被保险人李某在乘坐公共汽车时纵火自焚，是典型的因故意犯罪而导致死亡的案件，故保险人依法不应承担给付保险金责任。

第二种观点认为，保险公司应承担保险责任。理由是，李某已经死亡，根据无罪推定原则，任何人在未经依法判决有罪之前，应视其无罪，故不能认定其为故意犯罪；而根据涉案保险合同的约定，"被保险人在本合同生效（或复效）之日起二年内自杀，本公司不负给付保险金责任"。本案中，被保险人自杀是在合同生效两年后，故保险人应承担给付保险金责任。

【分析】

本案涉及的问题主要有两个：一是被保险人已经死亡，能否适用《保险法》第四十五条的规定；二是被保险人自杀与被保险人因故意犯罪而造成自身死亡发生竞合时应如何处理。我们的分析如下：

（1）故意犯罪证据确凿，无须通过追究认定。通常情况下，被保险人因故意犯罪而导致其伤残，如果该被保险人因实施犯罪行为而受到了刑事处罚，鉴于刑事判决书的证明力，很容易对其故意犯罪进行认定。但如果被保险人因故意犯罪而导致死亡，由于不能对已经死亡的人追究刑事责任，故不存在依生效判决确认被保险人有罪的可能性。在此情形下，我们认为，除了法院作出的生效判决外，公安机关侦查案卷也可以作为认定已经死亡的被保险人实施了故意犯罪行为的依据。因为公安机关是依法行使侦查权的行政机关，其在侦查过程中收集到的各种证据以及依据这些证据作出的侦查结论，虽然不是生效的刑事判决，但这些侦查结论和案卷中反映的事实，同样可以作为民事诉讼中的证据使用，即审理保险合同纠纷的法院虽然不能凭借这些证据作出被保险人有罪的结论，但可以凭借这些证据证明被保险人实施了某个故意犯罪行为。

就本案而言，行为人李某虽已死亡，无法按司法程序追究其刑事责任，但这并不等于不能依据有关证据认定其生前曾经实施过某些不当行为。事实上，自焚事故发生后，公安机关经侦查，认定此起事故是由被保险人李某故意纵火，造成包括自己在内的大量人员伤亡的严重危害公共安全的事故。也就是说，公安机关的侦查结论，虽然不是刑事诉讼意义上的认定李某有罪的判决书，但上述侦查结论是合法的证据，受理本保险合同纠纷的法院可以将其作为认定李某曾实施故意纵火的行为并直接造成严重后果发生的依据。因此，保险公司作出的拒绝给付保险金的决定，符合《保险法》第四十五条的规定。当然，根据该法条的规定，投保人已交足两年以上保险费的，保险人应当按照合同约定退还保险单的现金价值。

（2）被保险人自杀与被保险人因故意犯罪而造成自身死亡发生竞合时应如何处理问题，即要回答本案能否适用《保险法》第四十四条规定的问题。我国《保险法》第四十四条规定："以被保险人死亡为给付保险金条件的合同，自合同成立或者合同效力恢复之日起二年内，被保险人自杀的，保险人不承担给付保险金的责任，但被保险人自杀时为无民事行为能力人的除外。保险人依照前款规定不承担给付保险金责任的，应当按照合同约定退还保险单的现金价值。"一般而言，自杀也是死亡方式的一种，被保险人的自杀行为，虽不符合社会道德的通常要求，但尚不构成犯罪。这时，可以考虑适用《保险法》第四十四条。即根据自杀行为是否发生在保险合同生效或复效后两年之内，来判断保险人是否应承担给付保险金的责任。但是，如果被保险人在实施自杀行为时造成其他严重危害社会的后果，该自杀行为就构成犯罪。本案中的李某，在乘坐公共汽车时引燃汽油自焚的行为，已经不单纯是个人行为，而是严重危害公共安全的行为。事实上，他的这种行为导致了在场人员大量伤亡的严重后果。因此，在此情形下，不能认定被保险人李某死于自杀，而应认定其因故意犯罪导致自身死亡，进而判定保险人免除保险责任。

【结论】

由以上分析可知，根据我国《保险法》的有关规定，被保险人因故意犯罪而导致自身伤残或死亡时，保险人免除保险责任。即便是被保险人已经死亡，无法追究其刑事责任，也可以通过其他证据来认定其是否实施故意犯罪行为；如果被保险人自杀行为构成故意犯罪的，就不应适用自杀免责条款，而应适用故意犯罪导致自身死亡的免责条款。因此，本案保险公司拒赔是正确的。

21. 主险与附加险合同是否同时生效的保险纠纷案

【案情简介】

某年1月5日，徐某根据保险代理人方某的提示，向X保险公司递交了保险金额为100万元的人寿保险投保申请书，并在主合同之外附加投保保险金额为200万元的长期意外伤害保险。X保险公司于徐某投保的第二日将一份盖有其总经理名字印章的《X保险运筹建议书》交给徐某，徐某根据该建议书的规定及X保险公司的要求，首次缴纳了保险费12000元，同时X保险公司向其出具了临时收款凭证，并要求徐某到指定医院进行体检。此外，X 保险公司在对徐某的投保资料进行审核时发现，其投保的主险及附加险总保险金额达 300 万元，但方某却没有要求其提供任何财务状况证明。于是 X 保险公司在 1 月 10 日向徐某发出通知，要求其在 10 天内补交相应的财务状况证明，并提示其必须按时至指定医院完成体检程序，否则保险公司将退回已收保费，拒绝接受其投保申请。1 月 17 日，徐某如期到指定医院完成了身体检查，但没有按要求提交相应的财务状况证明。同年 1 月 18 日凌晨徐某出差因意外事故身亡。在徐某身亡当日上午 8 点整，X 保险公司接到医院出具的徐某的体检结果，根据该体检结果及保险公司的规定，因徐某的身体原因需增加保险费，方能承保。因此，X 保险公司再次向徐某发出通知，告知根据体检结果需增加保费，同时要求其如期提交财务证明，否则不予承保，保险公司提示徐某可自行决定是否同意增加保费继续投保。徐某家人告知保险公司其暂时无法联络上徐某。1 月 23 日，徐某家人告知 X 保险公司，徐某发生意外死亡，并向 X 保险公司提出主险 100 万元和附加险 200 万元的索赔申请。在收到索赔申请后，X 保险公司对死亡事故进行了调查，并于 1 月 24 日向徐某家人给出理赔答复。该答复中称，对于主合同的 100 万元保险金，因投保人在本公司签发保险单前先缴付了 12000 元保险费，保险公司可按"通融赔付"的方式予以赔付；但对于附加合同中的 200 万元保险金的赔付请求，因徐某发生事故时，保险合同尚处于核保阶段，公司尚未作出同意承保的意思表示，保单尚未签发，保险合同没有成立，故不予赔付。1 月 25 日，X 保险公司向徐某家人支付主合同条款中约定的 100 万元保险金。徐某家人认为附加合同中约定的 200 万元保险金也应赔付，于是在同年 10 月 16 日，徐某家人起诉了 X 保险公司，要求后者赔付附加合同中的保险金 200 万元以及因延迟赔付而产生的利息。

【不同观点】

第一种观点认为，法院应判被告保险公司赔付原告 200 万元保险金及其相应利息。理由是：保险条款是保险人预先制定、重复使用的格式合同条款，合同条款中就有"保险责任自投保人缴纳首期保险费且本公司同意承保后开始"的规定，虽然长期意外伤害保险条款并未约定何时同意承保及以何种方式同意承保，但这是保险人提供的合同本身表述不清所致。因此，在法律上，应作出有利于投保人方的解释，即应视本案合同已生效。投保人徐某已依保险人安排，到保险人指定的医院进行了体检，已履行了健康告知义务。至于保险人凭投保人徐某体检报告及财务资料，对投保人徐某进行健康审查及财务审查实为保险人内部规定，法律法规对此并无强制性规定，故保险人以其未收取投保人徐某的体检报告为由而称其未同意承保的理由是不充分的，法院不应予以认定。此外，保险人辩称其向被保险人家人赔付的主险合同 100 万元保险金是其对被保险人家人的通融赔付，其理由是不能成立的，因根据我国《保险法》的规定，合同成立后，投保人才缴纳保险费。此外，根据主险与附加险的关系，主险都生效了，附加险理所当然与主险同时生效。因此，投保人徐某与保险人签订的主合同及其附加合同早已成立且有效。被保险人徐某发生意外，保险人应负保险责任，赔付合同受益人保险金（包括附加长期意外伤害保险金）共计 300 万元。如果保险人拒赔附加长期意外伤害保险金 200 万元，实属违约，应负违约责任，即除赔付 200 万元保险金给被保险人家人外，还应赔偿利息损失。

第二种观点认为，合同未成立，保险公司无须赔付。理由是：投保单只是投保人向保险人提出的投保申请，是投保人向保险人发出的保险要约，是投保人单方的意思表示，根本不能凭投保单证明投保人与保险人已就保险合同达成合意。而且，保险合同除投保单外，还包括保险条款、保险单、批注等，投保单的内容只是作为保险合同的一个组成部分，因此，不能仅凭一份投保单认定双方已就保险合同条款达成一致意见。至于投保人所缴付的所谓首期保费实为预收款并非正式保费，这也是保险行业的惯例。即投保人只是将一定的资金预存于保险人处，待保险人同意承保并根据投保人的财务状况、健康状况核定实际保险费后，将此项资金用于缴纳（转为）保险费，以减少以后的手续。所以当保险人收到投保人缴纳的 12000 元首付款时，保险公司向其出具的是临时收款凭证，而不是正式收款发票。可见，投保人徐某预存款项的行为根本不等同于实际缴纳保险费的行为。此外，保险人安排徐某进行体检、要求其提交财务报告等表明，本案保险合同的订立正处于商谈过程中，保险人需要根据被保险人徐某的身体健康状况、财务状况来决定是否承保以及承保的条件。第一种观点认为长期意外伤害保险条款未约定保险人何时同意承保及以何种方式同意承保，表述不清，实属不明确，依法应作出有利于被保险人徐某方的解释，应视为合同已生效是错误的观点。因保险人在该条款中有明文规定"本公司应当签发保险单作为承保的凭证"，即保险人以签发保险单的方式作出同意承保的意思表示，合同才成立，不存在约定不清、作出对被保险人方有利解释的问题。何况在徐某死亡前，保险人尚未收到徐某的体检报告，根本无法判断其是否符合承保要求，不可能同意承保。而徐某死亡后，虽然保险人收到了徐某的体检报告，但比时被保险人徐某已经死亡，实际上保险人已不可能对已灭失的保险标的进行承保。此外，主险与附加险是两个不同的概念，主险生效并不意味着附加险同时生效，只有在主险生效的情况下，附加险合同才能生效。因此，第一种观点是站不住脚的。保险人与投保人徐某之间的保险合同关系不成立，保险人无须向徐某家人作出赔付。

【分析】

本案争议的焦点是附加险合同是否成立及生效，我们的分析如下：

（1）我国《保险法》第十三条第一款规定："投保人提出保险要求，经保险人同意承保，保险合同成立。保险人应当及时向投保人签发保险单或者其他保险凭证。"可见，签发保险单不是保险合同成立和生效的标志，而是保险人的合同义务。即在没有签发保险单的情况下，若保险人收取了保险费且同意承保，保险合同也就成立了。但保险合同成立并不等于生效，从保险合同订立的程序看，保险合同的订立要经过要约和承诺两个阶段，又叫投保与承保。一般来说，投保是一种要约。承保是保险人同意投保人投保的意思表示，是一种承诺，承诺生效时保险合同成立。也就是说，即使保险合同已经成立，如果不符合保险合同规定的生效要件，仍然不能产生法律效力。附生效条件的保险合同，自条件成就时生效；附生效期限的保险合同，自期限届至时生效。我国《保险法》第十三条第三款对此也有明确规定。在保险合同中，当事人可以约定以支付保险费、签发保险单或其他事实作为合同生效的条件。如果保险合同约定以支付保险费或签发保险单为生效要件，在投保人支付保险费或签发保险单前，保险合同不生效，也谈不上承担保险责任的问题。然而，现实中，保险人提供的保险条款大多对合同的范围、合同成立与生效的时间界定是模糊的，有的保险人在条款中载明"保险合同自保险人同意承保、投保人缴纳保险费且保险人签发保险单时开始生效"，有的是"零时起保"，有的将"保险单"定义为保险合同，有的将"投保单、保险单、批单"等系列材料组合成为合同；等等。本案保险人的保险条款就没有清楚地界定保险合同的成立时间，而是把投保人缴纳保险费和签发保险单作为合同生效的要件。所以，前述第一种观点是有一定的道理的。因为投保人徐某与保险代理人方某共同签署了"投保书"，且投保人徐某已于签署投保书的次日向保险人缴付了首期保费，已履行了其作为投保人在保险合同成立后应负的主要义务。我国《合同法》第三十六条规定："法律、行政法规规定或者当事人约定采用书面形式订立合同，当事人未采用书面形式但一方已经履行主要义务，对方接受的，该合同成立。"

（2）司法解释（二）第四条规定："保险人接受了投保人提交的投保单并收取了保险费，尚未作出是否承保的意思表示，发生保险事故，被保险人或者受益人请求保险人按照保险合同承担赔偿或者给付保险金责任，符合承保条件的，人民法院应予支持；不符合承保条件的，保险人不承担保险责任，但应当退还已经收取的保险费。保险人主张不符合承保条件的，应承担举证责任。"司法解释的这种规定在理论界一般称为法定追溯保险，是指根据法律的规定，保险人对于保险合同成立前发生的保险事故承担保险责任的保险。如在人身保险实践活动中，在保险人签发保险单前，若被保险人体检合格，保险公司可以承担保险责任。本案中，尽管体检报告迟出来，但根据体检报告，投保人完全符合承保条件。换言之，投保人徐某的身体检查结果并不影响保险公司是否承保的决定。因此，本案保险公司应承担给付保险金责任。

（3）在保险实务中，附加险合同是相对于附加风险条款而在主险合同的基础上签订的补充合同，是对主险合同的补充和延伸。附加险合同的存在依附于主险合同的存在，它不可以单独投保，要购买附加险必须先购买主险。附加险的效力在时间上也从属于主险，即如果主险生效了，附加险一般也跟着生效；如果主险的效力中止了，那么附加险的效力也就中止了。也就是说，既然附加险合同仅仅是主险合同的补充与延伸，而不是独立的合同，本案中，主险合同成立且生效了，保险人就主险合同进行了赔付，而对于附加险合同不予赔付就有悖于常理了。

【结论】

根据上面的分析，我们认为，保险公司应对徐某的家人（即受益人）进行附加险的保险金给付。

【启示】

（1）保险合同主险与附加险的规定应严谨。保险合同是格式合同，按照《保险法》的规定，在存在争议时，应当作出对有利于提供非格式合同方的解释。本案中，保险人对其主险合同与附加险合同成立、生效和保险责任开始时间的规定不严谨是引发纠纷的主要原因。因此，保险公司应重视主险、附加险合同的规范化和标准化制定。

（2）应完善承保程序。从现行投保程序上看，投保人填写投保书并缴纳保险费，保险公司进行核保。保险公司视保额高低等情况不同，可能要求投保人进行体检并提供财务证明等，进而决定是否承保。若决定承保，则签发保险单；若决定不予承保，则向投保人退费。目前保险人的这种做法并未被法院和仲裁机构广泛接受。在众多的法院判决案件中，法院对类似本案保险公司在签订了投保书、缴纳了保费、通过了体检，但尚未出具保单的情况下，判决保险公司败诉的现象比比皆是。事实上，在许多海内外人寿保险公司的操作流程中，特别是对于大额保单的核保规则均毫无例外地强调不得预收保费。为此，保险公司在展业过程中预收保费的做法应持慎重态度。对于国内保险业界惯用的投保程序，有必要改进为缴纳保费与开出保单同时进行，尤其是对高额保险，或者与投保人明确约定预收款项的性质和保险合同成立时间与生效时间。

22. 恙螨叮咬致被保险人死亡的保险索赔案

【案情简介】

A 在某保险公司投保了人身意外伤害保险，保险金额为 6 万元，受益人为 A 的儿子 B。保险条款中约定"被保险人因遭受意外伤害，并自事故发生之日起 180 日内身故的，按基本保险金额给付意外身故保险金，本保险合同终止"；该条款同时约定"意外伤害是指遭受外来的、突发的、非本意的、非疾病的使身体受到伤害的客观事件"。保险期内的某日，A 因恙螨叮咬到当地医院住院治疗，但治疗无效于次日死亡。该医院诊断证明载明，A 属恙螨叮咬导致恙虫病脓毒性休克，多器官功能性不全而死亡；同时，居民死亡医学证明书载明，A 的直接死亡原因为脓毒性休克，引起的疾病为恙虫病。事后，B 向某保险公司申请理赔，后者以 A 因疾病死亡、不属于意外保险责任范围而对 B 作出不予理赔的决定。

【不同观点】

第一种观点认为，被保险人因患疾病死亡，不属于意外险保险责任范围，保险公司不予理赔是正确的。理由是，医院诊断证明及死亡证明书均已清楚地记载了被保险人是患恙虫病死亡，而非意外事故死亡，医学上的恙虫病属于传染性疾病。本案保险合同明确规定，"因疾病所致伤害不属于保险责任范围"，因此，保险公司不承担理赔责任。

第二种观点认为，B 有权要求保险公司赔付意外伤害险保险金。理由是，被保险人被恙螨叮咬致死，恙螨的叮咬无疑属于外来的、突发的、非本意的、非疾病的客观事件，正是因为恙螨的叮咬才导致被保险人死亡，符合意外伤害保险的保险责任的构成条件，故保险公司应承担给付保险金的责任。

【分析】

本案争议的焦点是，被保险人死亡的近因到底是疾病致死还是意外致死。我们的分析如下：

（1）疾病保险的内涵。疾病保险是指以保险合同约定的疾病的发生为给付保险金条件的保险。所谓疾病，是指由于人体内在的原因，造成精神上或肉体上的痛苦或不健全。构成健康保险所指的疾病必须满足以下三个条件：一是必须是由于明显非外来原因所造成的；二是必须是非先天的原因所造成的；三是必须是由于非长存原因所造成的（即指人到一定年龄以后出现的衰老现象）。由疾病保险中的疾病构成条件的第一条可知，本案被保险人的死亡不符合疾病保险的责任范围。

（2）恙螨叮咬是被保险人死亡的近因。恙虫病又名丛林斑疹伤寒，是由恙虫病立克次体引起的急性传染性病，其传播媒介为恙螨。受染的恙螨幼虫叮咬人体后，病原体先在局部繁殖，然后直接或经淋巴系统入血，在小血管内皮细胞及其他单核—吞噬细胞系统内生长繁殖，不断释放立克次体及毒素，引起立克次体血症和毒血症。根据医学理论，如果不被恙螨叮咬，人体本身并不会患恙虫病。本案中，由于被保险人所患恙虫病并非其体内原有疾病，即该疾病并非孤立存在，导致其感染恙虫病的直接原因是恙螨叮咬，整个事件的发展过程应当是首先被恙螨叮咬，然后感染血液而产生立克次体血症和毒血症，最终导致死亡。上述因果关系链条中从最初原因产生到结果发生是完整、紧密的，恙螨叮咬作为整个环节的启动因素，也应当成为死亡结果的直接原因。因此，恙螨叮咬导致因患恙虫病而死亡，完全符合保险合同约定的"遭受外来的、突发的、非本意的、非疾病的使身体受到伤害的客观事件"。

（3）司法解释（三）第二十五条规定："被保险人的损失系由承保事故或者非承保事故、免责事由造成难以确定，当事人请求保险人给付保险金的，人民法院可以按照相应比例予以支持。"换言之，在意外伤害保险中，依据该规定，即使事故原因无法确定是意外还是疾病，但均具有一定可能性的，法院可自由裁量一定比例要求保险公司按照意外进行理赔。如果已经通过鉴定确定了相应的原因比例，则应视为事故原因确定，法院直接依据原因比例确定责任比例即可。而本案被保险人的死亡完全符合突发性、偶然性、外来性这一"意外身故"的定性条件，因此，本案的第二种观点是正确的，即保险公司应该进行意外保险金给付。

【启迪】

本案至少给我们带来如下两方面的启迪：

（1）判断是否属于保险责任，一定要严格遵循"近因原则"。保险中的近因，是指造成保险标的损害的最直接、最有效的起主导作用或支配性作用的原因。根据近因原则，当保险标的的损害是由保险人承保的保险责任风险导致时，保险人负责赔付。坚持近因原则，其目的是确定保险事故损害原因与损害结果之间的关系，它既有利于保险人，也有利于被保险人。对保险人来说，其只负责赔付承保风险作为近因所造成的损害，对于承保风险为非保险近因所造成的损失不承担赔偿责任，避免了保险合同项下不合理的索赔。或者说，不能使被保险人利用"承保原因"牟取不当利益。对被保险人来说，可防止保险人以损害原因为非保险近因作为借口，解除保险合同项下的责任，不承担承保风险所造成的损失。也就是说，不能使保险人利用"除外原因"摆脱应负的保险责任。

（2）在保险实务中，意外保险和疾病保险是人们常购买的险种，但围绕着被保险人到底是因意外伤害死亡还是因疾病死亡，很容易引发理赔纠纷，故在实践中应坚持近因原则以严格区分两者，同时，保险人可以考虑设计将两者融合在一起的保险险种，既满足消费者的多种保险需求，也避免两者难以区分产生索赔纠纷而影响合同双方的关系。

23. 主体不明的卡式保险合同纠纷案

【案情简介】

某年1月，甲在Y应急救援服务有限公司办理了"某N类救援服务卡"一张，同时该救援服务卡背面提示，购买者可受赠一份由丙保险公司提供的特需医疗金计划团体保险产品。根据Y公司与丙保险公司之间订立的合同约定，甲是上述保险产品中的被保险人之一，可获得意外伤害残疾保险金额10万元、意外伤害医疗保险金额2万元、意外住院津贴50元/人/天的保险保障（在保险丙公司提供的上述保险产品条款表述及赔付标准中，列明有伤残程度十级对应的保险金给付比例是10%，但救援服务卡上没有显示），保险期限为1年。甲根据Y公司服务员的指引对该保险产品进行了网上激活。在保险期内，甲因交通事故住院治疗，共支付医疗费3万余元。之后，某司法鉴定所就甲所受伤害作出司法鉴定意见，将其评定为十级伤残。随后，甲向丙保险公司提出意外伤害残疾保险金额10万元、意外伤害医疗保险金额2万元、意外住院津贴1000元（住院20天）的理赔请求，但遭到丙保险公司的拒绝。甲遂向法院起诉，要求丙保险公司进行以上费用的赔付。

【不同观点】

对于本案，产生了如下两种不同的观点。

第一种观点认为，甲与丙保险公司之间没有建立任何合同关系，无权要求丙保险公司进行赔付。本观点认为，甲购买的是Y公司的救援服务卡而不是保险卡，该卡的服务内容是提供救援服务，包括医疗救援、道路救援、探视服务、旅游服务等，而并不是丙保险公司向甲销售或提供的保险卡，卡上也没有丙保险公司的商标、标识等。因此，甲不能据此认定其与丙保险公司之间存在保险合同关系，进而要求丙保险公司承担保险责任。

第二种观点认为，Y公司是投保人，甲是被保险人，甲当然有权要求丙保险公司进行赔付。本观点认为，甲与丙保险公司之间虽未直接订立保险合同，但是Y公司为了吸引消费者购买其救援服务卡，以投保人的身份购买保险产品无偿赠送给持有救援服务卡的消费者。因此，本案中，Y公司是投保人，甲是作为Y公司向丙保险公司购买了团体保险合同产品而约定的被保险人。故甲与丙保险公司之间实质上是保险人与被保险人的关系，即保险理赔合同关系。现甲受赠的相关保险产品已经激活，且保险事故发生在保险期间内，甲当然有权要求丙保险公司向其履行给付保险金的责任。

【分析】

本案其实是一个保险合同主体不明的纠纷案。

（1）保险合同的主体即保险合同双方当事人，是在保险合同中享有权利、承担义务的人。然而，如果仅仅从我国现行《保险法》第十三条至第十七条来理解，保险合同的当事人即为投保人与保险人双方，并不包括被保险人。事实上，虽然保险合同是由投保人与保险人订立的，但保险合同最终保障的是被保险人的权益，即保险合同要保障的对象是被保险人（人身保险合同中，当被保险人死亡后，由其受益人来享有这份权利），也就是享有权利的最主要的人。因此，保险合同的主体除了投保人与保险人外，还应该包括被保险人。本案中的甲虽然没有直接同丙保险公司签订合同，但其获赠了Y公司提供的特需医疗金计划团体保险产品而成为被保险人，理所当然成为投保人Y公司与保险人丙保险公司之间签订保险合同的当事人。甲既然是保险合同的当事人，其就有权要求丙保险公司进行赔偿。

（2）赔付金额应以保险合同约定的赔偿额度为限。本案保险产品合同规定的意外伤害残疾保险金额10万元、意外伤害医疗保险金额2万元、意外住院津贴50元/人/天，即为限额给付产品。被保险人在保险期间发生了保险事故，虽然发生的医疗费只有3万余元，但被司法鉴定后评定为十级伤残。因此，丙保险公司除了要支付甲意外伤害医疗费2万元外（超过2万元赔偿限额的部分由被保险人自己承担），还应按十级伤残的赔付标准在10万元以内进行赔付，以及20天住院津贴1000元。值得指出的是，在丙保险公司提供的本案保险产品条款表述及赔付标准中，列明有伤残程度十级对应的保险金给付比例是10%，但Y公司销售的救援服务卡上没有显示，若甲根据Y公司服务员的指引对该保险产品进行网上激活时，保险公司网络没有明确提示，Y公司的服务员也没有明确解释，则被保险人甲有权要求丙保险公司按10万元的意外伤害残疾保险金进行赔付。因为根据我国《保险法》第十七条的规定，订立保险合同，采用保险人提供的格式条款的，保险人向投保人提供的投保单应当附格式条款，保险人应当向投保人说明合同的内容。对保险合同中免除保险人责任的条款，保险人在订立合同时应当在投保单、保险单或者其他保险凭证上作出足以引起投保人注意的提示，并对该条款的内容以书面或者口头形式向投保人作出明确说明；未做提示或明确说明的，该条款不产生效力。

【启示】

随着互联网的快速发展，便捷高效的卡式保险产品在网上已呈现热销的态势。一些保险机构通过某些企业销售的"救援卡""服务卡""会员卡"甚至"积分卡"的形式嵌套保险产品，以达到保险营销的目的。但这种营销方式导致了保险公司与被保险人在投保时的直接隔离，影响了保险人、投保人及被保险人之间的相关权利、义务的正常实现，甚至产生了权利与义务不对等的现象。因此，保险机构在设计及销售此类产品时应持谨慎态度。

一是此类意外风险产品的被保险人为不特定群体，产品约定的保险事故发生率、保险费率、赔付限额等均无法做到精准计算。因此，在与投保人签订本案类似的产品合同时，一定要了解投保人销售自身产品的对象群体，不要轻易向那些拥有保险风险高的不特定对象的机构销售卡式保险产品。

二是规范卡式保险产品的销售，尤其对于激活时的免责条款、除外责任等给予较高的关注，同时积极主动留存销售痕迹的初始资料，一旦发生后续纠纷，也有利于举证。

三是在市场竞争加剧的环境下，应尽量避免"个险团做"，将风险可以把控的"个险"产品聚成风险不可控的"团险"产品，增加了保险公司的经营风险。

24. 被保险人猝死的保险索赔案

【案情简介】

某年6月，A公司为其50名见习工作人员在某保险公司投保人身意外伤害保险，在缴纳保险费后，某保险公司出具了团体人身意外伤害保险单，其中载明保险金额为每人5万元，保险期间为1年，受益人为法定。保险合同条款第三条规定：在保险期间内，被保险人因遭受意外伤害而致死亡、伤残的，保险人依照约定给付保险金；同时，该条款第十二条规定意外伤害是指以外来的、突发的、非本意的、非疾病的客观事件为直接且单独的原因致使其身体受到的伤害。

在保险期内，A公司50名见习工作人员之一的张某在外地出差时死亡。受死者家属委托，某司法鉴定中心鉴定张某死于青壮年猝死综合征。随后，张某父母以法定受益人身份向某保险公司提出索赔，并提供了猝死死亡医学证明等相关理赔材料。但保险公司以张某猝死是自身疾病引起、不属于意外伤害保险责任为由不予赔付。张某父母遂将该保险公司诉至法院，请求判令该保险公司支付其保险金5万元。

【不同观点】

第一种观点认为，保险公司不应理赔。理由是，根据司法鉴定意见，被保险人张某是猝死，缺少意外致死中外来原因这一条件。因此，被保险人张某的死亡不应属于保险合同约定的意外伤害致死这一责任范围。而张某父母也未能提供其他证据证明张某的死亡是意外伤害所致，故保险公司不承担给付保险金责任。

第二种观点认为，保险公司应当赔付保险金。理由是，青壮年猝死综合征是一种原因不明的猝死。既然原因不明，就不能否定其不是意外。在保险公司无法证明张某的死亡是由于身体疾病原因所致的前提下，就应对受益人进行保险金给付。

【分析】

基于本案的特殊性，我们的分析主要体现在如下四个方面。

（1）在法医学上，青壮年猝死综合征是一种原因不明的猝死。其具有下述特点：①死者生前身体健康，发育营养良好；②男性居多；③多为青壮年（20～40岁）；④死于夜间睡眠中；⑤多为即时死，即死亡迅速；⑥死前无明显诱因，经全面系统法医病理学检查及毒物化验等未见足以说明死因的病理变化。

（2）突发疾病的内涵是指有证据证明的任何导致人死亡的身体不适或反应。如果保险人认为本案不符合保险责任范围而拒赔，其就应对本案事故符合除外责任承担举证责任。而本案保险人没有证据证明被保险人有任何的身体不适或反应。根据我国《行政诉讼法》的规定，负有举证责任的一方没有证据或者证据不足以证明己方的事实主张的，应承担不利的法律后果。本案中，保险公司虽然认为张某的死亡属于免赔的范围，但既没有提供证据证实张某的死亡是由于疾病所致，也没有申请司法鉴定机构对张某的死亡原因进行重新鉴定，且保险合同中也没有将猝死列为免赔条款范围内。因此，在最终没有证据证明或者不能排除张某不是由于意外伤害死亡的情况下，保险公司应承担举证不能的法律后果即赔付保险金的责任。

（3）我国《工伤保险条例》第十五条第一款第（一）项确立了病亡视同工伤制度，即在工作时间和工作岗位，突发疾病死亡或者在48小时内经抢救无效死亡的，视同工伤。从《工伤保险条例》的精神角度来看，是基于保护劳动者权益的角度将法律利益归劳动者，视同工伤救济制度作用于劳动者的时间48小时内。换言之，既然认定在工作时间和工作岗位48小时内的突发疾病死亡视同工伤，则本案张某外地出差的死亡即使是突发疾病死亡也可以视同为工伤事故而非定性为疾病。

（4）根据《最高人民法院关于行政诉讼证据若干问题的规定》第六十八条的规定，日常生活经验法则推定的事实可以直接认定。本案既然无证据证明被保险人死于疾病，则根据日常生活经验法则推定的事实可以直接认定被保险人死于意外。此外，司法解释（三）第二十五条也规定："被保险人的损失系由承保事故或者非承保事故、免责事由造成难以确定，当事人请求保险人给付保险金的，人民法院可以按照相应比例予以支持。"

综上所述，本案在保险公司举证不能的情况下，应按意外事故进行赔付。

25. 未指定受益人的保险金给付案

【案情简介】

某年 3 月 1 日，姚某以自己为被保险人向某保险公司购买了一份保险金额为 25 万元的人寿保险产品。在签订保险合同时，姚某未填写受益人。次年 5 月 3 日，姚某与郑某结婚，郑某为再婚并与前夫生有一子。结婚当年 8 月，姚某在家中阳台晾晒衣服时，不慎失足坠楼，在送往医院途中死亡。事故发生后，其妻郑某向保险公司报案。保险公司经调查、审核后认定属于保险责任范围，决定给付 25 万元人身保险金。但在该笔保险金的分配上发生了争执。姚某健在的父亲认为该笔保险金应属于遗产，并以法定继承人的身份要求分取该笔人身保险金的二分之一。而姚某的妻子郑某则提出，该笔保险金应当属于夫妻共同财产，应先分取该笔人身保险金的一半，剩下的 12.5 万元再由其本人、其与前夫的儿子及姚某的父亲三人均分。

【分析】

本案争议的焦点有两个：一是被保险人姚某死亡后保险公司给付的人身保险金是否可以作为夫妻共同财产来处理；二是郑某与前夫的儿子能否作为姚某的法定继承人参与保险金的分配。

（1）我国《婚姻法》第十七条规定，夫妻双方在婚姻关系存续期间所得的财产，包括工资、奖金，从事生产、经营活动的收益，知识产权的收益等，除双方另有约定外，应为夫妻双方共同共有。同时，我国《婚姻法》第十八条又规定，夫妻一方所有的婚前财产、因一方身体受到伤害而获得的医疗费、生活补助费等费用、遗嘱或赠与合同中指明归一方的财产等应为夫妻一方的财产，而不是夫妻共有财产。因此，在发生继承的情况下，应当先确定哪些财产是夫妻共有财产、哪些是一方财产，然后再确定各个继承人所应分取的遗产范围和各自的份额。本案中，被保险人姚某投保的人身保险合同签订于其与郑某结婚之前，应属于婚前约投保行为，保险公司按该人身保险合同所应给付的人身保险金属姚某个人所有的财产，不能作为姚某与郑某的夫妻共同共有财产。因此，郑某要求先分得这 25 万元保险金的一半的主张是不符合法律规定的。

（2）根据我国《保险法》的规定，基于受益权获得的人身保险金必然与被保险人或者受益人的特定身份关系直接相联。即在被保险人死亡的情况下，由人身保险合同产生的人身保险金一般应由被保险人指定的受益人享有。但是，如果被保险人未指定受益人的话，则将保险金作为被保险人的遗产来处理。我国《保险法》第四十二条第一款明确规定：被保险人死亡后，有下列情形之一的，保险金作为被保险人的遗产，由保险人依照《中华人民共和国继承法》的规定履行给付保险金的义务：①没有指定受益人，或者受益人指定不明无法确定的；②受益人先于被保险人死亡，没有其他受益人的；③受益人依法丧失受益权或者放弃受益权，没有其他受益人的。即当没有指定受益人时，保险金作为个人遗产，由被保险人的法定继承人继承。因此，本案中保险公司所给付的25万元人身保险金不能作为他们夫妻共有的财产，在被保险人死亡无法确定受益人的情况下，应当作为被保险人姚某的个人遗产，由保险公司向被保险人姚某的法定继承人履行给付保险金的义务。

（3）郑某与前夫生的儿子不能作为姚某的法定继承人参与保险金的分配。根据我国《继承法》的有关规定，本案郑某与前夫生的儿子是否有受益权，要看郑某与前夫生的儿子与被保险人姚某之间是否形成了具有抚养或赡养关系的继父子关系。本案中，由于郑某与前夫生的儿子并没有与姚某共同生活，更没有形成抚养或赡养的关系，从而不存在相应的继承与被继承的关系。换言之，郑某与前夫生的儿子不具备姚某的法定继承人的身份，无权参与保险金的分割。

【结论】

综上所述，在本案中，保险公司因被保险人姚某死亡而给付的保险金，应作为姚某的遗产，根据《继承法》的规定，由其妻子与父亲各继承二分之一。

26. 受益人私自转让受益权的保险金索赔案

【案情简介】

王某，25岁，未婚，某企业工人，早年父母离异，其与再婚的父亲生活在一起，王某生母尚在。某年2月，王某所在单位为每一位员工投保了一份意外伤害保险，保险金额为10万元，王某在保单受益人栏填写的是父亲的姓名。同年6月2日，王某在家中阳台修理雨篷时失足坠楼死亡。祸不单行，王某家人还没来得及将此消息通知在外地出差的王父，王父却在外地遇车祸不幸身亡，其死亡时间仅比王某迟半天。据悉，王父生前因见其前妻即王某生母张某生活拮据，念在往日情分，于王某投保当年的4月与张某订立了书面协议，将受益权转让给张某，但这一情况王某并不知情。事故发生后，张某与王某继母李某同时向保险公司申请保险金给付。

张某的申请理由有：一是自己拥有王父保险金受益权的书面转让协议，声称自己才是唯一的合法受益人。二是她认为虽然她和王父已经离婚，但王某仍是她的亲生儿子。根据我国《婚姻法》的有关规定，父母与子女的关系不因父母离婚而消除。自己的亲生儿子作为被保险人，在受益人死亡的前提下，这笔保险金应作为被保险人即王某的遗产来处理，而王某未婚，根据我国《继承法》的有关规定，这笔保险金应该由自己来继承。李某则认为自己是王某法律上的母亲，也是王父的法定妻子，现在儿子和丈夫双双去世，自己应该有权获得这笔保险金。

保险公司接到申请后，经过仔细调查，一致认为这笔保险金应该给付，但到底给付给谁，一时难以定夺。

【分析】

此案主要涉及两个问题：一是这笔保险金是否可以作为被保险人的遗产来处理；二是受益人能否转让受益权。我们的分析如下：

（1）根据我国《保险法》第四十二条的规定，被保险人死亡后，有下列情形之一的，保险金才作为被保险人的遗产，由保险人依照我国《继承法》的规定履行给付保险金的义务：一是没有指定受益人，或者受益人指定不明无法确定的；二是受益人先于被保险人死亡，没有其他受益人的；三是受益人依法丧失受益权或者放弃受益权，没有其他受益人的。本案中，王父是由被保险人王某指定的唯一受益人，而王父是在被保险人王某死亡之后才死亡，且受益人王父依法并没有丧失受益权。虽然，王父在其生前将其受益权通过订立书面协议的形式，转让给王某的母亲张某，但该转让或放弃行为是没有法律效力的。这是因为，我国《保险法》第三十九条规定，人身保险的受益人由被保险人或者投保人指定，且投保人指定受益人时须经被保险人同意。同时，该法第四十一条规定，被保险人或者投保人可以变更受益人并书面通知保险人。保险人收到变更受益人的书面通知后，应当在保险单或者其他保险凭证上批注或者附贴批单。也就是说，受益人的指定与变更权利只有被保险人或经过被保险人同意的投保人才具有，受益人本人既没有权利指定受益人，也没有变更受益人的权利；即使是有权利变更受益人的被保险人或投保人，其变更也得书面通知保险人，且保险人在保险单或者其他保险凭证上批注或者附贴批单后才具备法律效力。本案中王父受益权的放弃并未通知或经过被保险人王某的同意，保险公司也不知情，更谈不上保险人在保险单或者其他保险凭证上进行书面批注或附贴批单。因此，根据《保险法》的上述规定，本案的保险金是不能作为被保险人王某的遗产来处理的，其受益权归王父；同时，受益人王父私自转让保险金受益权的行为也无其他法律依据而属于无法律效力的行为。

（2）本案中，被保险人王某先于受益人王父死亡，因此，受益人王父获得了保险金受益权。虽然王父还没来得及受领其儿子的保险金就死亡了，但作为一种财产权利，该受益权是可以被继承的。也就是说，王父的继承人可以承继该笔保险金。根据我国《继承法》的规定，第一顺序的继承人为配偶、子女和父母。本案中的王父与张某早已离婚，因此，张某不具备承继权利。而李某是王父的法定妻子，李某作为王父第一顺位继承人，该笔保险金理所当然由其来承继受领。换言之，本案中的保险金不能作为被保险人的遗产由张某来继承，但可以作为受益人王父的遗产由其法定继承人李某来继承。

【结论】

综上所述，本案中的张某没有权利领取其儿子死亡后的保险金，但王某的继母李某可以领取。保险公司应按合同的约定，将王某这笔意外伤害保险金给付给李某。

【启迪】

本案并非复杂案例，但其给我们带来两点启迪：一是变更受益人一般由被保险人提出或经被保险人同意后由投保人提出，受益人无权变更；二是只有经保险人在保险合同上批注或出具批单的变更方可生效，即含受益人变更在内的保险合同内容变更，必须由合同双方当事人通过书面的方式进行才具有法律效力。

27. 离婚后受益人未及时变更的保险金索赔纠纷案

【案情简介】

某年，杨某向某保险公司投保终身寿险，该保险公司向其出具了终身寿险保险单，保险单上载明：被保险人杨某，保险金额10万元，受益人一栏填写的是妻子李某某的姓名。杨某一次性缴清保费。后杨某与李某某因感情破裂而离婚，但杨某并未到保险公司变更受益人。离婚后不久，杨某不幸意外去世，杨某的父亲在整理杨某的遗物时发现了该寿险保险单。杨父便以继承人身份向保险公司请求支付保险金，但杨某的前妻李某某也向保险公司提出了理赔申请。保险公司最终将保险金支付给了李某某。杨父不服，遂诉至法院，请求判令保险公司向其支付10万元保险金。

【不同观点】

第一种观点认为，杨父应享有受领保险金的权利。理由是，杨某与李某某早已因感情破裂而离婚，已无继承关系，应由其父继承该笔保险金。故保险公司应向杨父支付该笔保险金。

第二种观点认为，杨父无权受领保险金。理由是，李某某是保险合同上唯一的指定受益人，依照法律规定，只有李某某享有受领保险金的权利。因此，法院应驳回杨父的诉讼请求。

【分析】

本案争议的焦点主要是婚姻关系解除后，原配偶的受益权是否自动解除。

（1）受益人的法定规定。我国《保险法》第三十九条第一款、第二款规定，人身保险的受益人由被保险人或者投保人指定，投保人指定受益人时须经被保险人同意。司法解释（三）第九条规定，当事人对保险合同约定的受益人存在争议，除投保人、被保险人在保险合同之外另有约定外，按以下情形分别处理：一是受益人约定为"法定"或者"法定继承人"的，以继承法规定的法定继承人为受益人；二是受益人仅约定为身份关系的，投保人与被保险人为同一主体时，根据保险事故发生时与被保险人的身份关系确定受益人；投保人与被保险人为不同主体时，根据保险合同成立时与被保险人的身份关系确定受益人；三是约定的受益人包括姓名和身份关系，保险事故发生时身份关系发生变化的，认定为未指定受益人。显然，本案中虽然被保险人杨某在投保时指定的受益人为其妻子李某某，其在离婚后没有变更受益人，但司法解释（三）第九条明确规定，被保险人在保险合同之外没有另外约定的前提下，"约定的受益人包括姓名和身份关系，保险事故发生时身份关系发生变化的，认定为未指定受益人"。即本案在被保险人杨某死亡时，原受益人李某某的身份已发生了变化，而非杨某的妻子，故认定为未指定受益人。

（2）我国《保险法》第四十二条规定，被保险人死亡后，有下列情形之一的，保险金作为被保险人的遗产，由保险人依照《中华人民共和国继承法》的规定履行给付保险金的义务：一是没有指定受益人，或者受益人指定不明无法确定的；二是受益人先于被保险人死亡，没有其他受益人的；三是受益人依法丧失受益权或者放弃受益权，没有其他受益人的。因本案保险合同原指定的受益人李某某身份改变而丧失了受益权，合同为未指定受益人，杨某的死亡保险金可以作为其遗产由其法定继承人来继承。

（3）保险公司应依照我国《继承法》的规定履行给付保险金的义务。根据我国《继承法》第十条的规定，遗产的第一顺序继承人为配偶、子女、父母。本案被保险人若没有再婚，也没有子女，则其父母作为第一顺序继承人，理所当然全部继承杨某10万元的保险金。

【启示】

受益人的指定及是否变更的保险金纠纷案在人身保险实务中时有发生，虽然类似本案的案情并不复杂，法律规定也比较清晰，但一旦进入诉讼，其人力、物力以及精神方面均或多或少地产生损失或伤害。因此，为了避免在保险事故发生时产生纠纷，一是作为投保人或被保险人在投保时指定受益人应慎重，在投保过程中应注意是否要及时变更受益人；二是作为保险人，无论是在合同签订时还是在合同履行过程中，应主动动态化对投保人或被保险人就保险合同相关方面的内容进行跟踪管理，尤其是涉及保险金给付的受益人问题要密切关注，及时提醒投保人或被保险人对自身权益的维护。

28. 依身份关系指定的受益人保险金给付案

【案情简介】

吴某是一家私营企业的老板，其妻为王某，二人育有一女。某年，吴某以自己为被保险人向某保险公司投保多份人寿保险，后者为其分别出具了受益人不同的两份保险单H1和H2。H1保险单的受益人填写为"妻子"，H2保险单的受益人填写为"父亲"。次年6月，吴某又买了多份人身意外伤害保险，受益人填写为"女儿"。同年年底，吴某与王某离婚，女儿判给王某抚养。两年后吴某与徐某结婚，徐某和其前夫所生女儿也和吴某一起生活。不久，吴某父亲病逝。依照吴父生前遗愿，吴某将其父亲的骨灰带回老家与吴母合葬。但不幸的是，在回老家途中，吴某遭遇车祸死亡。当保险公司开始调查处理吴某的保险金给付事宜后，吴某的相关人员先后均提出了保险金的给付请求。

吴某前妻王某为自己及其女儿提起请求保险金给付的理由是：在保险合同订立时，王某及其女儿是吴某在合同中所指定的受益人，合同成立后，该事实并未因吴某、王某婚姻关系的改变而改变，因吴某在与王某离婚后一直未曾重新指定受益人。

吴某现任妻子徐某也提出了请求，其理由是：虽然保险合同订立时所指的受益人妻子意为王某，但在保险事故发生时，吴某的合法妻子是徐某，所以理所当然由现任妻子领取 H1 保险金；此外，虽然徐某女儿是吴某的继女，但因为她一直和吴某一起生活，有事实上的抚养关系，根据我国《婚姻法》的规定，应享有与婚生子女同样的权利，从而，徐女可以且应该作为吴某所购买保险的受益人。

吴某的弟弟则提出领取本应由吴父受领的 H2 保险金，其理由是：吴父虽已死亡但自己作为其唯一健在的直系血亲，应该有权承继父亲享有的财产权利。

保险公司最后的处理方法是以保险合同订立时的法律关系为依据，将 H1 及意外伤害保险的保险金给付吴某前妻及其女儿；至于应由吴父受领的 H2 保险金则由吴某现在的法定继承人徐某和吴女平分。

徐某和吴弟不服，均向法院提起诉讼。

【不同观点】

第一种观点认为，保险公司处理得当，应以保险合同订立时的法律关系为依据，即将 H1 及意外险的保险金给付给吴某前妻及其女儿。

第二种观点认为，保险公司应以保险事故发生时的法律关系为依据，即将 H1 及意外险的保险金给付给现妻子徐某，意外伤害险的保险金给付给王女和徐女。

第三种观点认为，对于 H2 保险金的分配，吴弟没有继承权，但应由吴某现在的法定继承人徐某、吴女以及吴某继女徐女三人平分。

【分析】

本案涉及投保人为自身投保数份人身保险，投保时采用关系指定的方式分别指定"妻子""父亲""女儿"为保险受益人。随后被保险人离婚又再婚，因再婚与继女形成抚养关系；被保险人父亲又先于被保险人死亡。被保险人身亡后，其前妻、女儿、现妻、继女，弟弟均向保险公司主张受领保险金。可见，本案较为复杂，但争议的焦点比较集中，即被保险人的前任妻子与现任妻子、亲生女儿和有抚养关系的继子女，究竟谁享有领取保险金的权利。

（1）对写明"妻子"为保险受益人的理解。本案中投保人以自身为被保险人购买了人寿保险，在保险合同的受益人一栏填写了"妻子"二字。根据司法解释（三）第九条的规定，受益人仅约定为身份关系的，投保人与被保险人为同一主体时，根据保险事故发生时与被保险人的身份关系确定受益人。故本案应认定被保险人现任妻子为 H1 合同的受益人，享有受领保险金的权利。若保险费有部分来自被保险人与其前妻的夫妻共同财产，则被保险人的前妻可据此向保险金受领人（被保险人的现任妻子）主张相应保险费从保险金中予以扣除和返还。如此分配的原因在于被保险人本人为投保人，其为自身购买人寿保险并指定"妻子"为受益人，体现其更加关注与"妻子"的身份关系。被保险人担心自己过世后妻子的生活，通过购买人寿保险提前为妻子作出安排、提供保障。但若被保险人在购买保险时曾用夫妻共同财产缴纳保险费，而婚姻关系解除时未对此人身保险合同利益作出约定或分割，则前妻可能会无法接受由现任妻子受益保险金，这对前妻也是不公平的。因此，为了平衡利益，保险公司或法院应当认可并支持被保险人的前妻主张夫妻共同财产所缴保险费的返还。

（2）对写明"女儿"为保险受益人的理解。本案中投保人以自身为被保险人购买的人身意外保险，在保险合同的受益人一栏填写了"女儿"。同第（1）部分的分析相同，根据司法解释（三）中的"受益人仅约定为身份关系的，投保人与被保险人为同一主体时，根据保险事故发生时与被保险人的身份关系确定受益人"规定，应认定被保险人死亡时其所有的女儿为共同受益人。我国《婚姻法》中规定子女"包括婚生子女、非婚生子女、养子女和有抚养关系的继子女"，"继父或继母和其抚养教育的继子女间的权利和义务适用对父母子女关系的有关规定"。《最高人民法院关于贯彻执行〈中华人民共和国继承法〉若干问题的意见》第十九条规定，养子女对养父母尽了赡养义务，同时又对生父母扶养较多的，既可以继承养父母的遗产，也可以分得生父母的适当遗产。故本案中，被保险人的亲生女儿和继女都属于"女儿"，都是本人身意外保险合同的受益人，应平等享有受益权、平均分配本意外险合同的保险金。但此时，人身意外保险合同所涉保险费，前妻能否主张返还，这要根据具体情况而定。鉴于本案中被保险人亲生女儿（前妻一方）与继女（现妻一方）的利益都得到了保障和平衡，原则上不予返还，除非其有证据证明平均分配保险金导致利益严重失衡，如保费支出与保险金所得严重不匹配等。

（3）对写明"父亲"为保险受益人的理解。此时，虽为关系指定，但因受益人先于被保险人死亡，故依照《保险法》第四十二条的规定，应将保险金作为被保险人的遗产，由其继承人继承。被保险人的继承人包括现妻、女儿、继女、弟弟，其中现妻、女儿、继女为第一顺序继承人，弟弟为第二顺序继承人。根据我国《继承法》的规定，保险金应当由第一顺序继承人即被保险人的现妻、女儿、继女平均分配。

【启示】

受益人是人身保险合同的关系人，也是人身保险合同履行后的最终利益获得者。在保险实务中，许多纠纷都源于受益人的指定问题。如本案中一样，仅以记载身份关系来指定受益人的做法极易引发争议。为了避免类似本案的情况发生，在保险合同中指定受益人时最好准确地填写受益人的姓名、身份证号等相关信息以使受益人得以明确，从而使保险金可以及时给付。

29. 口头遗嘱变更受益人的保险金索赔案

【案情简介】

某年9月，宋某向保险公司投保10万元的终身寿险，指定其大儿子宋甲为受益人。两年后，宋某因患胃癌病情恶化，临终前，宋某约见当地村委会两名委员，并立下口头遗嘱说：考虑到小儿子宋乙尚未成家，表示将保险金的受益人改为小儿子宋乙，特请村委会向保险公司证明。次日，宋某去世。之后，宋某的大儿子宋甲持相关保险资料及宋某的死亡证明向保险公司提出理赔申请，保险公司经审核，认为属于保险责任，决定给付保险金。但此时，保险公司又接到宋某小儿子宋乙要求给付保险金的申请。宋乙在提出申请时向保险公司提交了盖有村委会证明印章的宋某生前口述遗嘱。保险公司经研究，将10万元保险金还是支付给了保单上指定的受益人宋甲。宋乙不服，向法院提起了诉讼。

【不同观点】

第一种观点认为，保险公司应将保险金支付给宋某的大儿子宋甲。理由是，根据《保险法》的规定，被保险人宋某变更受益人，应当书面通知保险公司，由保险公司在原保单上批注后才产生法律效力。而宋某在去世前未通知保险公司变更受益人，因此，保险公司应将保险金支付给保单上指定的受益人宋甲。

第二种观点认为，保险公司应将保险金支付给宋某的小儿子宋乙。理由是，虽然宋某在保单上指定其大儿子为受益人，但是，被保险人宋某临终前以遗嘱的形式将保单受益人改为小儿子，并且该遗嘱经过了村委会证明，可以视为变更了受益人。因此，保险公司应将保险金支付给变更后的受益人宋乙。

【分析】

本案的焦点问题在于，被保险人通过遗嘱变更受益人是否有效。我们的分析如下：

（1）变更受益人是被保险人的合法权益，但必须履行通知保险人的法定程序。我国《保险法》第四十一条规定："被保险人或者投保人可以变更受益人并书面通知保险人。保险人收到变更受益人的书面通知后，应当在保险单或者其他保险凭证上批注或者附贴批单。"司法解释（三）第十条规定："投保人或者被保险人变更受益人，当事人主张变更行为自变更意思表示发出时生效的，人民法院应予支持。投保人或者被保险人变更受益人未通知保险人，保险人主张变更对其不发生效力的，人民法院应予支持。投保人变更受益人未经被保险人同意，人民法院应认定变更行为无效。"被保险人可以通过遗嘱的方式变更受益人，但必须履行通知保险人的法定程序，否则此项变更对保险人可能不发生效力，因保险人主张变更对其不发生效力的，人民法院应予支持。本案中，宋某因考虑到小儿子尚未成家立业，临终前通过口头变更保险金受益人为其小儿子，只要盖有村委会证明印章的口头遗嘱有效，则其变更行为有效。

（2）被保险人宋某口头遗嘱的法律效力。根据我国《继承法》第十六条的规定，公民可以立遗嘱将个人财产指定由法定继承人的一人或者数人继承。遗嘱分为自书遗嘱、代书遗嘱、录音遗嘱、口头遗嘱和公证遗嘱五种，既包括书面形式，也包括口头形式。同时，《继承法》第十七条、第十八条规定，遗嘱人在危急情况下，可以立口头遗嘱，口头遗嘱应当有两个以上见证人在场见证。危急情况解除后，遗嘱人能够用书面或录音形式立遗嘱的，所立的口头遗嘱无效。下列人员不能作为遗嘱见证人：①无行为能力人、限制行为能力人；②继承人、受遗赠人；③与继承人或受遗赠人有利害关系的人，如继承人或受遗赠人的近亲属、与继承人有民事债权和债务关系的人等。对于以遗嘱的方式变更受益人，需要遵循遗嘱的生效规则，只有在遗嘱产生效力时，受益人的变更才会发生效力。本案中，被保险人宋某是临终前遗嘱，是遗嘱人在危急情况下由两位村委会委员见证立下的口头遗嘱，完全符合上述法律规定，因此，该遗嘱是合法有效的，遗嘱中变更受益人的意思表示也为有效。

（3）变更受益人必须履行法定程序，否则变更对保险人不发生效力。虽然被保险人变更受益人的行为是单方的法律行为，没有必要经过保险人的同意，但是，为了避免因变更受益人而产生不必要的纠纷，我国《保险法》规定了较为严格的通知义务和变更手续。如前述的《保险法》第四十一条规定被保险人或者投保人变更受益人应书面通知保险人，保险人收到变更受益人的书面通知后，应当在保险单或者其他保险凭证上批注或者附贴批单。这里强调变更方式是书面形式。但从前述司法解释（三）第十条规定"投保人或者被保险人变更受益人未通知保险人，保险人主张变更对其不发生效力的，人民法院应予支持"可以看出，司法解释（三）对通知形式作出了变更，即可以采用书面通知，也可以采用口头通知。本案保险人将10万元保险金支付给了保单上原指定的受益人宋甲即是按《保险法》第四十一条规定处理，但忽略了司法解释（三）可以口头通知的法律精神。因此，本案的口头遗嘱变更受益人的证明书，在宋某死亡后，由遗嘱继承人宋乙通知保险人，应视为被保险人作出变更受益人的意思表示且履行了通知义务。

【结论】

综上所述，本案被保险人宋某通过口头遗嘱变更受益人，且通过遗嘱继承人将此变更意思表示通知保险人，符合有关法律规定，法院应判被告保险人将支付给宋甲的保险金转支付给变更后的受益人宋乙，并由此承担之前支付给宋甲而带给宋乙的损失以及诉讼费。

【启示】

在人身保险合同中，变更受益人是被保险人的合法权益。被保险人根据对自己享有的民事权利的处分权，可以按照自己的意愿指定受益人，也可变更受益人，只要这种变更不违背法律规定和社会公共利益。同时，在被保险人通过遗嘱尤其是口头遗嘱变更受益人的情况下，保险合同相关人一定要切记将遗嘱及时通知保险人，因未通知保险人的，合同内容的变更对保险人不发生效力。

30. 母子同一事故中死亡的保险金给付案

【案情简介】

某年2月，刘女士为儿子豆豆投保了一款人寿保险，保险金额为10万元，没有指定受益人。不久，刘女士与丈夫吴先生离婚，豆豆随母亲一起生活。吴先生按月支付抚养费和教育费，刘女士也没有再婚，同自己的父亲即豆豆的外公一起生活。天有不测风云，两年后的一天，豆豆和母亲在旅游途中发生交通意外，母子二人均在这场突如其来的灾难中遇难了。后经交通管理部门事故调查，儿子豆豆先于母亲在事故中死亡。不久，豆豆的父亲和外公几乎同时去保险公司申请领取豆豆的身故保险金，由此产生了争议。

【不同观点】

第一种观点认为，豆豆的父亲无权领取保险金。因为豆豆的父母早已离婚，且豆豆随母亲一起生活，现母子二人发生意外，应由与其共同生活的外公领取这笔保险金，吴先生无权享有这笔保险金。

第二种观点认为，豆豆的父亲有权领取全部保险金，外公无权领取保险金。理由是，虽然豆豆的父母已离婚，但父母与子女的关系不因离婚而消除，现豆豆与其母刘女士均在事故中死亡，故豆豆的父亲作为唯一的第一顺序法定继承人，有权领取保险金，而外公属于第二顺序法定继承人，无权享有该保险金的请求权。

第三种观点认为，豆豆的父亲和外公均有权领取保险金。理由是，根据交通管理部门调查认定，儿子豆豆先于母亲在事故中死亡，也就是说，刘女士也是这笔保险金的第一顺序法定继承人，现刘女士也已死亡，其父亲即豆豆的外公则成为女儿的遗产继承人，应当享有该笔保险金的请求权。故这笔保险金应由豆豆的父亲和外公各得一半，即每人5万元。

【分析】

我们赞同上述第三种观点。

（1）根据我国《保险法》第四十二条的规定，被保险人死亡后，没有指定受益人的，保险金作为被保险人的遗产，由保险人依照我国《继承法》的规定履行给付保险金的义务。本案所涉保险合同没有指定受益人，因此，该笔保险金应作为遗产来处理。

（2）根据《继承法》第十条的规定，保险金作为被保险人的遗产，由第一顺序法定继承人继承，没有第一顺序继承人的，由第二顺序继承人继承。第一顺序的法定继承人包括配偶、子女、父母；第二顺序的法定继承人包括兄弟姐妹、祖父母、外祖父母。就本案而言，保险合同中未指定受益人，现被保险人豆豆死亡，故保险金应作为遗产由其法定继承人来继承。我国《婚姻法》第三十六条规定，父母与子女间的关系，不因父母离婚而消除。离婚后，子女无论由父或母直接抚养，仍是父母双方的子女。也就是说，本案的法定继承人即为被保险人豆豆的父母。

（3）本案中被保险人豆豆先于母亲死亡，其母亲有继承豆豆死亡保险金的权利。根据我国《继承法》第九条、第一三条的规定，继承权男女平等；同一顺序继承人继承遗产的份额，一般应当均等。但该法同时规定，对生活有特殊困难的缺乏劳动能力的继承人，分配遗产时，应当予以照顾；对被继承人尽了主要扶养义务或者与被继承人共同生活的继承人，分配遗产时，可以多分；有扶养能力和有扶养条件的继承人，不尽扶养义务的，分配遗产时，应当不分或者少分；继承人协商同意的，也可以不均等。本案豆豆的父母不存在上述多分少分的现象，因此，在进行保险金遗产分配时，同一顺序的法定继承人应当"平分"。即豆豆的父母各继承其 5 万元的保险金。

（4）豆豆母亲所继承的保险金 5 万元在其死亡后又成了新遗产，因豆豆父母是离婚状态，这笔新遗产只能由豆豆母亲的父亲即豆豆的外公继承。

综上所述，本案保险金的最终分配应该是豆豆的父亲和外公各自获得 5 万元。

【启迪】

结合本案情况以及《保险法》的有关规定，我们可以得到如下启迪：一是在签订人身保险合同时，承保人最好提醒投保人或被保险人写明受益人的姓名，以免日后发生纠纷；二是保险合同双方除了要熟悉我国的《保险法》外，还应熟悉我国的《婚姻法》《继承法》等法律，以维护自身或相关关系人的权益。

31. 保险合同法律效力不明的纠纷案

【案情简介】

甲公司为乙公司的合作经销商，某年 5 月，甲公司向乙公司转账 2 万余元保险费，后者作为投保人向 G 保险公司投保团体意外伤害保险，保险单投保人信息栏单位名称为乙公司，保险金额为甲公司职工每人 5 万元，保险期限 1 年，《被保险人及受益人名单》载明投保人名称为乙公司，被保险人姓名中有甲公司职工王某某。在保险期限内，王某某安装空调时摔伤导致腰部受伤住院治疗。王某某受伤被认定为工伤，劳动能力鉴定为九级伤残。甲公司和王某某之间的劳动争议经二审法院终审判决在案：甲公司和王某某之间劳动关系成立，甲公司支付王某某工伤保险待遇共计 11 万余元。甲公司支付王某某上述费用后，向 G 保险公司索赔遭拒绝。甲公司便将 G 保险公司作为被告、王某某为第三人提起诉讼，要求 G 保险公司在团体意外伤害保险合同项下赔偿保险金 5 万元。庭审中王某某表示自己对于意外伤害保险的投保情况不清楚，同意甲公司向 G 保险公司主张意外伤害保险的权益。

【不同观点】

第一种观点认为，保险合同无效，G 保险公司不承担给付责任。理由是，投保人乙公司与被保险人王某某之间不存在劳动合同关系，乙公司在投保团体意外伤害保险时，王某某并不知情，乙公司对被保险人王某某不具有保险利益。根据《保险法》的有关规定，人身保险的投保人在保险合同订立时，对被保险人应当具有保险利益；订立合同时，投保人对被保险人不具有保险利益的，合同无效。故本案保险合同无效，保险公司不承担给付保险金责任。

第二种观点认为，保险合同有效，乙公司应给付保险金。理由是，甲公司为自己和王某某的利益通过乙公司向保险公司投保团体意外伤害保险，保险合同有效，甲公司是该保险合同的实际投保人。现被保险人王某某同意甲公司向保险公司主张保险赔偿金，应视为王某某同意将保险合同项下享有的受益人权利转让给甲公司。甲公司作为实际投保人可以成为该保险合同的实际受益人，也有权要求保险公司给付保险金，保险公司应当根据保险合同的规定向其给付。

第三种观点认为，王某某本人即可要求保险公司直接赔付。理由是，保险合同成立且是有效合同，王某某作为被保险人是保险合同直接保障的对象，当保险事故发生后，根据我国《保险法》《工伤保险条例》的规定，其有权在享受工伤保险补偿的同时要求保险公司进行人身保险金赔付。

【分析】

本案的焦点主要是保险合同的法律效力问题及人身损害补偿是否在工伤保险补偿之外可再获商业保险补偿。对此，我们的分析如下：

（1）确定判断合同的法律效力的标准是本保险案讨论的核心问题，有法律效力的保险合同才能得到法律保证与履行。本案保险合同的法律效力可从如下三要素进行确立：一是订立合同当事人的合法资格；二是当事人意思表示真实，没有损害国家、集体、第三人的利益以及社会公共利益；三是合同的内容、形式和订立程序不违法（不违反法律、行政法规的强制性规定）。

（2）保险合同合法资格的认定。根据我国《保险法》第十条的规定，保险合同是投保人与保险人约定保险权利义务关系的协议。投保人是指与保险人订立保险合同，并按照合同约定负有支付保险费义务的人。保险人是指与投保人订立保险合同，并按照合同约定承担赔偿或者给付保险金责任的保险公司。该《保险法》第三十一条规定，在人身保险合同中，订立合同时，投保人对被保险人不具有保险利益的，合同无效。第一，就本案而言，合同的当事人包括投保人乙公司、被保险人甲公司职工（这里具体指王某某）与 G 保险公司三方。上述三方中 G 保险人的法律资格是没有争议的，而对投保人及被保险人的合法性则存在争议。从案情来看，甲公司为乙公司的合作经销商，在一定程度上说，甲乙为合伙人。根据我国《合伙企业法》的规定，合伙人对合伙企业债务承担无限连带责任。同时该法规定，特殊的普通合伙企业应当建立执业风险基金、办理职业保险。《合伙企业法》之所以这样规定，是因为法律对特殊合伙企业没有最低注册资本的要求，为了保护这种没有最低注册资本要求的特殊的普通合伙企业债权人的利益，必须有风险基金保障或办理保险。因此，本案表面上乙公司与甲公司的职工没有建立直接的劳动合同关系，但基于《合伙企业法》的规定，乙公司对甲公司债务承担无限连带责任。换言之，如果甲公司对其职工负有法律赔偿责任，乙公司将承担连带责任。因此，尽管乙公司交给 G 保险公司的 2 万多元保险费是甲公司转给乙公司的，但从合同及法律规定来看，本案保险合同的投保人乙公司是合法的，其对甲公司的职工具有保险利益，或者说，乙公司对其合伙人具有保险利益关系，乙公司作为本案保险合同的投保人是符合法律要求的。第二，本案甲公司对其建立有劳动关系的职工具有完全的保险利益关系，这种保险利益关系不仅仅是人身意外关系，更是一种雇主责任法律关系。而甲公司作为职工的法人代表，其将保险费交予乙公司进行投保，也表明被保险人同意投保人为其订立合同，而《保险法》规定，这种同意可以视为投保人对被保险人具有保险利益。第三，司法解释（三）第一条规定，当事人订立以死亡为给付保险金条件的合同，根据《保险法》第三十四条的规定，"被保险人同意并认可保险金额"可以采取书面形式、口头形式或者其他形式；可以在合同订立时作出，也可以在合同订立后追认。如果被保险人明知他人代其签名同意而未表示异议的，应认定为被保险人同意投保人为其订立保险合同并认可保险金额。本案王某某在得知乙公司为其投保人身保险后不仅未表示异议，而且积极配合投保人向保险公司进行索赔，这表明被保险人王某某是同意投保人为其订立合同的，这种同意，根据《保险法》的规定，视为投保人对被保险人具有保险利益。综上所述，本案保险合同相关当事人都符合法律的资格规定。

（3）由上面第（2）点分析也不难看出，本案保险合同的签订完全是合同当事人的真实意思表示，不仅没有损害国家、集体、第三人的利益以及社会公共利益，更是从有利于这些利益的角度签订的。而保险合同的内容、形式和订立程序均不存在违法的现象。因此，本案的保险合同具有法律效力，合同当事人在尽义务的同时，享有合同赋予的权利。

（4）我国《保险法》第三十九条规定："人身保险的受益人由被保险人或者投保人指定。投保人指定受益人时须经被保险人同意。投保人为与其有劳动关系的劳动者投保人身保险，不得指定被保险人及其近亲属以外的人为受益人。"由法律规定可知，本案保险合同的受益人只能是王某某。投保人乙公司指定王某某及其近亲属以外的人为受益人的行为是无法律效力的行为。同时，保险合同保障的对象是被保险人，作为被保险人的王某某本身还健在，受益人的概念其实也是在被保险人死亡后才出现的。因此，无论是从被保险人还是从受益人的角度，王某某是唯一的选择。至于因王某某表示自己对于意外伤害保险的投保情况不清楚而同意甲公司向 G 保险公司主张意外伤害保险的权益的行为，并不表明其同意作为受益人权益的转让。因此，本案人身意外保险合同的权益保障者受益人只能也必须是王某某本人。

（5）本案工伤保险赔偿是依据《工伤保险条例》的规定，由用人单位在没有参加工伤保险时承担全部工伤保险待遇的赔偿义务。工伤保险待遇与商业人身意外伤害保险赔偿是基于不同法律关系与不同赔偿主体之间产生的法律责任。即工伤保险赔偿是基于雇主甲公司与其雇员王某某之间的劳动合同关系；人身意外保险赔付是基于被保险人与保险人之间的保险合同关系。王某某主张工伤保险待遇和人身意外保险赔付，均有充分的法律依据，前者为《工伤保险条例》，后者为《保险法》，两种法律权利并行不悖。因此，王某某在获得甲公司11万余元的工伤补偿之外，有权利获得保险公司的5万元意外伤害保险赔付。而甲公司没有权利从保险公司获取保险金赔付以冲抵其11万余元的工伤保险赔偿。

【启迪】

本案是一宗因合同当事人没有理顺清楚而起诉的保险纠纷案，其带给我们的启迪最少有以下四个方面：

（1）作为有合作关系的企业之间或合伙人，其风险责任虽然有连带性，但在购买商业保险时，应尽量从自身的风险转移角度来考虑投保人、被保险人的角色，如本案甲公司自己直接向保险公司购买保险，而不是由乙公司来购买，则其职工的风险转移关系可能没有这么复杂或波折，在节省诉讼时间的同时也可以节省诉讼成本。

（2）与职工建立有劳动关系的企业，应清楚企业与职工之间需要向保险人转移的风险最主要的应是雇主责任风险。因此，企业首先应当依法为职工建立工伤保险制度，当工伤保险制度不能保障企业自身的全部风险而又无力承担，且商业保险公司愿意承保的情况下，可再补充购买雇主责任保险，以最大范围内减轻企业的法律责任风险。

（3）保险人在帮助企业转移雇主责任风险时，一方面应从企业的角度来建立风险保险转移计划，并做严密的核保。如本案当乙企业投保人身保险时，如果发现其提供的被保险人与受益人名单是甲企业，则有义务提醒乙企业应注意的事项，并强调由甲企业直接进行投保的好处，以避免本案保险合同产生法律效力纠纷；另一方面，保险人有义务提醒企业注意雇主责任保险、工伤保险与人身意外保险的区别与联系，避免企业风险转移的不到位或重复投保，有损企业的利益。

（4）职工个人应尽量懂法、懂保险常识，以避免自身的权益受损。如本案王某某如果懂法又懂保险，则其自身作为雇员的工伤保险权益与作为被保险人的人身意外伤害保险权益会尽力维护，而不轻易认为受益人的权益可以转让给雇主。

32. 驾驶证过期的意外保险索赔案

【案情简介】

某年8月26日，徐某以驾驶员的身份向其所在地的一家保险公司购买了一份驾驶员意外保险。该险种的意外身故、残疾保险金额为 16 万元，保险期限为 1 年。合同条款约定：被保险人驾驶机动车辆过程中遭受意外伤害，导致身故的，保险公司按保险金额给付意外身故保险金。合同条款中第五条、第六条分别规定，如果本保险单未约定受益人，则意外身故保险金视为被保险人的遗产支付给其法定继承人；本保单只适合持有效驾驶证、年龄在 18 周岁至 60 周岁、身体健康的驾车人员购买。当年 9 月 3 日上午，徐某驾驶拖拉机倒垃圾时，因卸车滑坡而意外死亡。事后，徐之父母及徐妻（以下简称徐父等人）以继承人身份要求保险公司给付意外身故保险赔偿金 16 万元，但被拒绝。保险公司辩称：徐某购买驾驶员意外保险时隐瞒了其驾驶证过期且车辆未年检的情况，违反了我国《保险法》及《合同法》有关如实告知义务的规定。双方争执不下，徐父等人遂将保险公司起诉至法院。

【不同观点】

第一种观点认为，本案保险合同自始无效，故不赔偿。理由是，被保险人投保时违反了如实告知，驾驶证既过期、车辆也未年检，这种基本投保条件未告知属于故意行为。根据我国《保险法》第十三条、第五条、第十六条的规定，合同虽已签订但属于无效合同。因此，保险公司不应承担保险金赔付责任。

第二种观点认为，保险公司应承担缔约过错责任。虽然投保人投保时没有如实告知，但保险人在承保时也未对承保材料进行严格审核，因此，合同双方均存在缔约上的过错，各应承担一半的缔约过错责任，即保险公司应赔偿徐父等人 8 万元。

第三种观点认为，保险公司应全额赔付。理由是，驾驶证过期并不能代表驾驶人没有驾驶资格，过期的驾驶证应仅视为其驾驶证超期检审，而并非"未取得驾驶资格"，只要在有效期内审验换证即可，车辆未年检同理，即只要车辆年检合格，在有效期内补上审验即可。因此，保险公司应在保险赔偿范畴内进行全额赔付。

【分析】

对于本案的分析，我们可以从以下四方面进行：

（1）我国《保险法》第十三条规定，投保人提出保险要求，经保险人同意承保，保险合同成立。依法成立的保险合同，自成立时生效。投保人和保险人可以对合同的效力约定附条件或者附期限。本案所涉保险合同条款第六条规定"本保单只适合持有效驾驶证、年龄在 18 周岁至 60 周岁、身体健康的驾车人员购买"，可视为合同的效力约定附条件。本案被保险人徐某所持的驾驶证是过期驾驶证，从条款来看，不符合这一约定条件。同时，投保人在投保时也没有如实告知，从而违反了我国《保险法》第五条"保险活动当事人行使权利、履行义务应当遵循诚实信用原则"。

（2）我国《保险法》第十六条规定：订立保险合同，保险人就保险标的或者被保险人的有关情况提出询问的，投保人应当如实告知。投保人故意或者因重大过失未履行前款规定的如实告知义务，足以影响保险人决定是否同意承保或者提高保险费率的，保险人有权解除合同。投保人故意不履行如实告知义务的，保险人对于合同解除前发生的保险事故，不承担赔偿或者给付保险金的责任，并不退还保险费。投保人因重大过失未履行如实告知义务，对保险事故的发生有严重影响的，保险人对于合同解除前发生的保险事故，不承担赔偿或者给付保险金的责任，但应当退还保险费。从这一法条可知，在投保时，保险公司所遵循的是询问告知，即对保险人询问的问题投保人必须如实告知，对询问以外的问题，投保人没有义务告知。本案保险人在投保时并没有询问，如果询问，投保人说谎，则投保人违反诚信原则；即使投保人说谎，承保人也应在投保人告知时查验真伪，可见本案承保人并没有进行查验（如果查验不提醒投保人，则意味着是诱保）。所以，投保人不存在违反诚实信用原则及如实告知的问题。

（3）本案保险合同所涉险种为高风险行业险种，其承保应严格且慎重。驾驶员属于高危人群，其作为被保险人属保险的特定群体，保险范围明确，故冠名为"驾驶员意外保险"，而不是按一般意外险来进行承保或销售。因此，作为承保人，保险公司在订立保险合同时，其应对被保险人的相关条件进行询问，对驾驶证等相关材料应进行严格的审查，一旦不符合承保条件，应当场拒绝承保，这也是保险公司在缔约前的基本义务。本案保险公司若尽询问、审核义务，则不会存在徐某隐瞒驾驶证过期、车辆未年检等事实，其不进行核保，只能说保险公司存在有引诱之嫌，即不发生事故不赔，一旦发生事故，保险公司可借投保人不符合承保要求、违反诚信原则为由拒赔。因此，作为违反了上述先合同义务的保险公司，应对此承担法律责任。

（4）驾驶证是公安交警部门颁发给驾驶员证明其能够驾驶车辆的资格证书，只要领取了驾驶证且未被公安交警部门吊销或注销，驾驶员就具有合法驾驶资格。我国现行《机动车驾驶证管理办法》第二十二条规定："事先未申请并超过有效期换证的，依法处罚后予以换证。"也即，驾驶员未按期办理换证手续，其驾驶证并不必然被吊销，在接受公安交警部门处罚后仍可办理换证手续。事实上，驾驶证的有效期并不是指驾驶人驾驶资格的有效期，过期的驾照并不必然导致持证人丧失驾驶资格的法律后果。本案中，虽然徐某在驾驶证过期后未及时更换新证，具有一定过错，但对于这种过错徐某应承担的是行政责任，接受行政处罚后可再行换证，到期不换证并不意味其驾驶资格就立即丧失。本案保险合同对驾驶员应持有效驾驶证的约定，其目的是考察驾驶员即被保险人是否具备车辆驾驶的技能，而被保险人徐某仅仅是驾驶证过期，并不是不具备车辆驾驶的技能。因此，保险公司不能以徐某驾驶证过期为由拒绝赔付。

（5）车辆是否进行年检与本案保险合同没有关系，如果投保人投保的是机动车辆保险，则车辆是否年检或是否符合年检的标准可成为索赔的条件，而对于驾驶员意外保险合同而言，则并不是保险公司拒赔的理由。

【结论】

综上所述，本案保险公司不能以被保险人驾驶证过期为由来免除其赔付责任，只要法定受益人徐父等人符合法定继承的条件，保险公司就应按合同约定将16万元保险金在徐父等受益人之间进行合法分配。

33. 保险人未及时行使合同解除权的纠纷案

【案情简介】

某年 2 月，X 经朋友介绍，与 S 保险公司的业务员 Y 取得联系，为自己和自己的父亲 W 投保了重疾险、寿险和商业医疗险三款保险。由于 X 在外地工作，是异地投保，他始终没有与业务员 Y 见过面，都是通过电话、微信联系投保事宜，保险合同是 Y 通过电话询问后帮忙代签的，声明告知事项也均由 Y 代为填写。保险合同约定，如果 W 患重大疾病或因病身故，由保险公司按合同约定的保险金额赔付。随后，S 保险公司根据业务流程对 X 进行了电话回访，X 认可投保事宜，也没有对健康告知栏写的"健康"内容提出异议、补充或反对。

投保后的次年 3 月，W 被检查出有喉癌，由于该疾病属于保险合同中约定的重大疾病，W 随即向保险公司申请理赔。但保险公司经调查发现，W 在投保前几天就有因患脑梗死、脑基底瘤住院治疗的记录，而在投保时，X 却隐瞒了 W 的这一不健康状况，并在保险公司电话回访包括"健康"一栏告知等内容在内的确认投保事宜时未如实告知，因此，认定 W 为"带病投保"而拒绝赔付。对此，X 表示不服，便将 S 保险公司告上了法庭。

X 在申诉时表示，因是异地投保，其投保签约全程均线上沟通，保险公司业务员 Y 也没有问过其父亲的身体情况，只告知三款保险产品的保险金额共计 30 万元；而其父亲一直由弟弟照顾，父亲与弟弟见其在外地工作，怕在告知父亲生病后影响其工作而没有告诉父亲生病一事。因此，投保时他确实不清楚父亲曾住过院。此外，他曾在投保时签订了授权保险公司查阅病案资料的确认书，保险公司在承保时也未曾去医院调查被保险人投保前是否存在健康问题；在投保一年后得知父亲生病情况后又主动、及时将这一情况告知了保险公司，还将病历快递邮寄给了保险公司。更重要的是，S 保险公司在收到病历后曾与其通话核实，但保险公司并没有向投保人 X 发出解除合同的书面通知，在申请理赔 1 个月后，保险公司仍继续从其银行卡中扣划了保费。这表明 S 保险公司愿意继续承保。上述种种情况表明，投保人尽到了如实告知义务，保险公司应当按合同的约定承担 30 万元的赔付责任。

对于 X 的申诉，S 保险公司在再次声明投保人违反诚信原则没有如实告知，实质上是恶意带病投保的情况下，对扣划保费一事进行了辩解。保险公司辩解说，虽然合同解除的事由已经出现，但公司一直没有取得查阅相关病案的授权，无法完成举证，合同解除权也就无法行使；在网络办公的情况下，因合同没有解除，保险费扣款通过计算机网络系统便自动扣款。因此，不是愿意继续承保，而是合同解除程序网络处理系统滞后。

【不同观点】

对于本案投保人与保险人之间的争议，产生了如下两种观点：

第一种观点认为，投保人 X 虽然表明不知其父亲曾经生病一事，但口说无凭，何况其父亲是患脑梗死、脑基底瘤这样比较严重的病，其弟弟不可能不告知。因此，X 是故意隐瞒其父亲 W 的健康情况，属于带病投保。X 完全违反了签订合同时应遵循诚信原则尽如实告知的义务，故保险公司有依法解除合同的权利，对于 W 的理赔请求，有权拒绝赔付。

第二种观点认为，保险公司在得知 W 为带病投保后，本可以解除合同，但其没有及时行使法定解除权，并继续扣划保费，按照保险"弃权禁止反言"的规则，S 保险公司应承担对 W 的理赔责任。

【分析】

本案争议涉及两个主要问题：一是投保人是否尽了如实告知义务；二是保险公司是否有解除合同的权利。

（1）我国《保险法》第十六条有如下六方面规定：①订立保险合同，保险人就保险标的或者被保险人的有关情况提出询问的，投保人应当如实告知。②投保人故意或者因重大过失未履行前款规定的如实告知义务，足以影响保险人决定是否同意承保或者提高保险费率的，保险人有权解除合同。③前款规定的合同解除权，自保险人知道有解除事由之日起，超过三十日不行使而消灭。自合同成立之日起超过二年的，保险人不得解除合同；发生保险事故的，保险人应当承担赔偿或者给付保险金的责任。④投保人故意不履行如实告知义务的，保险人对于合同解除前发生的保险事故，不承担赔偿或者给付保险金的责任，并不退还保险费。⑤投保人因重大过失未履行如实告知义务，对保险事故的发生有严重影响的，保险人对于合同解除前发生的保险事故，不承担赔偿或者给付保险金的责任，但应当退还保险费。⑥保险人在合同订立时已经知道投保人未如实告知的情况的，保险人不得解除合同；发生保险事故的，保险人应当承担赔偿或者给付保险金的责任。

（2）从《保险法》第十六条的内容可知，我国《保险法》采用的是询问告知模式，即投保人投保时，保险人询问，投保人即答；保险人不问，投保人可不答。本案中，虽然被保险人在被保险时，身体存在健康问题，即保前患有脑梗死、脑基底瘤疾病。该疾病足以影响保险人决定是否承保以及是否提高保险费率。但保险公司业务员 Y 没有向投保人问及被保险人的身体状况，投保人即使知道也无须告知。保险公司后通过签订书面合同及电话回访两种方式对投保人进行了健康告知事项的询问，投保人 X 先生也未将被保险人身体不适状况如实告知保险人，但其未告知的原因，投保人申辩说是不知情。前述不同观点中的第一种观点认为，根据人之常情，投保人说了谎，是故意隐瞒其父亲 W 的健康情况而投保，即被保险人属于带病投保，保险公司可以拒绝赔付。可该观点认为投保人说谎也仅仅是猜测，并没有证据。如果保险人主张投保人说谎，则保险人负举证之责。司法解释（二）第六条规定："投保人的告知义务限于保险人询问的范围和内容。当事人对询问范围及内容有争议的，保险人负举证责任。保险人以投保人违反了对投保单询问表中所列概括性条款的如实告知义务为由请求解除合同的，人民法院不予支持。但该概括性条款有具体内容的除外。"本案是电话异地投保，保险合同的一切内容是保险公司业务员 Y 帮忙代签的，声明告知事项也均由 Y 代为填写。所谓"概括性条款"是否有具体内容，投保人是不得而知的。值得指出的是，投保人曾在投保时签订了授权保险公司查阅病案资料的确认书，可保险公司并没有去查阅。因此，如果保险人无法举证，则猜测无效，只能认为投保人 X 不知情，即投保人 X 没有违反如实告知的法律规定，而 S 保险公司也就无权解除本保险合同。

（3）就本案而言，即使投保人 X 故意说谎，违反了诚信原则，没有尽到如实告知的义务，但保险人并没有及时采取相关措施在 30 日内行使合同解除的权利，反而在得知被保险人带病投保的情况下，还收取投保人的保险费。根据前述我国《保险法》第十六条第③款的规定，自保险人知道有解除事由之日起，超过三十日不行使而消灭。司法解释（二）第七条对此也规定："保险人在保险合同成立后知道或者应当知道投保人未履行如实告知义务，仍然收取保险费，又依照《保险法》第十六条第二款的规定主张解除合同的，人民法院不予支持。"可见，本案 S 保险公司不得解除合同。即前述第二种观点是正确的。

【结论】

由《保险法》第十六条及相关司法解释的表述及上面的分析，我们的结论是：S 保险公司应依据保险合同的规定向被保险人支付相应的保险金。

【启迪】

随着社会公众生活水平和健康意识的提高，商业健康类保险成为不少家庭和个人的必备选择。但由于健康保险合同的专业性、复杂性与给付性，实践中仍难免遇到本案被保险人"带病投保"的现象。因此，我们从此案可得到如下启迪：

（1）保险人应严格把好承保关。一是业务员在销售保险时应对投保人强调"带病投保"法律后果的严重性，做到对有"带病投保"倾向的投保人防患于未然。二是业务员代签字应谨慎。司法解释（二）第三条规定："投保人或者投保人的代理人订立保险合同时没有亲自签字或者盖章，而由保险人或者保险人的代理人代为签字或者盖章的，对投保人不生效。但投保人已经交纳保险费的，视为其对代签字或者盖章行为的追认。"本案保险公司业务员代签字又收了保险费，所以，即使投保人故意违反如实告知的规定，健康保险合同也是木已成舟为有效合同了。在此情况下，保险人即使有投保人故意违反如实告知进行"带病投保"的证据，其也要因合同的有效性而承担相关缔约责任。三是对于保险金额给付比较高的被保险人要进行体检，以筛选不健康体。对于不健康体的被保险人，保险人应坚决拒绝承保，对于亚健康体被保险人可以加费承保。

（2）对于线上投保或电话投保，因无法掌握投保人与被保险人的详细情况，因此，健康险产品应避免高额、重大疾病、老年人易患疾病等产品的销售，以控制保险公司自身的经营风险。同时，加强内部管理，保证内设各部门之间信息的顺畅流通；完善现有的网络合同解除的程序，做到承保、理赔网络程序同步，避免理赔部门明知可以解除合同而承保部门却又收取保费这种承保与理赔相脱节的现象发生。

（3）保险人应熟知我国保险业务经营过程中应遵循的诸如《保险法》及其司法解释等法律法规，避免自身权利的丧失或受损。

34. 意外身故或急性病身故的保险合同争议案

【案情简介】

T城的G先生报名参加了某旅行社组织到非洲K国的旅行团，并向A人寿保险公司投保了旅游意外伤害保险。A公司的承保确认书中涉及身故的主险险种分别为意外身故、残疾险（保险金额25万元）及急性病身故险（保险金额15万元），并规定"若被保险人在旅游中因急性病发作或遭遇意外伤害而导致身故，A公司按已实际支出的死亡处理及遗体遣返费给付丧葬费用保险金"。在保险有效期内，G先生在K国某酒店卫生间意外身故，K国医疗机构出具了意外心脏骤停的死亡证明。T城人民医院也认定G先生的死因为意外心脏骤停。事后，G先生的第一顺序继承人即其独生子改改向A公司申请理赔，要求A公司支付意外身故保险金25万元以及包括亲属去国外处理后事、到国外住宿、交通费用、遗体运送回国办理丧事、墓地安葬等丧葬费用保险金16万元。但A公司以G先生为急性病身故为由拒绝支付意外身故保险金，并认为丧葬费用不应包括死者亲属去国外处理后事及到国外住宿、交通费用。双方协商未果，改改便以A公司为被告提起了诉讼，要求法院判决A公司支付其意外身故保险金25万元及丧葬费用保险金16万元。

【不同观点】

第一种观点认为，保险公司应予理赔。理由是：G先生在K国酒店卫生间意外身故，K国医疗机构及T城人民医院均一致认为G先生死于意外心脏骤停。因此，A公司应按保险合同约定支付意外身故保险金25万元。此外，死亡处理费应是与死亡事故相关的费用，具体包括亲属去国外处理后事、到国外住宿、交通费用、遗体运送回国办理丧事、墓地安葬等，这些费用，A公司也应当在保险限额内予以赔付。

第二种观点认为，A公司不应以意外身故保险进行理赔，而应以急性病身故保险进行理赔，并给付丧葬费用保险金。理由是：G先生死于意外心脏骤停，心脏骤停是身体疾病，而不是外来的意外事故，且A公司已将急性病身故作为独立险种予以承保。因此，根据承保合同约定，应由急性病身故保险险种赔付，而不是意外身故、残疾保险险种赔付。至于丧葬费用，根据保险条款规定，包括死亡处理及遗体遣返费。

虽然该条款并未对死亡处理费的范围进行界定，并导致合同双方间的争议，但根据我国《保险法》第三十条的规定，应对死亡处理费做"有利于受益人"的解释，即认为死亡处理费用应是与死亡事故相关的费用，包括亲属去国外处理后事、到国外住宿、交通费用等。

【分析】

本案争议涉及两个焦点：第一，G先生身故应适用意外身故保险还是急性病身故保险；第二，双方当事人对保险条款的理解产生分歧时，应如何处理。

（1）险种的适用性分析。①所谓意外身故保险，即意外伤害死亡保险，是指以被保险人因遭受人身意外伤害事故造成死亡为给付保险金条件的保险。这里所指的造成被保险人意外伤害死亡的灾害事故应具备外来的、突发的、非本意的和非疾病的四大要素，所谓外来的，指伤害的原因为被保险人自身之外的因素作用所致。所谓突发的，是指人体受到猛烈而突然的侵袭所形成的伤害，伤害的原因与结果之间具有直接瞬间的关系；所谓非本意的，是指非当事人所能预见，非本人意愿的不可抗力事故所致的伤害，对于伤害的结果是意外，而原因非意外的伤害不能认定为意外伤害；所谓非疾病的，是指损害的造成不是由被保人身体本身的因素或疾病引起的。以上四要素对构成意外伤害缺一不可，认定伤害保险事故时必须同时满足要求。②所谓心脏骤停，是指心脏射血功能的突然终止，大动脉搏动与心音消失，重要器官（如脑）严重缺血、缺氧，导致生命终止。这种出乎意料的突然死亡，医学上又称猝死。猝死是一临床综合征，指平时看来健康或病情已基本恢复或稳定者，突然发生意想不到的非人为死亡。死亡的原因主要是由于原发性心室颤动，心室停搏或电机械分离，导致心脏突然停止有效收缩功能。对于G先生而言，根据相关医疗机构的死亡证明，其死于意外心脏骤停，虽然属于难以事先预见的突发性死亡，但并不是由于外来原因引起的，而是他本人的心脏疾病所致，是猝死，所以不属于意外事故保险的责任范围。③所谓急性病，是指发病急剧、病情变化很快、症状较重的疾病，如霍乱、急性阑尾炎等。导致急性病身故的原因有很多，包括猝死的原因，即猝死是急性病之一。因此，本案G先生的死亡实质上是急性病死亡，而非意外事故，其死亡保险金给付应该属于急性病身故保险险种给付。

（2）双方当事人对条款的理解产生分歧时的处理原则。对于保险合同双方就条款的理解产生分歧的，我国《保险法》及其司法解释均有相应规定。我国《保险法》第三十条规定："采用保险人提供的格式条款订立的保险合同，保险人与投保人、被保险人或者受益人对合同条款有争议的，应当按照通常理解予以解释。对合同条款有两种以上解释的，人民法院或者仲裁机构应当作出有利于被保险人和受益人的解释。"司法解释（二）第十七条规定："保险人在其提供的保险合同格式条款中对非保险术语所作的解释符合专业意义，或者虽不符合专业意义，但有利于投保人、被保险人或者受益人的，人民法院应予认可。"本案中，法定受益人改与保险人之间产生争议的条款是，"若被保险人在旅游中因急性病发作或遭遇意外伤害而导致身故，保险公司按已实际支出的死亡处理及遗体遣返费给付丧葬费用保险金"。即具体争议焦点是"死亡处理费"应包括哪些费用支出。法定受益人改改认为死亡处理费应是与死亡事故相关的费用，具体包括 G 先生亲属去国外处理后事所发生的住宿、交通费用、遗体运送回国办理丧事、墓地安葬等费用；而保险公司则认为死亡处理费主要是指对遗体处理的费用，如服装、整容、遗体存放、遗体运送、告别仪式、骨灰盒、骨灰存放等费用，不应包括死者亲属处置后事所支出的交通、住宿费用。从表面上看，争议双方各自对"死亡处理费"的理解均有其合理性，但鉴于《保险法》及其司法解释的上述条款规定，应按"有利于受益人的解释"，将"死亡处理费"理解为与死亡事故相关的费用，即包括亲属到国外处理后事产生的相关费用。

【结论】

由以上分析可知，不同观点中的第二种观点是正确的，即本案保险公司应按急性病身故保险险种约定的 15 万元保险金进行给付，同时支付丧葬费用保险金 16 万元。

35. 职工离职后企业解除其重疾险合同的纠纷案

【案情简介】

李某是某公司职员。该公司为拓展员工福利，于某年 5 月 1 日为所有员工办理了为期 3 年的重大疾病保险，保险金额为 5 万元，受益人为员工本人，保险费由工会经费一次性缴清。一年后，李某离职去了竞争对手企业。原公司通知保险公司开具批单并解除了李某的保险合同，其间和事后都没有书面通知李某。离职后的次年 3 月，李某被查出罹患肝癌，遂向保险公司递交给付保险金的申请。保险公司以投保人对李某没有保险利益导致合同无效，并且保险合同已经解除为由拒绝赔付。为此，李某向人民法院提起了诉讼。

【不同观点】

第一种观点认为，保险合同已经解除，保险人不必承担理赔责任。理由是：保险合同是由投保人和保险公司双方签订的，解除合同既是投保人的意愿，也是我国《保险法》赋予投保人的权利。我国《保险法》第十五条就规定，保险合同订立后，投保人可以解除合同。在李某离职后，保险公司接受投保人解除李某重疾险合同的申请并退还了保单现金价值，故在保险合同解除后，保险公司没有义务向李某进行保险金给付。

第二种观点认为，李某有权获得保险赔付。理由是：李某虽然不是订立保险合同的一方，但作为被保险人和受益人，他有权了解合同的效力。在没有任何通知的情况下，李某有理由相信该保险合同依然存在并有效。在其申请理赔时才获悉保险合同已被解除，使他不但不能获得应有的保障，还错过了从其他渠道获取保障的机会，是不公平的。

第三种观点认为，作为被保险人李某的重疾险是其在原工作单位应获得的福利，这份福利是在过去年份包括李某在内的单位员工所创造的财富的再分配，它不能因李某的离职而丧失。原单位解除合同的行为实质上是单方面将李某的福利据为己有，其解除合同的行为应该是无效的行为。因此，保险公司不能以投保人对李某没有了保险利益为由，认为保险合同失效而拒绝对李某进行重疾险给付。

【分析】

本案争议的焦点主要体现在以下两方面：一是员工离职后，原单位对该员工是否还具有可保利益，以及在职期间签订的保险合同是否依然有效；二是保险合同订约双方协商一致解除合同的情况下是否需要通知被保险人和受益人。

（1）保险利益在人身保险合同中的适用性。《保险法》第十二条规定，人身保险的投保人在保险合同订立时，对被保险人应当具有保险利益。订立合同时，投保人对被保险人不具有保险利益的，合同无效。人身保险的保险利益必须在保险合同订立时存在，而保险事故发生时是否具有保险利益并不重要。也就是说，在发生索赔时，即使投保人对被保险人失去保险利益，也不影响保险合同的效力。强调必须在保险合同订立时存在保险利益，是为了防止诱发道德风险，进而危及被保险人生命或身体的安全。另外由于人身保险具有长期性，如果一旦投保人对被保险人失去保险利益，保险合同就失效的话，就会使被保险人失去保障。而且领取保险金的受益人是由被保险人指定的，如果合同订立之后，因保险利益的消失，而使受益人丧失了在保险事故发生时所应获得的保险金，无疑会使该权益处于不稳定的状态中。因此，人身保险的保险利益的存在是订立合同的必要前提条件，而不是给付的前提条件。即使投保人对被保险人因离异、雇佣合同解除或其他原因而丧失保险利益，也不影响保险合同的效力，保险人仍担负给付被保险人或受益人保险金的责任。因此，本案保险公司以投保人对李某没有保险利益导致合同无效为由拒绝支付保险金是无法律依据的。

（2）投保人是否可以不经被保险人同意就变更或解除保险合同。我国《保险法》第十五条规定："除本法另有规定或者保险合同另有约定外，保险合同成立后，投保人可以解除合同，保险人不得解除合同。"这一法条的立法目的其实是保护被保险人的权益不受保险人侵害，促使保险人提供更好的服务，各国《保险法》都禁止保险人随意解除保险合同，同时赋予投保人解除合同的权利。因此，法律赋予投保人解除合同的权利是用来对抗保险人的，投保人解除保险合同时保险人无权阻挠，这也是保护被保险人权益的一种手段。但是，约定投保人可以解除合同是为了保护被保险人的利益，并不是要赋予投保人不经被保险人允许即可解除保险合同的权利。否则，被保险人的利益无法得到保障。当然，我国《保险法》本身存在有重大缺陷，即忽视了投保人与被保险人不是同一人的情况，过于重视投保人与保险公司之间的关系。当投保人与被保险人不是同一人时，保险合同是投保人为他人利益而订立的合同，此时合同关系比较复杂。保险合同要保障的对象是被保险人（人身保险合同中，当被保险人死亡后，由其受益人来享有这份权利），也就是享有权利的最主要的人。因此，保险合同的主体除了投保人与保险人外，还应该包括被保险人。当投保人与被保险人不是同一人时，保险合同虽然是投保人为被保险人的利益而订立的合同，但合同权益应由被保险人享有。同时，保险合同正确的关系应表现如下：投保人缴付保险费并履行相应的合同义务，被保险人享有保险保障和其他合同权利，保险公司收取保险费并在保险事故发生时给付保险金；除法律另有规定或合同另有约定外，被保险人可以随时解除保险合同，投保人不经被保险人同意不得解除合同；投保人没有履行相应义务而被保险人可以代为履行的，保险公司应该要求被保险人履行，被保险人拒绝履行的，保险公司才可以解除合同。只有这样，签订保险合同的目的与意义才能真正实现。

（3）在市场经济竞争日益激烈的环境下，为了提升员工的工作积极性，一些企业通过工会经费为员工购买一些包括重大疾病保险、意外伤害保险在内的商业保险，实施灵活的福利计划，对企业经营发展有巨大的推动力。本案企业为包括李某等在内的员工购买的重大疾病保险即是福利计划部分。需要说明的是，交给保险公司的保险费是工会经费列支，而企业工会经费的主要来源是工会会员缴纳的会费和按每月全部职工工资总额的一定比例向工会缴纳的经费。也就是说，本案企业为李某购买重大疾病保险时所缴纳的保险费也含有李某所缴纳的工会会费部分。从这种意义上讲，本案保险合同的投保人名义上是企业，实质上是由李某等全体职工共同组成的。因此，企业要解除李某的重疾险合同应征求李某的同意方可实施。

【结论】

在本案中，李某虽然不是保险合同的签约人，但作为被保险人（甚至是投保人之一），其应是合同的当事人，有权了解合同的效力。在没有任何通知的情况下，企业单方面解除其重疾险合同是无效行为。李某不仅有理由相信该重疾险保险合同不因其工作单位变动而被解除，而且在保险事故发生后，有权利要求保险公司进行赔付。因此，本案保险公司应向李某支付保险金5万元。

【启迪】

通过本案可以看出，在人身保险合同解除权这个问题上，我国《保险法》存在严重的漏洞，迫切需要进行修订，明确对被保险人等相关利益方在该项的权利和义务，以避免本案现象的发生而增加不必要的诉讼成本。同时，随着社会的进步、劳动力流动和人际关系的变化，保险利益也发生着变化，一味要求投保人继续履行义务，如继续缴纳保费，对投保人也是不公平的。因此，保险人在设计人身保险产品时，应尽量避免现行法律的漏洞，对于投保人、被保险人及受益人的权利与义务，尽量通过投保前签订的合同或约定、解除保险合同时相互协商等方式，达成合意，避免不必要的争议，影响保险公司的声誉。

36. 被保险人死亡时距发生保险事故超赔偿期限的纠纷案

【案情简介】

甲向 Y 保险公司购买了一年期个人意外伤害保险，指定受益人为甲的儿子丙。保险条款赔偿处理部分写明："如果被保险人遭遇本合同约定的意外伤害事故，并因此在意外伤害事故发生之日起 180 天内身故，保险人将按投保单上所载基本保险金额向意外身故保险金受益人给付意外身故保险金。"（该条以下简称责任期限条款）就上述责任期限条款的内容，Y 保险公司并未向甲进行明确说明。在保险期间，被保险人甲意外遭遇车祸事故，于事故发生 240 日后死亡。受益人丙向 Y 保险公司申请理赔，但 Y 保险公司以上述责任期限条款为据，拒绝向丙支付保险金。丙起诉主张上述责任期限条款无效，要求 Y 保险公司支付保险金。

【不同观点】

本案的焦点是"被保险人死亡时距发生保险事故超 180 天"，保险公司能否拒赔？关于这一现象存在两种不同观点：

第一种观点认为，保险合同是经保险公司和投保人充分协商而签订的，是双方当事人的真实意思表示，该保险合同合法有效。被保险人死亡时已经超过发生保险事故 180 天，依照保险合同约定不应赔偿意外身故保险金。

第二种观点认为，保险条款属于格式条款，"死亡距发生保险事故超 180 天"不予赔偿死亡保险金，该条款不仅免除了保险人依法应承担的赔偿义务，加重了投保人、被保险人的责任，而且保险公司在承保时对这一有违公平原则的条款并未向投保人或被保险人进行明确说明或详细解释，因此，该格式条款无效，保险公司应该向受益人赔付被保险人的意外身故保险金。

【分析】

我们认为上述第二种观点是正确的。理由如下：

（1）我国《保险法》第十七条规定："订立保险合同，采用保险人提供的格式条款的，保险人向投保人提供的投保单应当附格式条款，保险人应当向投保人说明合同的内容。对保险合同中免除保险人责任的条款，保险人在订立合同时应当在投保单、保险单或者其他保险凭证上作出足以引起投保人注意的提示，并对该条款的内容以书面或者口头形式向投保人作出明确说明；未作提示或者明确说明的，该条款不产生效力。"该法第十九条、第三十条还规定：采用保险人提供的格式条款订立的保险合同中的下列条款无效：免除保险人依法应承担的义务或者加重投保人、被保险人责任的；排除投保人、被保险人或者受益人依法享有的权利的。采用保险人提供的格式条款订立的保险合同，保险人与投保人、被保险人或者受益人对合同条款有争议的，应当按照通常理解予以解释。对合同条款有两种以上解释的，人民法院或者仲裁机构应当作出有利于被保险人和受益人的解释。

（2）所谓格式条款，是指一方当事人为了重复使用而预先拟定并在订立合同时未与对方协商的条款。本案的合同条款属于格式合同。从维护公平和保护弱者的原则出发，前述《保险法》第十七条、第十九条、第三十条对格式条款分别进行了限制：一是提供格式合同一方有提示和充分说明义务，提请合同相对方注意免除或限制其责任的条款；二是不得免除合同制定方应承担的义务或者加重另一方的责任，否则可以主张该格式条款无效；三是对格式条款有两种以上解释的，如果按通常理解难以解释的，应作出不利于提供格式条款一方的解释。本案中，保险公司提供的保险合同属于格式合同，"死亡距发生保险事故超180天"的不承担赔偿责任，该格式条款免除了保险人依法承担的赔偿义务，排除了受益人依法应享受的权利，该格式条款无效。

（3）本案所涉条款将保险责任与某个确定时限绑定，虽然在有些时候能够提高理赔效率，但也有可能会产生负面影响。例如，如果受益人为了尽早获得被保险人的意外死亡赔偿金，可能诱使受益人对遭受重度身体伤害、即使治愈也无法负担生活和医疗费用的被保险人放弃积极的治疗，更可能诱导受益人或被保险人在180天限期内采取不当行动终结被保险人生命，产生骗保事故，诱发道德风险。这样，该责任期限条款既有违公序良俗原则，也增加了保险人的理赔成本。

（4）本案被保险人是遭遇了意外车祸事故，后经医院治疗无效死亡。该车祸是导致被保险人死亡最直接和起主导作用的原因，即近因。责任期限条款规定的超过180天的不承担赔偿责任，切断了意外事故近因和结果（死亡）的因果联系，因此，该责任期限条款违反了保险理赔的近因原则。

【结论】

综上所述，被保险人甲的死亡属于意外死亡，Y保险公司应该依照保险合同的约定向受益人丙赔偿被保险人甲的意外身故保险金。

37. 未到指定医院就医的保险合同纠纷案

【案情简介】

某年8月9日，王某在某保险公司购买了"××综合意外伤害保险"保险卡，该保险卡条款约定：被保险人的意外医疗保险金额为6万元、意外伤害保险金额为16万元；被保险人意外事故就医应到二级以上（含二级）或者保险人指定的医疗机构。一周后，王某回乡探亲，意外烧伤，因烧伤紧急，立马到当地某医院救治并住院治疗，住院时间为36天，花费医疗费用37048.63元。王某出院后，委托某司法鉴定所对其伤残程度、瘢痕修复费用进行了鉴定，鉴定结果为烧伤瘢痕总面积 16%，符合九级伤残，瘢痕修复费用为 1.9 万元。随后，王某要求保险公司赔偿其医疗费和意外伤残金合计 8 万余元。保险公司以其未到指定医疗机构就医为由，拒绝支付保险金。双方由此产生争议。

【不同观点】

第一种观点认为，保险公司在保险合同中指定就医医疗机构，减轻或免除自身责任而加重对方责任，应属无效条款。根据我国《保险法》第十九条的规定，采用保险人提供的格式条款订立的保险合同中免除保险人依法应承担的义务或者加重投保人、被保险人责任的条款无效。故保险公司应当按合同的约定承担赔付责任。

第二种观点认为，本保险合同为生效合同。被保险人应当按照合同约定到指定类型医院就医，才符合保险合同约定的理赔条件，被保险人到非指定类型医院就医，保险公司拒绝赔偿相关住院费理由正当，应驳回被保险人的诉讼请求。

第三种观点认为，被保险人虽然未到指定医院就医，但本案属于紧急情况，保险公司应当理赔。其依据是司法解释（三）第二十条的规定，被保险人因情况紧急必须立即就医的，不受合同"应在约定的医疗服务机构接受治疗"的规定。

【分析】

本案争议的焦点有两个：一是保险合同中指定医疗机构条款的效力问题；二是被保险人被烧伤是否属于紧急状况。

（1）保险合同指定医疗机构条款的法律效力。保险合同是格式合同，即合同由保险公司预先拟订，作为投保人只能选择接受或拒绝，对合同的内容没有双方充分商议和讨论的自由。在人身保险合同中，投保人订立相关医疗费用保险合同的根本目的是保障被保险人可能要花费的相关医疗费用。同时，基于常理，被保险人因病就地就医，目的是能及时有效地得到医治。而本案规定了被保险人意外医疗应到二级以上（含二级）或者保险人指定的医疗机构治疗，否则就有可能不予赔偿。保险公司这种规定意即如果事故发生地没有相应的指定医疗机构或者该指定或认可的医疗机构没有相应的医疗技术，不能对相应的疾病进行治疗，保险公司也就不用赔偿。表面上看，保险公司指定医疗机构，可以达到避免或减少被保险人与医院串通恶意骗保情况发生的目的，但其最根本的目的还是尽量减少赔偿。可这种限制，实质是剥夺或限制被保险人的就医选择权和便利就医权，排除被保险人依法享有的基本就医权利，从而免除保险人依法应承担的义务，加重被保险人的责任。根据我国《宪法》的规定，就医权是包括被保险人在内的每一个国民的基本权利。因此，在能够得到医疗保障的情况下，保险合同不应当对被保险人就医的医疗机构进行人为的选择性限制。保险机构在保险合同中设定限制性条款，指定就医医疗机构，不仅带有强买强卖特征，其性质更是限制或剥夺被保险人的就医权，从而达到免除保险责任的目的。保险机构这种要求被保险人对救治医院的等级性质予以准确把握和选择，既违背了合同签订的目的，也有违情理。按照我国《合同法》的基本法理、我国《保险法》第十九条的规定，违背合同目的的条款应当属无效条款。

（2）未尽到说明义务的相关保险合同条款无效。本案保险合同属格式合同，其中"被保险人意外事故就医应到二级以上（含二级）或者保险人指定的医疗机构"的规定，仅对被保险人在二级及二级以上医院或者保险公司指定的医疗机构治疗就医的相关费用承担保险责任，但并未在该合同中列明所指定的医疗机构名录。据此，保险公司并没有向投保人尽到对指定医疗机构及类别的说明义务。对于不能证明已向投保人尽到说明义务的格式条款，依《保险法》第十七条第二款的规定，该条款不产生效力。

（3）未列入免责合同条款的保险事项不适用免责条款予以免责。本案保险合同对被保险人是否在指定医疗机构进行医治的保险责任，并未列入保险合同的免责条款中，合同也未规定不到指定医疗机构治疗的法律后果。因此，被告保险公司以被保险人没有到指定医院治疗为由拒绝赔偿相关保险金没有法律依据。但该条款无效并不影响合同其他条款的效力，被保险人要求被告保险公司履行支付相关住院医疗保险金的诉讼请求依法应予支持。

（4）对"紧急情况"的界定。司法解释（三）第二十条规定："保险人以被保险人未在保险合同约定的医疗服务机构接受治疗为由拒绝给付保险金的，人民法院应予支持，但被保险人因情况紧急必须立即就医的除外。"从这一司法解释可知，对于保险公司在保险合同中约定被保险人必须在指定的医疗服务机构接受治疗，法律上是认可的，但被保险人因情况紧急必须立即就医的可以不受保险合同的这一约定。然而，对于如何判断被保险人发生意外事故时是否属于紧急情况，保险法律或司法解释并没有明确的规定。现行医疗法规规章对于"紧急情况"的界定为：患者因疾病发作、突然外伤受害及异物侵入体内，身体处于危险状态或非常痛苦的状态，在临床上表现为急性外伤、脑挫伤、意识消失、大出血、心绞痛、急性严重中毒、呼吸困难、各种原因所致的休克等。这里的急性外伤，我们理解包含烧伤。就本案而言，我们认为所谓紧急情况，是指患者的疾病或病情存在迫在眉睫的重大风险，根本来不及寻找或到二级以上（含二级）或者保险人指定的医疗机构进行就诊，如不立即采取相应抢救措施将危及其生命或对其身体健康造成重大不利后果。事实上，除了被保险人先到指定医院后在医院建议下转院的这种情况之外，现实生活中很多意外事故发生后都需要患者立刻到最近的医院就医，有的甚至在事故发生地进行抢救，比如突发心脏病、脑溢血、毒蛇咬伤、大面积烧伤等就需要立即就医的重大疾病或外伤等，均都属于紧急情况。因此，在实务中，应考虑个案的具体情况来判断是否属于"紧急情况"。本案被保险人的烧伤鉴定结果为烧伤瘢痕总面积16%，符合九级伤残，因此，在烧伤后就近送医，应该属于"紧急情况"。根据司法解释（三）第二十条的规定，保险公司必须在合同约定的金额内进行医疗费用给付。

【结论】

由以上分析可知，本案是一起保险公司为了规避自身风险的不当拒赔纠纷案，鉴于上述法理分析，保险公司应在合同约定的保险赔付金额范围内予以医疗费用与意外伤残金给付。

【启迪】

本案纠纷是保险实务中的常见纠纷，我们可从中获得如下至少两点启迪：

第一，保险合同的制定应符合合同双方签订的目的。当事人订立保险合同是为了达到一定的目的，保险合同的各个条款及其用语是达到合同目的的手段，因此，确定保险合同用语乃至整个合同的内容自然应适合于合同的目的。保险合同的目的是其保障性，对于保险人来说，是通过收取保险费，积累保险基金，保障被保险人在遭受自然灾害或意外事故后生产或生活上的稳定；对于被保险人来说，是希望在发生自然灾害或意外事故造成其经济损失时，由保险人给予赔付。在人身意外伤害保险合同中，投保人的投保目的无外乎是被保险人发生意外事故时，能够得到医疗费用的救助或伤残后得到经济上的补偿，以避免因意外事故导致自身或家人陷入经济困境。本案保险人利用保险合同限制被保险人的就医选择，可能致使被保险人得不到合理的治疗，这既违反了民法的禁止权利滥用原则，更忽略了投保人购买保险的目的性。因此，保险人在制定类似本案这样的保险合同时，在考虑自身利益的同时，应充分考虑到投保人或被保险人购买保险的目的，遵循公平原则来确定双方的权利和义务。

第二，免责条款的约定要严谨。免责条款是当事人以协议形式排除或者限制其未来民事责任的合同条款。也就是说，在以后履行合同的过程中，若出现了这些条款中所列的情况，合同一方当事人将不承担责任。保险合同中的条款一般先规定一个保险责任范围，再规定免责范围。但实务中，对保险公司的责任范围理解，可以理解为保险责任条款范围减去免责条款范围就是保险公司应该承担的保险责任范围。本案中保险合同规定的应该到指定医院治疗不属于免责条款，保险合同也没有规定不到指定的医院治疗的法律后果，这样，保险公司以没有到指定医院治疗为由拒绝赔偿就没有法律依据，保险公司制定的合同条款也就没有实际意义。因此，在制定合同条款时，免责条款的设定要严谨，注意前后的逻辑性、保险合同条款是否具有可操作性以及在实际执行中是否会丧失意义，以避免合同双方就条款的理解产生争议。

38. 投保人死亡后被保险人将保单质押贷款被拒案

【案情简介】

李某与妻子王某有一个长期居住在国外的女儿。某年，李某以其妻王某作为被保险人向某保险公司投保一份两全人身保险，保险期限为 5 年，交费年限为趸交，保险费400 万元。合同约定：生存保险金受益人为王某；身故保险金受益人为法定受益人100% 。在保险期间内，李某因病身故，王某拿这份未到期的保险单向保险公司申请质押贷款被拒，被拒的理由是：保单未到期，被保险人不能独自将保单进行质押申请贷款。王某认为，保险单的被保险人、受益人都是本人，根据有关规定可以按保险单的现金价值的一定比例办理质押贷款。就此，双方产生争议。

【不同观点】

第一种观点即被保险人方认为，王某有权将保单进行质押贷款。理由是，本案所涉及的人身保险合同的被保险人就是王某，保险合同保障的利益就是被保险人本人，受益人仅仅是在被保险人死亡后才享有保险金受领权益时出现的概念，且王某也是受益人之一，而女儿又居住在国外，也不可能且没有必要为保险质押事情专门回国一趟。另外，本保险合同是符合质押贷款条件的。

第二种观点即保险人方认为，王某无权独立申请保单质押贷款。理由是，保险合同的当事人是投保人与保险人，被保险人、受益人在保险合同中不是当事人而是关系人。投保人死亡后，未到期的保险单应由投保人李某的继承人继承，本案中王某仅是继承人之一，在保险单存续期间不能独自拿保险单向保险公司申请质押贷款。

【分析】

本案争议的焦点是，保单有效期内投保人死亡的，保单的现金价值如何处理。

（1）保单质押贷款与现金价值的含义。保单质押贷款是投保人把所持有的保单直接抵押给保险公司，按照保单现金价值的一定比例获得资金的一种融资方式。若借款人到期不能履行债务，当贷款本息积累到退保现金价值时，保险公司有权终止保险合同效力。从保险公司的角度看，保单质押贷款实质上是公司的一种投资方式。所谓保单现金价值，是指人身保险合同在保险期间内，投保人如中途解除合同时，保险人所应返还的金额。由于人身保险的保险费率中含有储蓄因素，尤其是长期人身保险，其保险费中很大部分是投保人储蓄的保险费。当人身保险的保险费在投保人持续支付一定时间后，将积存一笔责任准备金。这笔准备金当投保人解除合同时，被称为保险单的现金价值，也称为解约金或者解约返还金。

（2）在解除合同时，保险单的现金价值原则上归投保人。我国《保险法》第四十七条规定："投保人解除合同的，保险人应当自收到解除合同通知之日起三十日内，按照合同约定退还保险单的现金价值。"司法解释（三）第十六条第一款也规定："人身保险合同解除时，投保人与被保险人、受益人为不同主体，被保险人或者受益人要求退还保险单的现金价值的，人民法院不予支持，但保险合同另有约定的除外。"从上述规定来看，在合同解除时，为他人投保寿险合同的保单现金价值应当归属于投保人。但投保人死亡后，合同解除权利自然就丧失了。值得一提的是，本案并不是进行合同解除，而仅仅是进行质押贷款，即根据合同的现金价值份额进行质押贷款，当质押贷款关系到期时，被保险人不仅要将本金（贷出的现金价值）全部返回给保险公司，而且要支付给保险公司的一定贷款利息。

（3）受益人的权利。《保险法》第十八条规定，受益人是指人身保险合同中由被保险人或者投保人指定的享有保险金请求权的人。投保人、被保险人可以为受益人。《保险法》第三十九条规定，人身保险的受益人由被保险人或者投保人指定。投保人指定受益人时须经被保险人同意。前述司法解释（三）第九条也规定："投保人指定受益人未经被保险人同意的，人民法院应认定指定行为无效。"可见，受益人是被保险人或经被保险人同意投保人指定的享有保险金请求权的主体，其只有在保险事故发生导致被保险人死亡后才取得保险金请求的权利。换言之，在保险事故发生前，受益人仅仅享有合同期待性质的收益权，而并不享有保险单现金价值请求权。既然受益人不享有保险单的现金价值请求权，当被保险人将保单进行质押时，受益人也就不具有对保险单的处置权。即本案被保险人王某进行保险单质押贷款时，不需要受益人之一其女儿的同意或到现场签字。

（4）被保险人的权益。《保险法》第十二条规定：被保险人是指其财产或者人身受保险合同保障，享有保险金请求权的人。该法第三十四条同时规定：以死亡为给付保险金条件的合同，未经被保险人同意并认可保险金额的，合同无效。按照以死亡为给付保险金条件的合同所签发的保险单，未经被保险人书面同意，不得转让或者质押。由此可见，被保险人的同意是合同有效或者保险单合法转让的前提条件：以死亡为给付保险金条件的合同及其保险金额，在未经被保险人书面同意并认可的情况下，合同无效；将根据以死亡为给付保险金条件的合同所签发的保单进行转让或者质押时，未经被保险人书面同意，该转让或者质押无效。

【结论】

综上所述，保险单的质押权利只有被保险人拥有，当投保人与被保险人非同一人时，投保人无权进行保险单的质押，除非被保险人同意。因此，本案保险公司应按合同规定向被保险人王某进行保单质押贷款。

【启迪】

由本案可知，保险人对合同主体的权利与义务及保险法律内容的掌握或理解还不是非常熟悉，作为经营者，必须深入学习并贯彻实施保险法规，避免在经营过程中出现工作失误，造成被保险人的权益受损。

39. 保险人擅自变更投保人的寿险合同纠纷案

【案情简介】

某年3月7日，李女士在某人寿保险公司为母亲投保了一份终身寿险，保险合同约定：受益人为李女士本人，保险责任起止时间为当年3月8日零点至终身，交费期为10年，投保人李女士每年应交保费5370元，保险公司则根据该项保险的相关条款承担相关理赔责任。投保后，李女士每年按时足额缴纳保费，然而到第8年李女士交保费时，却被告知并没有以她为投保人的人寿保险单。李女士一下子懵了，交了7年共计37590元

经典保险案例分析100例

的保单怎么就不翼而飞了呢？根据投保单号码，她到保险公司查询，结果让她始料未及：与投保单号码相对应的投保人在两年前已易主为其早已离异的前夫。李女士由先前的疑惑转为震惊，继而愤怒。保险公司怎么能在未征得她同意的情况下擅自更改投保人呢？且更改投保人后，竟然连续两年收取她所交的保险费却不告之。保险公司却辩称投保人更改是承保程序出错所致。随后，李女士觉得保险公司不讲诚信，便多次与保险公司协商退保及赔偿其利息损失并当面道歉之事，但保险公司宣称其现已将投保人改回了李女士而不同意解除合同，双方交涉一年多未达成一致意见。一怒之下，李女士便将该人寿保险公司告上了法庭。

【不同观点】

第一种观点认为，保险公司的做法完全违反了《保险法》关于变更合同及退保的规定，法院应判保险公司解除合同、全额退还投保人李某所交的保费及相关利息。

第二种观点认为，合同变更了投保人是保险公司承保程序出错，而非人为故意，且保险公司已帮李某变更正确了，不解除合同也是为了李某避免损失着想。因此，保险公司不存在错误而不必应诉。

【分析】

本案其实是一个事实非常清楚的、保险公司违法的合同纠纷案。

（1）我国《保险法》第二十条规定："投保人和保险人可以协商变更合同内容。变更保险合同的，应当由保险人在保险单或者其他保险凭证上批注或者附贴批单，或者由投保人和保险人订立变更的书面协议。"从本法条的规定可知，保险合同可以变更，但必须是合同双方主体协商后通过书面的方式变更。本案保险公司不仅在李某提出诉求之前进行了一次单方面变更投保人（变更为李某前夫），而且在李某诉求后再一次将投保人（李某前夫）改为李某，虽然是更正之前变更的投保人，但实质上是又一次单方面进行了合同变更，且均没有征求投保人李某的同意及书面通知她，这种做法使保险合同的合法性、严谨性、安全性全失。这不仅违反了《保险法》第二十条的规定，而且违反了《保险法》第一百三十一条第六款关于保险业务员不得擅自变更保险合同的规定。至于保险公司称本案投保人的第一次变更是承保程序出错，完全是狡辩。即使是承保程序出现问题了，保险公司也应承担工作懈怠过错之责。

（2）我国《保险法》第十五条规定："除本法另有规定或者保险合同另有约定外，保险合同成立后，投保人可以解除合同，保险人不得解除合同。"本案投保人李某在诉求得不到解决之下提出解除合同符合《保险法》第十五条的规定。

【结论】

我国《保险法》第五条规定："保险活动当事人行使权利、履行义务应当遵循诚实信用原则。"保险公司不经原告同意，擅自变更投保人的行为，即违反了本条关于诚信原则的规定。根据我国《保险法》第一百七十五条"违反本法规定，给他人造成损害的，依法承担民事责任"及我国《侵权责任法》第六条"行为人因过错侵害他人民事权益，应当承担侵权责任"的规定，保险公司应该承担民事损害赔偿责任。最后，法院根据上述提及的法律规定，判保险公司在判决书生效后立即解除本案保险合同，返回投保人李某所支付的全部保险费及其利息，并承担相关诉讼费用及当面向李某道歉。

【启示】

本案虽然是一则清晰易判的保险纠纷案，但暴露了保险公司在经营过程中不严谨的工作作风，保单被一再单方面擅自变更，其性质严重性可谓是"篡改"。对于寿险保单尤其是高额保单的安全性很难得到保障，投保人或被保险人的权益会随时受到侵害。因此，一方面，保险公司必须以此为戒，在经营过程中，强化法纪观念、严格遵纪守法，确保保险合同的安全性；另一方面，加强管理，避免工作程序出现差错，损害投保人或被保险人权益的同时，丢了公司的声誉。此外，发现问题后保险公司应快速、主动查找问题的根源，尽快协商处理，有错立即改正，不要像本案合同双方协商一年多，问题还迟迟得不到解决，结果走上了诉公之道，真是"赔了夫人又折兵"。

40. 户口填错出生日期的保险合同效力纠纷案

【案情简介】

兰女士的女儿是20××年3月8日出生的。同年4月16日，兰女士以孩子为被保险人从某保险公司购买了两份15年期的少儿保险，每份每年交365元，14岁交满，从15岁起每年每份可领365元保险金，可领取20年。该产品在销售五年后因无利可图保险公司便停止了销售。第六年3月底，兰女士去保险公司续费时，保险公司告知其女儿户口本上的出生日期是20××年4月8日，比保险合同签订日期要晚一个月，这份保单属于无效保单。兰女士声称是给孩子落户口时出了差错，为了证明该事实，兰女士找到其女儿现居住地的派出所出具了相关证明。在派出所开具的证明上，有兰女士女儿"实际出生日期为20××年3月8日"的内容。对派出所开具的证明，保险公司不予认可，表示因兰女士违反了如实告知的原则只能解除合同，或者兰女士可以退保并向兰女士返还保险单的现金价值。兰女士不接受保险公司的做法，双方产生了纠纷。

【不同观点】

对于本案合同双方的纠纷，产生了如下两种不同的观点：

第一种观点认为，户口本上被保险人的出生日期错误不应影响保险合同的效力，何况本案被保险人的出生日期已由派出所进行了更正证明。保险公司可能是觉得该少儿保险产品无利可图，便借故要求投保人退保。

第二种观点认为，合同的签订是基于合同双方的诚信，本案投保人应知道其在投保时拿的户口本上的出生日期有误却不告知保险公司,很明显是违反了如实告知的原则。根据《保险法》的规定,投保人故意或者因重大过失未履行如实告知义务的,保险人有权解除合同。

【分析】

(1) 出生日期应如何认定。我国《民法总则》第十五条规定:"自然人的出生时间和死亡时间,以出生证明、死亡证明记载的时间为准;没有出生证明、死亡证明的,以户籍登记或者其他有效身份登记记载的时间为准。有其他证据足以推翻以上记载时间的,以该证据证明的时间为准。"从该规定可以看出,出生日期首先以出生证明为准,没有出生证明的,才以户口本为准。在本案中,投保人在投保时应是根据出生证明上的日期来填写的,派出所后来出具的证明即根据出生证明上的日期来开具的。因此,保险合同上的被保险人出生日期并没有错,即投保人并没有违反如实告知的义务。至于户口本上的出生日期错误,估计是登记时填写有误,但根据上述《民法总则》第十五条的规定,户口本上的错误并不影响保险合同上被保险人的出生日期。何况派出所已经作出了"实际出生日期为20××年3月8日"的证明,保险公司没有理由不予认可。

(2) 投保人是否违反了如实告知义务。我国《保险法》第十六条第二款规定:"投保人故意或者因重大过失未履行前款规定的如实告知义务,足以影响保险人决定是否同意承保或者提高保险费率的,保险人有权解除合同。"在本案中,兰女士在订立合同时并没有故意或过失隐瞒孩子的出生日期,并且孩子本身条件符合投保要求。所以,保险公司以此为由解除保险合同是没有法律依据的。

(3) 不可抗辩条款的适用。我国《保险法》第十六条第三款规定:"前款规定的合同解除权,自保险人知道有解除事由之日起,超过三十日不行使而消灭。自合同成立之日起超过二年的,保险人不得解除合同;发生保险事故的,保险人应当承担赔偿或者给付保险金的责任。"该法第三十二条同时规定:"投保人申报的被保险人年龄不真实,并且其真实年龄不符合合同约定的年龄限制的,保险人可以解除合同,并按照合同约定退还保险单的现金价值。保险人行使合同解除权,适用本法第十六条第三款、第六款的规定。投保人申报的被保险人年龄不真实,致使投保人支付的保险费少于应付保险费的,保险人有权更正并要求投保人补交保险费,或者在给付保险金时按照实付保险费与应付保险费的比例支付。投保人申报的被保险人年龄不真实,致使投保人支付的保险费多于应付保险费的,保险人应当将多收的保险费退还投保人。"上述条款被称为"不可抗辩条款"。在本案中,如果保险公司认为兰女士错误地告知了女儿的年龄,那么不管兰女士是故意还是过失,该行为已经是五年前的事情即远超过法律规定的两年时间,也就是说合同已经生效五年多了,即使保险合同当时符合解除的条件,也不可抗辩了。此外,被保险人的年龄仅仅小一个月,就本保险合同产品而言,并不影响保险人决定是否同意承保或者提高保险费率,也不存在因被保险人年龄不真实,应多交或补交保险费的问题。

【结论】

由以上法理分析可知，本案的第一种观点是正确的，即保险公司不能解除合同。至于保险公司是不是觉得该少儿保险产品无利可图，借故要求投保人退保，无凭据此处不枉做结论。

【启迪】

本案带给我们的启迪是，作为投保人兰女士，对户口本上女儿的出生日期错误应尽快要求公安户口登记机关予以更正，避免以后保险缴费、理赔等麻烦；对于承保人保险公司来说，核保是承保环节的首要一环，必须仔细审核把关，尤其是在法律规定的两年抗辩期间，以避免因自身的抗辩权丢失而造成公司的损失。

41. 错误承保非承保职业类别的索赔案

【案情简介】

某保险公司销售的个人人身意外保险卡单对被保险人职业类别作出只能销售给一到三类职业类别的被保险人的规定，该产品卡单上盖章注明"本保单承保范围仅限于被保险人职业属于本公司意外险职业分类表中一、二、三类职业，被保险人职业不在此范围内保单自始无效"。某日，保险公司业务员罗某，在明知易某是装卸搬运工（属四类职业）的情况下，为了片面做多业务，为易某办理了意外伤害保险卡（意外伤害保额20万元，意外医疗保额1.5万元），易某在该业务员的帮助下进行了网络激活。该保险起保日期为当年9月2日零时，保险卡单也经公司核保人进行了审核并录入了系统，保单生效。同年12月7日上午，被保险人易某在从事装卸工作时发生意外，从车厢上摔下后伤及头部，送医院治疗2天后因医治无效在医院死亡。死者家属先后于事故发生日及被保险人死亡日向保险公司报案，并于死者安葬3天后到保险公司交齐全部索赔资料，书面提出要求按保单标准赔偿20万元。保险公司客服部人员在查勘本案事故时了解到：死者无"吊车操作员"的从业资格，平常也与其工友交替轮换操作吊车，但从事装卸搬运工的角色更多；死者的职业无论是吊车操作员还是装卸搬运工均不属于公司意外险卡式保单的承保范围。保险公司理赔人员据客服部调查材料向死者家属发出了拒赔的通知。死者家属随后多次与保险公司进行交涉，最终得到的答复均是不能赔付。为此，死者家属将保险公司告上了法院。

【不同观点】

第一种观点认为，保险公司应该全赔。理由是，保险公司在展业承保时，业务员事实上知道死者易某所从事的职业不是公司承保的对象范围，但其为了自身的业绩销售了这份意外险卡单给易某，核保部门也对该保单进行了核保并予以通过。现被保险人易某意外死亡，虽不是卡单上承保的职业范围责任，但因保险公司错误承保，其错误带来的后果应由保险公司自身来承担。因此，本案应该全额赔付。

第二种观点认为，保险公司可以通融赔付或比例赔付。理由是，被保险人的职业在保险单上确实不属于保险责任，虽然业务员与核保人员均有过错，但被保险人在投保时应知道卡单上注明的被保险人的职业不在此范围内的保单自始无效这一事项却继续投保，说明易某也违反了如实告知原则。因此，鉴于合同双方都有过错，保险公司应通融赔付或比例赔付。

第三种观点认为，保险公司绝对不能赔偿。原因是，本案意外险产品卡单上清楚注明"本保单承保范围仅限于被保险人职业属于本公司意外险职业分类表中一、二、三类职业，被保险人职业不在此范围内保单自始无效"，本案被保险人职业属于四类职业，不在承保范围，如果赔付哪怕是比例赔付，都会使保险消费者认为坚持诚信原则是一个伪命题，会助长骗保骗赔事情的发生。

【分析】

本案的三种观点似乎都有一定的道理，但具体来分析却并不是赔与不赔或合同双方各打五十大板这样简单的事件。我们认为，本案是一个比较常见的典型案例，应结合保险公司业务员展业与投保人投保时的实际情况来具体分析。

（1）投保人如实告知的界定。保险卡单的投保方式一般是先买卡再通过网络进行激活投保。因此，从性质上来讲，保险卡单仅仅是投保工具，并不是有效的保险凭证。正因为是一种投保工具，本案投保人也即被保险人易某在保险业务员的引导下购买了意外险卡单并在业务员的帮助下通过网络进行了激活，这一切活动流程对于易某而言即是投保，甚至可以说是被动投保。我国《保险法》第十六条第一款规定，订立保险合同，保险人就保险标的或者被保险人的有关情况提出询问的，投保人应当如实告知。即依法律规定，我国保险行业在承保过程中采用的是询问告知，即保险人问投保人即告知、不问则不必告知。本案业务员没有进行询问，保险卡单激活时也未曾对投保人进行询问。因此，投保人即使没有告知也不违反法律的规定。而本案更重要的一点是，保险公司业务员是为了业绩而让易某购买，业务员明知易某的职业是装卸搬运工却不明确告诉易某其从事的职业不在本意外险保险卡单承保的范围内，并提醒易某其购买的保险卡单即使激活也没有用。也就是说，易某是在不知自己是否具备购买该产品的条件下经保险公司业务员诱导买下了该意外险卡单。因此，易某完全不存在不如实告知的问题。事实上，即使易某确实没有如实告知，而保险卡单却被激活了，这意味着投保人没有如实告知下，保险人却进行了默认。我国《保险法》第十六条第六款规定："保险人在合同订立时已经知道投保人未如实告知的情况的，保险人不得解除合同；发生保险事故的，保险人应当承担赔偿或者给付保险金的责任。"

（2）保险公司没有恪尽职守。本案投保人易某在进行网络激活卡单的过程中，保险公司的网络程序并没有弹出明确说明或提示投保人在职业中进行类别的选择，也就是说，易某作为装卸搬运工，其根本不知道这个职业是属于第几类职业。在整个投保过程中，不仅保险公司业务员没有尽到告知提醒的义务，就是核保人员也未尽到对这个职业或工种免责提示或说明或拒绝承保的义务。我国《保险法》第十七条规定："订立保险合同，采用保险人提供的格式条款的，保险人向投保人提供的投保单应当附格式条款，保险人应当向投保人说明合同的内容。对保险合同中免除保险人责任的条款，保险人在订立合同时应当在投保单、保险单或者其他保险凭证上作出足以引起投保人注意的提示，并对该条款的内容以书面或者口头形式向投保人作出明确说明；未作提示或者明确说明的，该条款不产生效力。"也就是说，本案保险公司没有尽到自身的明确告知或明确说明的义务，其没有恪尽职守的后果就是免责条款无效。

（3）通融赔付与比例赔付的含义。①通融赔付是指保险公司根据保险合同约定本不应承担赔付责任，但仍赔付全部或赔付部分保险金的行为。"通融赔付"是在保险理赔实际工作中经常遇见的情况，通常是出于维护公司形象、巩固业务关系、增强保险市场竞争力而作出的决定。实践中，一般在意外伤害保险和医疗费用保险中应用比较多。但是，这种理赔方式是对合同精神乃至法律约束精神的一种损害。因为在通融赔付的前提下，保险公司可多赔少赔，或同样的保险案件，有的赔、有的不赔，随意性非常大，没有合同规定的尺度或法定规范。实质上也侵害了其他未得到"通融赔付"的被保险人的权益，有悖于保险理赔的原则。因此，作为违背合同精神或法律精神的通融赔付是不应该在实践中存在的一种理赔方式。②比例赔付。比例赔付一般是财产保险中的一个理赔概念，即保险人按照保险金额与出险时财产实际价值的比例来赔偿被保险人的损失。我国《保险法》第五十五条第四款就规定："保险金额低于保险价值的，除合同另有约定外，保险人按照保险金额与保险价值的比例承担赔偿保险金的责任。"可见，本案不同观点中提出的"通融赔付"与"比例赔付"概念均是不妥当的。

【结论】

由以上分析可知，本案投保人不存在违反如实告知的现象，而保险公司则存在没有明确说明甚至诱保的嫌疑。根据《保险法》第十六条、第十七条等法条的相关规定，保险公司应按合同的约定，全额赔付被保险人家属意外伤害保险金。

【启示】

本案是一起由保险业务员的不当行为导致保险公司承保了不应承保的风险业务而产生的纠纷案，作为常见的比较典型的个案，其带来的教训是深刻的，也启示着行业、公司在今后的业务经营过程中应做到如下两方面：

（1）就行业而言，此类现象不是个别公司、个别业务员的行为，也不是偶尔出现的现象，市场中保险销售诱导、误导和理赔难等问题较为突出，不仅有损保险诚信原则和公司声誉，也严重扰乱了保险市场秩序。因此，监督管理部门必须严格依法管理，尽早扫除行业乱象。

（2）就公司而言，为促进业务员队伍的健康发展，保险公司应该严格执行监督管理部门颁发的有关保险业务经营管理办法，对业务员的展业行为进行全方位约束，避免业务员违法乱纪情形发生，导致公司的损失。当业务人员发生违规行为时，保险公司应根据该行为的性质，予以相应的处罚或制裁，以儆效尤。同时，建立和完善相应的激励约束机制、业务经营制度规程等，以保障业务人员能够坚持职业操守并调动其工作积极性。

42. 离婚后的保险分割纠纷案

【案情简介】

张某婚后不久给自己买了一份分红型保险，给妻子买了一份养老保险，受益人均为法定受益人。儿子亮亮出生后，张某又给自己买了一份人身意外伤害保险，并将儿子亮亮指定为唯一的受益人。但婚后5年后，夫妻双方因各种矛盾加深而离婚，儿子亮亮归张某抚养。然而离婚时双方在保险的分割上却产生了重大分歧，无法协商一致，最终闹上了法庭。

【不同观点】

第一种观点认为，保险是经过双方协商购买的，并且都指定了明确的受益人，因此，可以视为是婚内财产的约定，受益人是谁，谁就拥有这份保险单，不存在也不应该进行分割。

第二种观点认为，本案这几份保险的保险费都是婚后共同支付的，保险受益人是理论上的一个概念，即被保险人死亡后作为保险金的受领人即受益人才出现，现被保险人没有死，保险单上的被保险人是谁，保险单就应该归谁。

第三种观点认为，三种保险的保险费都是婚后共同支付的，应该按夫妻共同财产来处理。分红型保险与养老保险带有现金价值，且额度不一定相同，如果按被保险人是谁就归谁或按受益人是谁就归谁很明显是不公平的。另外，意外保险如果不含现金价值，被保险人没有发生保险事故，不存在保险金受领问题，到期合同终止，保险公司并不退回保险费；意外险如果含现金价值，到期则与前述分红型保险、养老保险相似，也不能按被保险人是谁就归谁，如果被保险人没有死亡，则意外险的现金价值要按夫妻共同财产进行分割；如果被保险人死亡，则保险金的受领人为受益人张某的儿子。

【分析】

上述观点中第三种是比较正确的。

（1）婚内购买的保险是否属于夫妻共同财产。根据我国《婚姻法》第十七条的规定，夫妻在婚姻关系存续期间所得的财产归夫妻共同所有，包括工资、奖金、生产经营的收益、知识产权的收益、继承或赠与所得的财产（明确只归一方的除外）以及其他应当归共同所有的财产。而根据《最高人民法院关于适用〈中华人民共和国婚姻法〉若干问题的解释（二）的补充规定》（法释〔2017〕6号）第十一条的规定，婚姻关系存续期间，男女双方实际取得或者应当取得的养老保险金属于《婚姻法》第十七条规定的"其他应当归共同所有的财产"。因此，夫妻双方在婚姻关系存续期间均以各自的工资缴纳的商业保险费用应属于夫妻共同财产。由于各自缴纳的数额有别，法院应对离婚时男女双方现有的保险金利益应进行衡平处理。当然，本案中，商业保险的利益是作为夫妻共同财产还是一方个人财产，对于其性质的认定不能一概而论，而是应当根据保险的种类及保险的具体条款来确定。

（2）具有理财性质的分红型保险和养老保险是否可以分割。随着保险产品的不断推陈出新，现代商业保险的性质和作用也有了很大演变，除了传统的风险防范作用外，商业保险作为理财工具的一种，也获得了越来越多人的青睐，成为夫妻投资收益的重要手段，尤其是一些分红型保险和养老保险。该类保险在购买时，一般都是以夫妻一方名义作为被保险人或受益人，之后也以夫妻共同财产定期缴纳保费，目的则是使家庭财产达到增值保值的效果。如果将该类保险利益在离婚诉讼中认定为个人财产，对另一方来说是相当不公平的。在司法实践中，一般将该类保险的保单现金价值认定为夫妻共同财产，将保险合同仍判归为一方（通常为投保人）的财产权益，该方当事人可选择在离婚后继续履行缴纳保费义务或者变现保单现金价值，并由该方当事人给付保单现金价值的一半给对方作为分割折价。

（3）指定孩子为受益人的人身意外保险是否可以分割。人身意外保险是以被保险人因遭受意外伤害造成死亡或残疾而给付保险金的一种人身保险。对于该类保险在离婚纠纷中能否分割的问题，虽无相关法律规范，但2016年11月30日，最高人民法院在《第八次全国法院民事商事审判工作会议（民事部分）纪要》中关于夫妻共同财产认定问题时规定："婚姻关系存续期间，夫妻一方作为被保险人依据意外伤害保险合同、健康保险合同获得的具有人身性质的保险金，或者夫妻一方作为受益人依据以死亡为给付条件的人寿保险合同获得的保险金，宜认定为个人财产，但双方另有约定的除外。"只是目前司法实践中还存在两种争议观点：一种观点认为，如果在婚姻关系存续期间，以夫妻共同财产购买商业性质的保险品种，在保险合同中指定受益人为第三人，如父母、子女的，依据《保险法》该保险利益属于第三人的利益，故该保险合同的现金价值不能作为夫妻共同财产分割。在离婚诉讼中，该保险事故尚未发生，保险赔偿金属于未能确定的财产权益，故该保险合同的利益也并不确定，因而不能作为夫妻共同财产分割。另一种观点认为，上述保险虽然指定了第三人为受益人，但保险金是以夫妻共同财产投入的，所以只要保险合同具有现金价值（储蓄性意外险），在离婚时就可以进行分割。在保单无现金价值，且双方同意退保的情况下，可对保险人退还的未到期的净保费进行分割。需要注意的是，已缴纳的保费，通常是远高于保险的现金价值。取得保险利益的一方，在未来将获得的保险利益也高于当下的保险现金价值。此时，简单地对保险现金价值进行分割，不考虑实际支付的保险费以及保险未来可获得的收益，对未获得保险利益一方并不有利。因此，一般不进行退保。这时，这种储蓄性意外保险可以参照寿险产品进行处置，即若合同到期时被保险人生存，合同的现金价值应在离婚夫妻之间进行分割，若被保险人死亡，则由受益人受领保险金。

（4）保险单的现金价值，一般是指带有储蓄性质的人身保险单所具有的价值。在某种程度上，现金价值可以理解为特定时间点投保人对保险公司的债权。投保人会因退保取得该份保险合同的财产性权益。当夫妻离婚时，如果未达到获得保险金的条件，对保险利益的分割主要体现在对保险现金价值的分割上。这部分财产能不能分割，要综合分析。以夫妻财产投保的人身保险，指的是夫妻关系存续期间，以夫妻共同财产为夫妻一方购买的人身保险。包括丈夫婚前购买但婚后仍继续交费的保险，婚姻关系存续期间产生的现金价值也属于夫妻共同财产，可以分割。但现实中，因退保会给投保人或被保险人造成损失（如保险公司会扣除相关费用），即所退保险的现金价值要比已交的保险费要少，因此，一般以不退保为宜。这时，由夫妻双方中获得保险利益的一方将已缴纳的保费的一半给付给另一方。当然，这种将已缴纳的保险费作为一项消费支出进行分割，因其并非实际存在的资产，在一定程度上是缺乏理论支撑的，但离婚夫妻一方要求分割的，这种方式也是唯一的选择。

【结论】

由以上分析我们不难得出如下结论：

（1）夫妻双方争议的婚内购买的保险产品，在双方没有特别约定的情况下，应认定是以夫妻共同财产支付保险费，相应的保险可得利益应为夫妻共同财产。

（2）夫妻关系存续期间购买的人寿保险（分红型保险与养老保险），因未达到兑付条件，只能将该保险已缴纳的保费或现金价值作为夫妻共同财产进行分割，双方各享有一半份额。其中，鉴于分红型保险的被保险人及投保人为张某，故分红型保险的保险价值（含红利）由张某享有，但应支付前妻一半的保费或现金价值及一半的红利；养老保险的被保险人是前妻，该保险的保险价值由前妻所有，但前妻应支付婚姻期间所交该保险的一半保险费或现金价值给张某。

（3）张某购买的意外保险（非储蓄性质），因指定受益人为婚生子亮亮，该保险利益属于第三人亮亮的权益，故该保险合同的现金价值不能作为夫妻共同财产分割。且在离婚诉讼中，该保险事故尚未发生，保险合同的利益也并不确定，保险赔偿金属于未能确定的财产权益，因而不能作为夫妻共同财产予以分割。

【启迪】

当前随着中国的离婚率逐年上升，离婚时财产的分割更是引发了一系列诉讼，离婚时财产分割问题已成为司法实践中的难题。而近年来，家庭财产数量日益增多，种类也日趋多样化。普通百姓尤其是高净值人士也越来越重视保险的保障功能，很多夫妻在婚姻续存期间共同购买了许多保险。同时，又因保险品种繁多、投保形式多样等原因，在离婚时如何正确处分这些保单财产显得非常重要。就本案而言，我们可从中获得如下经验或启迪：

（1）保险财产分割有很多方式，根据我国《婚姻法》的规定，原则上婚姻关系存续期间，以夫妻共同财产购买的保险产品应该平均分配保险利益。

（2）婚姻关系存续期间以夫妻共同财产投保，投保人和被保险人同为夫妻一方，离婚时处于保险期内，投保人不愿意继续投保的，保险人退还的保险单现金价值部分应按照夫妻共同财产处理；离婚时投保人选择继续投保的，投保人应当支付保险单现金价值的一半给另一方。

（3）尽快出台婚姻关系下有关商业保险财产分割的法律法规，以避免家庭矛盾的产生或激化，促进和谐家庭与和谐社会的发展。在婚姻家庭中，涉及保险单的法律问题，远不止我们前面所谈的离婚时保单如何分割的法律问题。随着保险在风险管理及家族财富管理传承中的角色逐渐被认可，家庭配置保单的比例逐渐升高，家庭保单已成为家庭财富管理的重要手段和工具，将会面临诸多保险法律问题，这需要我们尽快立法，以妥善处理婚姻家庭中的商业保险问题，维护和谐稳定的家庭关系，促进社会和谐发展。

43. 境外旅游意外死亡的保险纠纷案

【案情简介】

某年 8 月，在北京某公司任职的武先生，参加单位组织的带薪休假赴 A 国旅游，单位委托北京某旅行社为参加此次休假的全部人员购买了国内 R 保险公司的"境外旅游综合意外伤害保险"，其中死亡保险金额为每人 50 万元。同月 20 日，也就是武先生与一起休假旅游的同事到达 A 国的第二天晚上 10 点，在下榻的宾馆温泉池（水深 80 厘米）内，武先生被人发现昏迷在池底，呈仰躺姿势，救出水面后经抢救无效，不幸死亡。事发后，经当地警署到场勘验，排除了他杀、自杀等，最后结论为"不明原因意外死亡"。武先生死亡事故发生时，北京某旅行社及时通知了 R 保险公司。保险公司提出进行尸体解剖但遭到死者家属的拒绝，并将武先生的尸体就地进行了火化。在料理完后事后，武先生的家属向保险公司提出了理赔申请。同年 10 月，保险公司作出理赔结案通知书，拒绝赔付，理由是被保险人身故原因为"不明原因"，该原因不符合涉案保险合同关于意外伤害身故保险责任的范围，而死者家属又不同意进行尸检。同年 11 月底，武先生的家属向北京某法院提起诉讼。

【不同观点】

关于本案应该如何处理，在法庭内外产生了如下三种不同的观点：

第一种观点认为，保险公司不应该赔付。被保险人武先生死亡原因不明，而"不明原因"的意外死亡不符合涉案保险合同关于意外伤害身故保险责任的范围。意外伤害死亡是指遭受外来的、突发的、非本意的、非疾病的使身体受到伤害的客观事件。从词义解释的角度而言，"意外伤害死亡"与"意外死亡"并非同一概念，有着不同含义。

"不明原因"的"意外死亡"显然不在意外伤害保险理赔范畴。

第二种观点认为，保险公司应该赔付保险金额的50%。理由是死因不明的意外死亡，俗称猝死，是死亡的一种特殊状态和临床表现形式，但并不是死亡的原因。保险合同既未将被保险人因"非病理性猝死"包括在赔偿责任范围内，而除外责任也不包括该项内容。而死者家属又不同意尸体解剖查明真正的原因。司法解释（三）第二十五条规定："被保险人的损失系由承保事故或者非承保事故、免责事由造成难以确定，当事人请求保险人给付保险金的，人民法院可以按照相应比例予以支持。"因此，从公平起见，保险公司应赔付死者家属50%即25万元的意外伤害保险金。

第三种观点认为，保险公司应该全部赔付死亡保险金。A国警署提供的被保险人死亡证明为"不明原因意外死亡"，而保险公司又无法证明被保险人死于非意外事故，根据《最高人民法院关于适用〈中华人民共和国民事诉讼法〉的解释》（法释〔2015〕5号）第九十条规定："当事人对自己提出的诉讼请求所依据的事实或者反驳对方诉讼请求所依据的事实，应当提供证据加以证明，但法律另有规定的除外。在作出判决前，当事人未能提供证据或者证据不足以证明其事实主张的，由负有举证证明责任的当事人承担不利的后果。"即保险公司主张被保险人死于非意外事故，则其应该举证，如果其不能举证，则应承担合同约定的50万元意外死亡赔付责任。

【分析】

（1）"意外伤害死亡"与"意外死亡"确实不是同一概念，有着不同含义。但保险公司在销售意外伤害保险产品时未尽明确说明义务（保险人对团体保险产品一般很少有明确说明或详细解释）。对此，《保险法》第十七条规定："订立保险合同，采用保险人提供的格式条款的，保险人向投保人提供的投保单应当附格式条款，保险人应当向投保人说明合同的内容。对保险合同中免除保险人责任的条款，保险人在订立合同时应当在投保单、保险单或者其他保险凭证上作出足以引起投保人注意的提示，并对该条款的内容以书面或者口头形式向投保人作出明确说明；未作提示或者明确说明的，该条款不产生效力。"对于是否进行了明确说明，《保险法》第十三条规定："保险人对其履行了明确说明义务负举证责任。"同时，我国《保险法》第三十条规定："采用保险人提供的格式条款订立的保险合同，保险人与投保人、被保险人或者受益人对合同条款有争议的，应当按照通常理解予以解释。对合同条款有两种以上解释的，人民法院或者仲裁机构应当作出有利于被保险人和受益人的解释。"本案"境外旅游综合意外伤害保险"合同条款并未对"意外伤害死亡"的定义作出明确界定，保险人也无证据证明其已对"意外伤害死亡""非病理性猝死"等向投保人作出明确解释或已尽说明义务。因此，死因不明的意外死亡，虽然不能推定为意外伤害死亡，但保险人仍应承担意外伤害死亡理赔责任。

（2）在索赔人已提供初步证据的情况下，不能苛求其尽尸检的举证责任。按照中国的传统风俗，人死后第三天为下殓安葬之日，而且希望"保留全尸"。本案被保险人又死在国外，如果还要对尸首进行解剖，实在有违风俗人情，处于悲痛之中的家属拒绝尸检情有可原，不应成为拒赔或少赔的理由。而且我国《保险法》第二十二条第一款规定："保险事故发生后，按照保险合同请求保险人赔偿或者给付保险金时，投保人、被保险人或者受益人应当向保险人提供其所能提供的与确认保险事故的性质、原因、损失程度等有关的证明和资料。"即只要死者家属提供其所能提供的证明材料即可。再者，如若不进行尸检则无法进行保险理赔，也不符合投保人最初的投保意愿。

（3）保险公司解释的"猝死"一般是狭隘的理解。保险公司在一般的意外伤害保险合同中将"猝死"往往解释为因潜在的自然疾病突然发作、恶化所造成的急速死亡，从而将"猝死"列入不属于保险合同约定的非疾病的使身体受到伤害的意外事件，而列入免除责任。事实上，"猝死"并非一定是疾病的猝死，还应包括不明因由的意外死亡，不同观点中第二种观点中提出的武先生"不明原因"即为非疾病意义上的"猝死"是有其一定道理的，且保险合同未直接约定猝死是否属于承保范围或是免责范围。在此情况下，保险公司不能举出相反证据证明其所主张的被保险人之死亡是由潜在疾病所致，故其应承担相应的不利后果，并承担全部的保险金赔付责任。

【结论】

死因不明的意外死亡，不能推定为非意外伤害死亡。在保险合同未对意外伤害死亡进行解释且无证据推翻索赔人提供的存在意外伤害的初步证据结论的情况下，保险人仍应承担意外伤害死亡理赔责任。因此，我们认为，法院应判保险公司赔付被保险人武某家属50万元意外死亡保险金。

【启迪】

（1）随着生活水平的提高及保险意识的增强，购买意外伤害保险的人越来越多，但因如何确定"意外事故"的保险理赔纠纷而引起的官司越来越多。因此，保险公司在销售保险时，对保险条款应明确解释或详细说明，以避免产生理赔纠纷。

（2）境外旅游意外伤害风险远远高于境内，尤其是发生事故时，事故原因查明困难，法律适用难度也大，因此，保险公司在销售此类保险产品时一定要谨慎，控制好经营风险。

（3）国民生活质量大幅度提高后，更热衷于出国旅游，去领略异国风情。能到国外去见识不同的文化风采固然很好，出国旅游时境外旅游保险是必不可少的，但也要保障好自身的健康安全。同时，因身处他乡，事故发生后保险调查会有诸多不便，一旦发生旅行意外，应尽量保存各种有利证据，以维护好自身权益。

44. 投保人突然死亡的保费豁免纠纷案

【案情简介】

某年7月8日，王某以投保人身份在某保险公司为其儿子王旺旺投保了1份主险

"大学教育金累积分红保险",并附加购买了1份"附加保险费豁免定期寿险"。主险和附加险的年保险费分别为4000元和68元,缴纳方式为年交,缴费期限为15年。主险合同中载明:"投保人王××,被保险人王旺旺,保单生效日××××年7月8日,保险期间21年。"附加险合同中载明:"投保人王××,被保险人王××,保单生效日×××年7月8日,保单保险期间15年。"合同第1.1条"合同的种类和构成"中约定:"主险合同保险条款中的条款的解释适用于本附加险合同。"合同第2.2条"本公司提供的保障"约定:"一、投保人在本附加险合同保险期间有效期内遭受意外事故,本公司对投保人因该意外事故身故后或因该意外事故被确认为永久完全残疾后的主险合同续期保险费进行豁免。……"投保后的第六年1月2日早晨,王旺旺的家人喊王某起床吃饭时,发现王某已于深夜睡觉时死亡。死者死后第3天即1月4日,医院对王某出具的死亡医学证明书上载明:"王××死因为'心肌梗塞'。"事后,王某家人以王旺旺的名义向保险公司提出主险合同续期保费豁免的申请,但遭到保险公司的拒绝。保险公司拒绝保费豁免的理由是投保人王某死于疾病"心肌梗塞"而非意外事故。在交涉未果的情况下,王某家属以王旺旺的名义将保险公司告上了法庭。

【不同观点】

第一种观点认为,保险公司应该豁免主险合同的续期保费。理由是主险对"意外事故"做了解释,但在附加险中未做解释。而主险中的"意外事故"针对的是被保险人,附加险中针对的却是投保人,所以不能将主险中的解释适用于附加险。现投保人突发疾病死亡,当事人及其家人均无法预料,并非久病死亡,该死亡情形应认定为常人所理解的意外事故。因此,保险公司应按附加险合同的约定对被保险人王旺旺承担主险保费豁免的责任。

第二种观点认为,保险公司不应该承担保费豁免的责任。理由是,投保人王某的死因非常明确,为"心肌梗塞"疾病所致,而非保险合同中约定的意外事故死亡,且主险合同中对"意外事故"的定义已做了明确的解释,投保人也在有约定的"主险合同保险条款中的条款的解释适用于本附加险合同"附加险合同上进行了签字声明,表明投保人对意外事故的定义也是明知的。

【分析】

很明显,本案争议的焦点是主险合同对"意外事故"的解释是否适用于附加险合同。换言之,投保人王某因"心肌梗塞"导致的突然死亡是否能够认定为意外事故。我们的分析如下:

(1)本案所涉保险合同条款对于"意外伤害事故"的解释为:指遭受外来的、突发的、非本意的、非疾病的使身体受到伤害的客观事件,而医院开具的投保人王某死因为"心肌梗塞"。心肌梗塞是一种冠心病,指冠状动脉闭塞,血流中断,使部分心肌因严重的持久性缺血而发生局部坏死。心肌梗塞如果能得到及时的治疗可缓解病情,如果治疗不及时,进一步发展就会出现心肌梗死的现象。本案投保人最后的死因应该是"心肌梗死"。但无论是心肌梗塞还是心肌梗死，均是身体疾病。因此，投保人王某的死因是身体疾病，而非意外事故。

（2）投保人王某与保险公司签订了本案所涉的两个险种的保险合同，主险中对意外事故的定义做了明确的解释，但在附加险中没有对意外事故的定义作出解释。而主险与附加险是两个独立的险种，且主险中"意外事故"的所指对象为被保险人，而附加险中"意外事故"的所指对象为投保人，两个险种中意外事故的适用对象不一致。因此，保险公司不能以已在主险中对"意外事故"的定义做了约定即当然认为附加险中所指的"意外事故"仍适用该约定，且在附加险中保险公司对其不承担责任的情形的相关内容并未用足以能够引起人注意的标识或区别于其他内容的字体进行区分，现有证据也不能认定保险公司对意外事故的定义已向投保人尽了明确提示或说明的义务。

（3）司法解释（二）第十三条规定，投保人对保险人履行了符合本解释第十一条第二款要求的明确说明义务在相关文书上签字、盖章或者以其他形式予以确认的，应当认定保险人履行了该项义务。本案虽然投保人王某在购买保险时在相关签名处签了名字（相对于格式合同，王某不签名字是无法购买该保险的。一般情况下，保险业务员让投保人无暇看内容，均是指在哪签字，投保人就在哪签字），但保险人对其履行了明确说明义务无法负举证责任。《保险法》第十七条规定，对保险合同中免除保险人责任的条款，保险人在订立合同时应当在投保单、保险单或者其他保险凭证上作出足以引起投保人注意的提示，并对该条款的内容以书面或者口头形式向投保人作出明确说明；未做提示或者明确说明的，该条款不产生效力。

（4）本案中，投保人王某是突发疾病死亡，但对于当事人及其家人而言，确实是无法预料而感觉非常意外。因此，在保险公司提供的"附加险保险费豁免定期寿险"合同对"意外事故"未进行明确说明的前提下，王某家属将其死亡原因认定为意外事故也是常人所理解的含义。

【结论】

综上所述，本案投保人王某因"心肌梗塞"导致的突然死亡本是疾病所致，但因保险公司在签订合同时没有明确说明附加险合同中投保人可能遭受的意外事故与主险合同中被保险人可能遭受的意外事故的定义是一致的，从而我们赞同法院的最后判定：主险合同对"意外事故"的解释不适用于附加险合同，保险公司应对主险合同续期保险费进行豁免。

【启迪】

本案对于保险公司而言似乎有些冤，但法律是严肃的，保险公司从中可以吸取教训，获得如下启迪：

（1）虽然附加险合同成立有效要在购买主险的条件下才满足，但主险与附加险从内容到形式基本上是各自相对独立的两个险种，两者使用的专业术语、概念等的解释应尽量分别在各自合同中体现，不能省略，以避免类似本案中的事件发生。

（2）在进行承保时，对合同中应明确说明的内容及方式要进行细化规定。例如，对合同中与老百姓习惯性理解可能不一样的概念，应以书面或者口头形式向投保人或被保险人作出常人能够理解的解释说明；对相关条款文字进行"加斜""加下划线""加底色"或"加边框"，以更能起到提示投保人或被保险人注意的效果；对晦涩难懂的专业用语要用通俗的语言予以书面或口头解释，书面解释要注意可读性，以达到让投保人理解的效果。同时，在进行明确解释说明时，进行录音录像以备需要时有足够的证据。在互联网时代，如果是网络承保，保险人在设计网络投保程序时，应当设置主动弹出保险格式条款对话框，采用特殊字体、符号、醒目颜色对免责条款进行特别提示，在投保程序中特别设置强制停留阅读的程序，确保投保人在合理时间内强制性阅读，以精准地理解保险人免责条款内容、相关概念及法律后果，并通过音频、视频、Flash、人工在线服务、人工电话服务等多种形式对保险合同中的专业化、技术化、复杂化条款及免除保险人责任条款进行生动形象的进一步说明，辅之以同步录音录像手段。只有满足上述条件，才能避免实务中类似本案保险公司因没有尽到明确解释或说明义务而败诉的案子屡次发生。

45. 附加险提前终止的保险纠纷案

【案情简介】

某年5月1日，文女士购买了一份15年期养老保险附加住院医疗保险，约定养老保险到期给付50万元，附加住院医疗保险最高保额为10万元，保费每年5月1日缴一次。前几年保险公司都会按时向她寄送《缴费通知单》作为提醒，文女士也一直按期缴费。第六年3月7日，文女士因突患高血压住院治疗了一周，花费7000元。文女士在出院后及时申请理赔，保险公司也很快按附加险合同规定赔付了住院医疗费用的80%共计5600元。文女士觉得这份保险买得值，每年只缴纳几百元钱的住院医疗险保费，就获得了高额赔付。可是等到文女士下一年度再收到保险公司的《缴费通知单》时，发现只有养老险的保费金额，却没有住院医疗保险的缴费提示。文女士以为是缴费单遗漏了，便专程赶往保险公司缴费。没想到却被告知，她的附加住院医疗保险已经在上一年度索赔后被终止了，本年度保险公司拒绝再与她续签该险种。文女士感觉莫名其妙，保险公司怎能在没有征求她意见的情况下，就单方面解除附加住院医疗保险合同呢？而且保险公司只是终止了附加险，却没有终止主险养老险合同。当初之所以投保，就是觉得这个附加住院医疗保险好才购买养老险的。现附加险被终止了，继续缴纳主险保险费对她而言就没有什么意义了。在与保险公司协商未果的情况下，文女士一纸诉状将保险公司告上了法庭，要求法院判令保险公司单方面终止附加住院医疗保险无效而应继续承保该附加险。

【不同观点】

（1）第一种观点认为，保险公司可以终止附加险合同。理由是，附加的住院医疗保险合同履行期限与主险不同，即本案中，只要保险人对被保险人进行了一次住院医疗保险赔付，就有权利终止合同。

（2）第二种观点认为，保险公司单方面终止合同无效。附加险合同的效力在时间上从属于主险合同，如果主险合同的效力终止，附加险合同的效力也就终止了。现主险合同效力没有终止，而附加险合同被提前终止，且没有经过投保人或被保险人同意，当然无效。

【分析】

（1）主险合同与附加险合同的含义。主险合同是指可就单独投保的保险险种而签订的合同。主险合同一般就基本风险条款而签订，所以主险合同在一些保险公司又被称为基本险合同。附加险合同是指只能附加于主险合同而签订的保险合同，其不能单独签订与生效。附加险合同是相对于附加风险条款而在主险合同的基础上签订的补充合同。附加险合同的存在依附于主险合同的存在，而主险合同通常与附加险合同有密切联系，但又不依附于附加险合同。例如，本案养老保险合同附加住院医疗保险合同，养老保险合同可以单独签订，但附加住院医疗保险合同不能单独签订，其只能在养老保险合同成立的前提下签订，随着主险合同的生效而生效，随着主险合同的失效而失效。因此，可以说，附加险合同的效力在时间上是从属于主险合同的。如果主险合同的效力终止了，那么附加险合同的效力也就自然终止了。

（2）国内附加险分类。从目前国内保险公司销售的附加险产品来看，大致有以下三类：一是保险公司保证按既定保险费率续保的附加险，即投保人只要如期缴纳保费，附加险就继续有效。也就是说，如果投保人不及早书面提出放弃续保，保险公司即默认为续保。二是不保证续保型。这种附加险在每个保单有效期结束时，需投保人提出申请，经保险公司核保同意后，按续保时的保险费率承保。三是保证续保型。这种附加险只要投保人愿意投保，保险人就必须承保，但保险公司保留调整保险费率的权利。投保人如果不同意保险公司调整后的费率，则可以选择不续保。

（3）本案附加住院医疗保险的性质。住院医疗保险是为被保险人提供因意外或者疾病需要住院治疗而产生的医疗费用给予报销的保险。作为健康保险的一种，住院医疗保险的保险期限一般为一年，一年之后投保人可以选择继续投保，或者不再投保。在这一年期间，被保险人住院治疗产生的医疗费用都能够按照保险合同之前的约定进行报销。本案文女士投保的住院附加险即为此类产品，且是每年自动按既定保险费率续保的附加险产品。事实上，我国2006年9月1日起施行的《健康保险管理办法》（保监会令2006年第8号）第三条规定："健康保险按照保险期限分为长期健康保险和短期健康保险。长期健康保险是指，保险期间超过一年或者保险期间虽不超过一年但含有保证续保条款的健康保险。短期健康保险是指，保险期间在一年及一年以下且不含有保证续保条款的健康保险。保证续保条款是指，在前一保险期间届满后，投保人提出续保申请，保险公司必须按照约定费率和原条款继续承保的合同约定。"从本案来看，文女士已经交了五六年的保险费，应该是附加险中的第一种类型，即按既定保险费率续保的附加险、《健康保险管理办法》中的长期健康保险。

（4）合同解除的法律规定。我国现行《保险法》第十五条规定："除本法另有规定或者保险合同另有约定外，保险合同成立后，投保人可以解除合同，保险人不得解除合同。"而《健康保险管理办法》第三十条规定："保险公司以附加险形式销售无保证续保责任的健康保险产品的，附加健康保险的保险期限不得小于主险保险期限。"如果本案保险公司销售给文女士的附加住院医疗保险产品是无保证续保责任的健康保险产品，则该产品的保险期限不得小于主险养老保险15年的保险期限。事实上，保险公司销售给文女士的这款产品应该是长期健康保险产品。本案保险公司对文女士续保了6年之久的附加住院医疗保险产品在其一次生病住院报销后即独自解除了合同，很明显违反了上述《保险法》及《健康保险管理办法》的规定，否则文女士也不会在第七年去缴费得知附加险被终止了时感到莫名其妙。

（5）保险公司的明确解释义务。《健康保险管理办法》第二十一条规定："健康保险产品提供保证续保责任的，应在条款中明确保证续保的有效时间以及续保时保险公司是否可以调整保险费率。保险公司不得在续保时调整保险责任和责任免除。"《健康保险管理办法》第二十八条规定："保险公司销售保证续保健康保险产品时，应在投保单上明确提示保证续保的有效时间以及保险公司是否可以调整保险费率。"《健康保险管理办法》第二十六条规定："保险公司销售健康保险产品时，应向投保人如实说明保险条款的内容。保险公司在与投保人签订健康保险合同前，应向投保人明确说明投保条件、保险责任、责任免除，不得夸大保险保障范围，不得隐瞒责任免除，不得误导健康保险投保人和被保险人。投保人就产品条款中的保险、医疗和疾病等专业术语提出询问的，保险公司应当用清晰易懂的语言进行解释并如实告知。"本案从文女士对续保多年被突然终止合同感到意外吃惊来看，保险公司没有履行对合同的明确解释义务，违反了《健康保险管理办法》的上述规定。根据我国《保险法》第十七条的规定，未做提示或者明确说明的，该条款不产生效力。

【结论】

由以上分析可知，本案保险公司是擅自终止合同，其行为既违反了《保险法》的规定，也违反了《健康保险管理办法》的规定，从而其行为在法律上是无效的。因此，保险公司应继续履行文女士的附加住院医疗保险合同，直到保险期限到期为止，除非其一次性报销了10万元的住院医疗保险金。本案最终法院判令保险公司单方面终止附加住院医疗保险无效而应继续承保该附加险。

【启迪】

为了顺应人们的保障需求，保险产品在发展中越来越多样化，以往单一存在的险种，现在可以以"主险＋附加险"的形式进行投保。附加险的作用在于对主险进行补充和延伸，在主险核心保障的基础上补充一些必要的延伸保障功能，使得保障范围更广更踏实。但现实中难免产生如本案的纠纷，因此，从本案我们可以获得如下启迪：

（1）从消费者的角度，在选择附加险时，一定要仔细看好主险和附加险里的每一项条款，要关注这个附加险是不是和主险的保险期一致；在购买了附加险后，还需要关注主险和附加险的续保、保费缴纳，以及附加险和主险是否随时保持一致有效；同时一定要了解清楚这种附加险是否可以续保、续保的条件、续保时间、续保的保费费率是否会做调整等，如果遇到有疑问的地方，要及时和保险公司取得联系，及时进行交流和沟通，以避免发生理赔时产生不必要的麻烦。此外，如果发生了理赔纠纷，可以选择用法律武器来捍卫自己的权利。

（2）从保险公司的角度，出于赔付率的考虑，保险公司多会对附加险的续保设置一定的条件，尤其对已进行过医疗保险理赔的续保更为严格。但在销售附加保险产品时，一定要遵循保险法规的规定，合规经营、诚信经营，对保险合同条款尤其是附加险与主险不同的条款要明确解释与说明。如果感觉承保的风险较大，应尽量在签订合同时对是否续保或采取保证续保的有效时间以及保险公司是否可以调整保险费率做书面约定并明确解释。

46. 被保险人死亡后投保人解除保险合同的纠纷案

【案情简介】

安花为安某的女儿，且是安某唯一的亲人。某年，安花与王某在婚后不久的 12 月 8 日，一次性向保险公司投保了一份分红型保险，投保人为王某，被保险人和受益人均为安花，保险金额为 20 万元，保险期 5 年。合同约定：在合同有效期内被保险人因意外伤害身故，公司按约定给付身故保险金，本合同中止；合同成立后，投保人要求解除本合同的，本合同自保险公司接到解除合同申请书时终止，投保人已交足两年以上保险费的，保险公司退还合同的现金价值。投保后的第三年 7 月 7 日，安花与王某协议离婚，双方约定：王某驾驶的家用小轿车一辆归王某，其他财产均归安花所有。投保后的第四年 2 月 26 日，安花意外身亡，安花父亲安某待处理完其女儿后事后，带上相关索赔材料向保险公司索赔。结果，保险公司告知该份保险合同已于其女儿死亡后的 3 月 1 日由投保人王某向保险公司申请了退保。与保险公司交涉未果的情况下，安某将保险公司告上了法庭，请求法院判保险公司的退保行为无效，并将该份合同约定的 20 万元保险赔偿金给付给他这一唯一法定继承人。

【不同观点】

本案争议的焦点是被保险人死亡后，投保人申请的退保是否有效。

（1）第一种观点认为，被保险人安花死亡后，投保人王某退保的行为有效。理由是：根据我国《保险法》的规定，保险合同的主体是投保人与保险人，保险合同成立后，有效期限届满之前，除《保险法》另有规定或者保险合同另有约定外，投保人可以随时解除合同。

（2）第二种观点认为，王某离婚后明知被保险人安花已经死亡，事先未经合同受益人或被保险人的继承人同意而进行的退保行为，损害了合同受益人或继承人的合法权益，该退保行为无效。

【分析】

鉴于上述两种截然不同的观点，我们主要从法理上来进行分析。

（1）保险合同关系人的理顺。根据我国现行《保险法》的规定，在合同签订之时，保险合同的主体是投保人与保险人，合同双方履行各自的义务、享有自己的权利，比如投保人履行如实告知、缴纳保险费的义务，享有解除合同的权利；保险人履行明确说明、出具保险单的义务，享有收取保险费的权利等。但在人身保险合同签订后，保险事故是否发生，对保险合同的权利义务关系的确定则完全不同。在保险事故发生前，在合同双方即投保人与保险公司之间存在着直接的债权债务关系，投保人要履行缴纳保险费的义务，同时享有解除保险合同的权利；在保险事故发生后，被保险人或受益人则享有合同保险金受领的权利，而不论投保人当初支付了多少保险费，其根本没有权利要求保险公司进行保险金给付，除非投保人与被保险人是同一个人。而受益人则是在被保险人死亡后进行保险金受领的人，且受益人可以是被保险人，也可以是法定继承人。同样，一旦保险事故发生，保险公司就应立刻履行向被保险人或受益人给付保险金的义务，也就是说，保险公司与被保险人或受益人之间立刻出现了直接的权利义务关系，而不能再向投保人给付现金价值，除非另有书面的约定或者条件。

（2）投保人违反了诚信原则。我国现行《婚姻法》第三十九条规定：离婚时，夫妻的共同财产由双方协议处理。本案投保人王某与被保险人安花在离婚时已经协商约定：除家用的小轿车归王某外，其他一切财产均归安花。这里的一切财产显然包括婚姻存续期间购买的本案这份分红保险产品。但王某在其前妻即被保险人安花死后不久就去保险公司退保，并将退保金归为己有，完全违反了诚实信用原则。一般情况下，投保人解除保险合同，是投保人法定、约定的最主要权利，并不存在损害他人利益的问题，哪怕是损害第三人利益，但这是在投保人具有合同解除权利的条件下。然而，本案中，从被保险人安花死亡的那一刻起，投保人王某就已经失去了解除保险合同的权利。何况根据《婚姻法》，投保人王某自其离婚那一刻起就丧失了这种权利。

（3）保险人违反了《保险法》的规定。我国现行《保险法》第四十二条规定：被保险人死亡后，有下列情形之一的，保险金作为被保险人的遗产，由保险人依照《中华人民共和国继承法》的规定履行给付保险金的义务：没有指定受益人，或者受益人指定不明无法确定的；受益人先于被保险人死亡，没有其他受益人的；受益人依法丧失受益权或者放弃受益权，没有其他受益人的。受益人与被保险人在同一事件中死亡，且不能确定死亡先后顺序的，推定受益人死亡在先。由本案可见，集被保险人与受益人为一人的这份 20 万元保险金应作为被保险人安花的遗产来处理，而目前安花父亲安某为唯一的法定继承人，也就是说，按照《保险法》的规定，保险公司应将这笔保险金作为遗产由被保险人的法定继承人安某来继承，可保险公司却将这份保险合同的退保金退给了已不具有财产权利的原投保人王某，显然违反了《保险法》的规定。

（4）我国现行《保险法》第二十三条规定："保险人收到被保险人或者受益人的赔偿或者给付保险金的请求后，应当及时作出核定；情形复杂的，应当在三十日内作出核定，但合同另有约定的除外。保险人应当将核定结果通知被保险人或者受益人；对属于保险责任的，在与被保险人或者受益人达成赔偿或者给付保险金的协议后十日内，履行赔偿或者给付保险金义务。保险合同对赔偿或者给付保险金的期限有约定的，保险人应当按照约定履行赔偿或者给付保险金义务。保险人未及时履行前款规定义务的，除支付保险金外，应当赔偿被保险人或者受益人因此受到的损失。任何单位和个人不得非法干预保险人履行赔偿或者给付保险金的义务，也不得限制被保险人或者受益人取得保险金的权利。"本法条非常清楚地表述了如下三个层面的含义：一是保险公司在接到本案安某的赔偿金请求后，应在约定时间内进行审核、赔付；二是如果保险人不能在法律规定的时间内进行赔付的，除支付保险金外，还应当赔偿安某的相关损失；三是任何单位和个人不得非法干预保险人履行赔偿或者给付保险金的义务，也不得限制被保险人或者受益人取得保险金的权利。由于保险公司在安某索赔前将合同违法地进行了解除，因此，保险公司应对安某进行相关损失的赔偿，如利息、诉讼费等。至于保险公司单方面与王某进行了合同解除，很显然违反了上述法条第三层含义中的禁止性规定，妨碍了作为保险金法定继承人安某取得保险金的权利。

【结论】

由以上分析可知，本案保险公司与王某解除保险合同的行为是违法行为，损害了第三人即法定受益人安某的利益。因此，法院应判保险公司解除合同的行为无效，并按合同规定赔付安某保险金 20 万元及因保险公司违法解除合同给安某造成的其他损失。

【启迪】

本案带给我们的教训或启迪是深刻的，尤其是保险公司。即保险公司在保险合同的签订与履行过程中，一定要理顺保险合同所涉及的多方利益关系人对保险合同应尽的义务与所享有的权利。尤其是保险合同履行过程中，要正确处理好保险人与投保人、被保险人、受益人之间的关系。比如，本案中，在被保险人死亡后，对合同有关系的是受益人，而不是投保人，何况本案中的投保人早已与合同的被保险人解除了婚约，并协议约定保险合同的财产权利属于被保险人。保险人却不顾法律的规定将合同的财产权利给予原来的投保人，表面上可以说是保险公司不清楚原投保人与被保险人有离婚协议在先且不知投保人来退保时被保险人已死亡；但往深处说，保险公司是为了少赔付保险金而与原投保人勾结在一起办理退保，因为一般情况下，退保仅仅是在扣除手续费后退回投保人所缴纳的保险费或现金价值，其退给投保人的保险金远比给付给受益人的死亡保险金要低。因此，保险公司要以此为戒，熟悉《保险法》《婚姻法》等法律内容，正确处理好合同各方关系人的关系，不要做因小失大、损毁公司声誉的事情。

47. 带病投保的重疾险纠纷案

【案情简介】

某年 7 月，徐某以自己为被保险人与某保险公司签订了某重大疾病保险合同，保险费每期 8000 元，按年 10 次付清，基本保险金额为 50 万元。保险合同约定，如被保险人在合同生效后被确诊初次发生本合同约定的肝脏恶性肿瘤、肺部恶性肿瘤、胃部恶性肿瘤，保险公司将按基本保险金的 150% 给付保险金，合同终止。保险合同还规定，若投保人未尽如实告知义务，保险人有权解除合同，并对合同解除前发生的保险事故，不承担赔付责任。随后，徐某按约定缴纳了两期保险费，共计 16000 元。次年 8 月，徐某因身体不适经医院确诊为右肺腺癌、脑转移癌，随即向保险公司提出理赔申请。保险公司于同年 9 月作出拒赔决定通知，以徐某投保前有疾病未如实告知、违反《保险法》第十六条规定为由，不予理赔并解除合同。徐某表示不服，遂向法院起诉，要求保险公司支付保险金。经查明，徐某于在投保前 10 年内曾有六次因急性胰腺炎入某医院住院治疗。同时，徐某在填写投保单、签订保险合同时，均是保险公司业务员帮助其在网上完成，显示其在投保前没有任何疾病；保险合同中关于未尽如实告知义务产生后果的条款也没有任何特别提示，保险公司也未提供有效证据证明其已履行有关条款的说明义务。

【不同观点】

第一种观点认为，投保人在投保前患有多种疾病，属于带病投保，违反如实告知义务，根据保险合同关于未尽如实告知义务产生后果的约定条款，保险人有权解除合同，并且对于徐某的理赔请求，有权拒绝承担赔付责任。

第二种观点认为，虽然投保人在投保前患有疾病，但其在投保前所患疾病与投保后所确诊的疾病之间并无直接因果关系，且保险公司无证据证明其已履行了必要的说明义务。因此，保险公司无权解除合同，且应按保险合同的约定承担支付保险金的责任。

【分析】

本案争议的焦点问题有两个：一是徐某在投保前因胰腺炎住院的行为与其投保后被确诊为肺部腺癌并脑转移之间是否存在因果关系；二是徐某是否违反了诚信原则未如实告知。

（1）就病理医学分析，急性胰腺炎与本案被保险人徐某所患右肺腺癌、脑转移癌没有任何关联。也就是说，导致徐某发生保险合同中承保疾病的近因并不是急性胰腺炎，而是新的不确定的疾病风险，而这种新的不确定的疾病风险属于保险合同承保的风险。因此，从保险近因原则的角度，本案事故属于保险责任事故。

（2）我国《保险法》第十六条第一款规定："订立保险合同，保险人就保险标的或者被保险人的有关情况提出询问的，投保人应当如实告知。"同时，司法解释（二）第六条规定："投保人的告知义务限于保险人询问的范围和内容。当事人对询问范围及内容有争议的，保险人负举证责任。保险人以投保人违反了对投保单询问表中所列概括性条款的如实告知义务为由请求解除合同的，人民法院不予支持。但该概括性条款有具体内容的除外。"可见，我国保险合同签订过程实施的是询问告知，即保险人问及则告知，没有问及，投保人可以不告知；且对询问表中所列概括性条款，即使保险人问及而投保人未尽如实告知义务，保险人也不得主张解除合同的权利。就本案而言，保险人不仅没有询问，且要求10年内所患的病要投保人主动告知，则完全是一种概括性条款。因此，就投保人徐某而言，其没有违反诚信原则中的如实告知。

我国《保险法》第十七条规定："订立保险合同，采用保险人提供的格式条款的，保险人向投保人提供的投保单应当附格式条款，保险人应当向投保人说明合同的内容。对保险合同中免除保险人责任的条款，保险人在订立合同时应当在投保单、保险单或者其他保险凭证上作出足以引起投保人注意的提示，并对该条款的内容以书面或者口头形式向投保人作出明确说明；未作提示或者明确说明的，该条款不产生效力。"从案情可知，徐某在填写投保单、签订保险合同时，均是保险公司业务员帮助其在网上完成，保险公司承保网页不仅显示其在投保前没有任何疾病，而且保险合同中关于未尽如实告知义务产生后果的条款也没有任何特别提示，保险公司也未提供有效证据证明其已履行有关条款的说明义务。因此，就《保险法》第十七条而言，保险人还应承担未明确说明保险条款义务的责任。

【结论】

由以上分析可知，本案保险公司不能以徐某未尽如实告知义务为由解除保险合同，而应按照合同约定承担支付保险金责任。

【启迪】

本案反映了保险实务中的一个比较普遍的现象，即保险公司个别代理人出于快速促成合同达成、获得佣金的目的而进行不规范销售业务。因此，保险人一是应加强对保险代理人员的行为规范化管理，严惩不法中介人；二是应完善网络保险的投保与承保程序，如第一步操作不规范（如没有如实告知），则投保网页不能进入下一步；三是完善保险合同条款，使其内容标准化、规范化；四是加强与保险消费者所看病的医院、所在的工作单位与居委会等相关机构的联系，在不侵犯个人隐私的前提下，建立保险消费者的健康信息档案，在避免自身经营风险的同时，可帮助保险消费者进行疾病风险的防范。

48. 带病投保的保险金骗赔案

【案情简介】

某年6月1日，方某的父亲因肝癌入院治疗，半个月后病情平稳出院的第二天即6月16日，方某为其父亲在保险公司投保了一份10万元的简易人身保险和附加保额30万元的重大疾病保险。在投保时，方某和其父亲在投保申请书上的"询问事项"栏就病史、以往住院检查和治疗经历等项目勾选框里勾填了"否"。投保人方某与被保险人方父两人均签字确认其在投保书中的健康、财务及其他告知内容的真实性，并签字确认保险公司及其代理人已提供了保险条款，对免除保险人责任条款、合同解除条款进行了明确说明。保险合同双方确认合同自当年7月1日起生效。两份合同中，就保险人的明确说明义务、投保人的如实告知义务以及保险人的合同解除权进行了书面约定。在投保后2年零1个月的时间内，被保险人方某因肝癌先后7次入院治疗。在被保险人第7次入院治疗病情平稳出院后的第二天，方某以第7次住院（保险合同生效超过2年）的病历与5万元的医疗费用发票为据向保险公司申请重大疾病保险金赔付。

保险公司在收到索赔材料后，对被保险人方父的住院情况进行了调查，发现被保险人于投保前曾多次入院治疗，并且曾有医院对方父诊断为"肝炎、肝硬化、原发性肝癌不除外"。因此，保险公司以被保险人带病投保、违反了如实告知为由，在收到投保人申请理赔的第5天便向投保人方某送达了解除保险合同并拒赔的通知。投保人与被保险人不服，同保险公司抗议说，即使带病投保，保险合同也超过了两年，根据《保险法》的两年不可抗辩原则，保险公司应该赔付。在与保险公司商谈未果的情况下，方某向法院提起了诉讼，要求法院判保险公司继续履行保险合同并给付重大疾病保险金5万元。后因被保险人方父再次因肝癌入院治疗，在二审中便申请了撤诉并得到了法院的批准。投保后的第三年5月9日，被保险人方父再一次因肝癌入院治疗，但住院不到一个星期便因病死亡。医院出具的被保险人方父死亡诊断书上写明：患者因肝癌伴全身多次转移，医治无效而亡。在处理完后事后，投保人方某再次将保险公司告到法院，请求法院判保险公司赔付被保险人的身故保险金10万元及重大疾病保险金16.5万元（方父的住院医疗费用）。

【法院判决】

法院经调查认为，方某的行为是恶意骗保的不诚信行为，支持了保险公司解除保险合同并拒赔的抗辩。

（1）一审法院认为：原告投保人方某在其父亲因肝癌住院治疗好转后，于出院后的第二天即向被告保险公司投保，在投保时故意隐瞒被保险人患肝癌的情况，违反了《保险法》第十六条第一款的如实告知义务。依据《保险法》第十六条第二款的规定，保险人依法享有合同解除权。因上述解除事由在保险合同订立时已发生，且被保险人在投保后的两年内因肝癌先后 7 次入院治疗，却在合同生效的两年后才以被保险人的住院病历为据向被告申请赔付重大疾病保险金，又在被保险人因肝癌死亡之后要求被告赔付身故保险金 10 万元及重大疾病保险金 16.5 万元，其主观恶意明显，该情形不属于《保险法》第十六条第三款的适用范围，原告不得援引该条款提出抗辩。被告自原告方向其申请理赔之日起始知道该解除事由，并在一周内便向原告送达书面拒赔通知与解除合同的书面通知，而原告未在三个月异议期内提出异议。根据《合同法》第九十六条第一款的规定，双方合同已于被告送达拒赔通知与合同解除通知日解除。被保险人因病死亡后，原告又诉请被告支付简易人身险死亡保险金 10 万元及重大疾病保险金 16.5 万元没有法律依据，判决驳回原告方某的诉请。

（2）在一审法院判决后，原告方某不服，再次上诉。二审法院认为：上诉人主张，根据《保险法》第十六条第三款的规定，保险公司不能解除合同。法院认为，从《保险法》第十六条第三款看，"自合同成立之日起超过二年保险人不得解除合同"，保险人不得解除合同的前提是自合同成立之日起两年后被保险人新发生保险事故，而本案中，保险合同成立时保险事故已发生，不属于前述条款适用的情形，保险人仍享有解除权。原告即受益人以《保险法》第十六条第三款进行的抗辩，是对该条文的断章取义，对此不予支持。同时，《保险法》第十六条第四款规定："投保人故意不履行如实告知义务的，保险人对于合同解除前发生的保险事故，不承担赔偿或者给付保险金的责任，并不退还保险费。"另外，被告发出解除通知后，原告在三个月内并未提出异议，双方合同解除有效。因此，判决驳回上诉，维持原判。

【启迪】

据相关数据统计，我国保险公司目前拒赔的案例中，有七成拒赔都是因为带病投保。因此，法院对本案的裁判，对于遏制恶意投保并拖延理赔的不诚信行为，规范保险秩序，防止保险金的滥用，具有积极作用。

（1）本案虽然法院判保险公司赢，但类似医疗保险骗赔的现象在现实中还时常存在，因此，保险公司在承保过程中一定要对被保险人的身体状况严格把关，主动、认真询问投保人所掌握的被保险人的身体健康状况，并明确告知投保人带病投保在理赔时可能面临的一些不利的法律风险，如有必要，也可以要求对方进行体检。此外，还可以通过各方途径（包括互联网、大数据技术）了解被保险人平常看病的医院档案，并真正发挥合同设定的"观察期"作用，防止被保险人带病投保，降低逆选择的风险。

（2）作为投保人一定要遵循诚信原则。投保人（包括投保人、被保险人和受益人）如果违反诚信原则，如对签订合同的相关情况尤其是影响保险人承保或是否加保费的事项违反如实告知，出现如本案的故意不履行如实告知义务的，保险人有权解除保险合同，若在保险人解约之前发生保险事故造成保险标的损失，保险人可不承担赔偿或给付责任，同时也不退还保险费。

（3）本案法官对现行《保险法》第十六条第三款"不得抗辩"的运用，非常正确，这不仅是为了保护广大被保险人的利益，也是从制度上督促保险公司在投保时加强把关，严进宽出，更是体现保险合同对双方主体的公平性。同时，对那些钻法律空子的"带病投保"的人以警示，即使超过两年，只要有证据证明投保人骗保就不让其如愿。

49. 带病复效的保险拒赔案

【案情简介】

某年 5 月 1 日，谢某在某保险公司为自己投保了一份定期重疾保险，约定缴费期间 20 年，指定其妻子李某为受益人。保险合同约定：（1）在被保险人罹患肺癌等 20 种指定疾病时，被保险人或其委托人可以申请保险公司给付重大疾病保险金；（2）在被保险人身故时，保险公司向其指定受益人给付死亡保险金……谢某按期缴纳了第一年、第二年的保费，此后一直未缴纳保费。第四年 4 月 1 日，谢某向保险公司申请恢复保险合同效力，并于次日补缴了第三年、第四年的两期保费和复效利息，但未在复效申请书上向保险公司告知其第三年就已患肺癌的事实。第四年 9 月 7 日，谢某因肺癌去世。受益人李某持相关索赔材料向保险公司申请给付死亡保险金遭拒，遂诉至法院。

【不同观点】

第一种观点认为，保险公司不应赔付。理由是，投保人申请复效时不仅未履行如实告知义务，而且是故意不履行如实告知义务。如果谢某没有患病，估计其不会恢复合同效力。现投保人即被保险人谢某已患肺癌，对合同进行效力恢复，很明显是希望得到一笔赔付金。因此，这种带病复效行为很显然违反了《保险法》对于诚信原则的规定，绝对不能赔付。

第二种观点认为，保险公司应该赔付。复效是合同效力的恢复，不是签订新合同，法律并没要求合同效力恢复时再一次如实告知，而且，保险公司也不曾询问。

【分析】

本案争议的焦点是保险合同中止后，投保人在申请复效时，需不需要再一次履行如实告知义务。我们的分析如下：

（1）保险合同复效的性质。所谓复效，即保险合同由于投保人主观或客观原因被中止后，在规定的期间（一般为两年）内，由投保人书面提出复效申请，经保险公司审核后符合保险合同规定的重新生效条件，同意恢复保险合同效力，并由投保人补交合同中止期间的保险费及利息与其他相关费用的过程。我国现行《保险法》第三十七条规定：合同效力依照本法规定中止的，经保险人与投保人协商并达成协议，在投保人补交保险费后，合同效力恢复。但是，自合同效力中止之日起满二年双方未达成协议的，保险人有权解除合同。可见，复效后的保险合同是复效前的保险合同的继续，并非重新签订一个新的合同。况且中止的保险合同复效后，中止期间仍计入保险期间，保险期间视为从未间断。如本案投保人第四年申请复效后，这份重疾险保险合同的责任有效时期还剩余16年。也由此可见，合同复效即是原有保险合同效力的恢复。保险合同复效的意义在于为了使保险单不致因投保人偶然遗忘或经济困难未能按期交费而导致合同失效，给予投保人保持合同效力的一次机会，以弥补合同解除给未来生活或长期投资利益带来的损失。

（2）投保人的如实告知义务。我国现行《保险法》第十六条对投保人的如实告知义务有明确规定，即"订立保险合同，保险人就保险标的或者被保险人的有关情况提出询问的，投保人应当如实告知"。很明显，投保人的如实告知义务是限定在合同订立阶段，而不是合同成立两年后中止的合同再复效时。而且，我国采用的是询问告知，即保险公司询问投保人，投保人就其可知的事情告知，保险公司不询问，投保人可以不告知。本案投保人在申请复效时，保险公司并没有对其进行询问，投保人当然就没有如实告知的义务。即使询问，投保人不告知，其也不违背《保险法》第十六条的规定。

（3）司法解释（三）第八条对于保险合同复效有明确规定：保险合同效力中止后，投保人提出恢复效力申请并同意补交保险费的，除被保险人的危险程度在中止期间显著增加外，保险人不可拒绝合同复效。保险人在收到恢复效力申请后，三十日内未明确拒绝的，应认定为同意恢复效力。从本案看，谢某向保险公司申请恢复保险合同效力时，虽然确实隐瞒了其已患肺癌的事实，即被保险人的危险程度在中止期间显著增加，但保险公司既没有询问被保险人谢某中止期间的情况，也在收到投保人谢某恢复合同效力申请后，30日内未明确拒绝，还收取了谢某补交的中止期间的保险费与利息。因此，应认定为保险公司同意投保人谢某提出的合同复效申请，即本案的保险合同复效成功。正因为合同效力的恢复成功，合同复效后发生保险事故的，保险人应当以保险合同成立时的约定承担保险责任。

【结论】

由以上分析可知，对于投保人的如实告知义务，《保险法》第十六条虽然有明确规定，但将该义务限定在合同订立阶段。因此，不同观点中的第一种观点显然是引用法律不当。此外，虽然不排除本案投保人故意欺诈保险金的主观恶意，但保险公司在复效时的工作不严谨，导致本可以解除合同却同意了投保人复效的申请并使合同复效成功。因此，不同观点中的第二种观点在此案中是比较正确的。复效期内、期后发生的保险事故，保险公司理所当然要予以赔付。

【启迪】

本案的教训是深刻的，尤其是对保险公司而言。因此，从本案我们可以获得如下启迪：

（1）保险公司对于复效合同的不严谨审核，有可能导致类似本案明知投保人的故意甚至是恶意行为，也必须付出赔偿保险金。因此，对于重疾险之类的保险产品，在投保人提出复效时，要考虑到合同中止后复效时法律（司法解释）给予的一个月的复效决定期，这一时期实际上是复效合同中对被保险人的观察期。保险公司要充分利用这一观察期对被保险人进行再一次观察与询问。因为在合同中止期间以及复效之日后的观察期内所患的疾病，都不属于保险责任范围内，且可以据此解除合同。此外，因重大疾病保险中保单复效会影响到理赔的结果，因此，在设计这类险种时，注意条款对复效后的理赔条件要有所限制，比如重新设定重大疾病的保险观察期，如以保单复效日后 90～180 天内为新的观察期，规定被保险人在复效的保险观察期内罹患重大疾病得不到赔偿，等等。

（2）对于投保人而言，尽管有复效原则，切不要以为保险合同复效后，各项保障权利就都回来了，本案是保险公司工作不严谨所致，如果保险公司严格复效工作流程，对被保险人进行详细调研后再决定是否复效，一旦发现被保险人带病复效，则会立即解除合同。如果恶意骗保情节严重的，还会受到法律的制裁。

50. 被保险人涉嫌贪污自杀的保险索赔案

【案情简介】

某年 9 月 8 日，张某向 C 县某寿险公司投保简易人身保险，被保险人是张某之夫单某，张某是受益人，保险期限为三十年。双方所依据的保险合同是《某人寿保险有限公司简易人身保险条款》，合同订立生效后，张某一直依约缴纳每月 200 元的保险费，一直交至被保险人单某死亡时止。被保险人单某死亡前是该寿险公司聘请的业务员，因涉嫌贪污被县人民检察院于投保后第四年的 4 月 5 日立案侦查，同年 5 月 1 日单某在取保候审期间自杀身亡，三个月后该县人民检察院撤销了单某贪污案。张某请求寿险公司按保险合同支付死亡保险金 10 万元。寿险公司认为单某是畏罪自杀，属故意犯罪导致死亡，依照《保险法》第四十五条的规定不在理赔的范围而拒绝赔付。为此，张某诉至法院，要求该寿险公司支付保险金 10 万元。

【不同观点】

（1）第一种观点即保险公司方的观点，该观点认为，保险公司不应给付保险金。理由是，单某因涉嫌保险贪污犯罪，在取保候审期间畏罪自杀身亡，是典型的因故意犯罪而导致死亡的案件，根据《保险法》第四十五条的规定，不应给付保险金。

（2）第二种观点即被保险人方的观点，该观点认为，保险公司应该赔付 10 万元保险金。理由是，按照我国《刑法》罪行法定的原则，任何人未经法院审理和判决，都不能确认其有罪，而单某在侦查期间就已经自杀身亡，没有经法院判决其有罪，故不能确定单某故意犯罪。且单某的死亡是自杀直接导致的，自杀不是故意犯罪。纵然单某犯有贪污罪，但其死亡也不是贪污罪直接导致的，而是自杀直接导致的。因此，单某的死亡不属于《保险法》规定的故意犯罪导致的死亡。此外，本案所签订的保险合同合法有效，且被保险人自杀时超过了两年，根据《保险法》的相关规定，保险公司应该赔付10万元保险金。

【分析】

本案争议的焦点即是被保险人单某的死亡，是否属于《保险法》规定的故意犯罪导致的死亡。

（1）被保险人是否故意犯罪或者抗拒依法采取的刑事强制措施导致其伤残或者死亡的法律认定。我国现行《保险法》第四十五条规定："因被保险人故意犯罪或者抗拒依法采取的刑事强制措施导致其伤残或者死亡的，保险人不承担给付保险金的责任。投保人已交足二年以上保险费的，保险人应当按照合同约定退还保险单的现金价值。"本条即是关于被保险人故意犯罪或者抗拒依法采取的刑事强制措施导致自身伤残或者死亡时保险人免责的规定。换言之，如果犯罪行为为被保险人死亡的近因或主因，保险公司可以免责。那么何为"故意犯罪"？何为"抗拒依法采取的刑事强制措施"？我国《刑法》第十四条规定："明知自己的行为会发生危害社会的结果，并且希望或者放任这种结果发生，因而构成犯罪的，是故意犯罪。"例如，杀人放火、强奸、抢劫、贩卖毒品、爆炸、投放危险物质等即为故意犯罪。也就是说，如果被保险人在这样的故意犯罪过程中导致其死亡，保险公司当然不能赔偿。至于"抗拒依法采取的刑事强制措施"，首先要确定"刑事强制措施"。按照我国现行《刑事诉讼法》的规定，刑事强制措施包括拘传、取保候审、监视居住、拘留和逮捕五种。这五种强制措施都是对犯罪嫌疑人的人身自由进行限制或剥夺。公安机关依法享有使用警械、武器实施管理、守卫、保护、制服和杀伤的权利，包括：有权采取武装追捕、押解、看押、巡逻等措施；为制止严重违法犯罪活动的需要，公安机关的人民警察依照国家有关规定可以使用警械；遇有拒捕、暴乱、越狱、抢夺枪支或者其他暴力行为的紧急情况，公安机关的人民警察依照国家有关规定可以使用武器。也就是说，如果被保险人因抗拒公安或者检察机关采取上述刑事强制措施而导致其自身伤残或者死亡的，保险公司可以拒赔。本案被保险人单某虽然是在取保候审期间身亡，但其并不是在抗拒执法人员依法采取刑事强制措施的过程中死亡，而是自杀身亡。此外，司法解释（三）第二十二条规定："保险法第四十五条规定的'被保险人故意犯罪'的认定，应当以刑事侦查机关、检察机关和审判机关的生效法律文书或者其他结论性意见为依据。"《中华人民共和国刑事诉讼法》第十五条规定："有下列情形之一的，不追究刑事责任，已经追究的，应当撤销案件，或者不起诉，或者终止审理，或者宣告无罪：（一）情节显著轻微、危害不大，不认为是犯罪的；（二）犯罪已过追诉时效期限的；（三）经特赦令免除刑罚的；（四）依照刑法告诉才处理的犯罪，没有告诉或者撤回告诉的；（五）犯罪嫌疑人、被告人死亡的；（六）其他法律规定免予追究刑事责任的。"而本案被保险人的死亡是自杀，很显然不是上述的"故意犯罪或者抗拒依法采取的刑事强制措施的行为"导致的，不能适用《保险法》第四十五条作为判决的依据。

（2）被保险人"自杀"的界定。自杀是指个体人在复杂心理活动作用下，蓄意或自愿采取各种手段结束自己生命的行为。"畏罪自杀"是指犯罪后害怕定罪而自杀。单某在取保候审期间自杀是不是可以定性为"畏罪自杀"呢？因人已死亡无从考证。但纵然单某是"畏罪自杀"，也并不等于就是"因故意犯罪而导致自身死亡"，而是害怕定罪而蓄意或自愿采取某手段结束自己生命的行为。司法解释（三）第二十三条规定："保险人主张根据保险法第四十五条的规定不承担给付保险金责任的，应当证明被保险人的死亡、伤残结果与其实施的故意犯罪或者抗拒依法采取的刑事强制措施的行为之间存在因果关系。被保险人在羁押、服刑期间因意外或者疾病造成伤残或者死亡，保险人主张根据保险法第四十五条的规定不承担给付保险金责任的，人民法院不予支持。"该司法解释的规定即是对保险公司运用《保险法》第四十五条进行拒赔的适用条件进一步明确和限制，要求保险人举证死亡伤残结果与《保险法》第四十五条规定的两种拒赔情形存在具体而直接的因果关系。而前述我们的分析显示，被保险人单某的死因只与"自杀"相关，而非"故意犯罪或者抗拒依法采取的刑事强制措施的行为"导致。

【结论】

由以上分析可知，法律认为除了故意犯罪以及抗拒依法采取的刑事强制措施这两种最为严重的违法行为与被保险人死亡或者伤残有因果关系能够作为保险公司拒赔的理由外，其他行为导致被保险人死亡或者伤残的，根据《保险法》及保险合同的规定，保险人就应当承担相应的赔偿责任。本案中，被保险人单某的死亡并非犯罪以及抗拒依法采取的刑事强制措施活动导致，最多是为了逃避法律机关更为严厉的处罚而自杀的行为导致，而其自杀又超过了《保险法》规定的两年。因此，保险公司理应履行赔偿义务。

【启迪】

（1）虽然保险人不能助长社会公众从事违法活动，但是保险人也不能简单地以违法行为免责为由逃避保险责任。众所周知，法律本身是一个庞杂而晦涩的系统，专业的法律人员尚且未必能准确地运用和判断，更何况广大的保险消费者。因此，从维护社会公序良俗及防堵保险可能遭滥用的危险的角度，应认为如果被保险人的行为本质上已具备刑法或其他刑事特别法的犯罪构成要件，具有违法性，并因该行为导致其死亡、残疾等，保险人就应免责，否则不能免责。此外，从保护保险合同中相对弱势一方的利益考虑，免责提示的内容应当是明确、具体的，至少要明确保险人借以免责的具体的禁止性规定，确保相关当事人有了解这些具体规定的可能性。

（2）在立法层面，针对保险违法行为获赔可能性的问题目前保险法律以及其司法解释并不十分明确，如《保险法》第四十五条只是简单地规定了保险人对于"故意犯罪"和"抗拒依法采取的刑事强制措施"两种情形免责，而除此之外并未明确，由此给司法及保险实践带来了不确定性。从而要借助《刑法》等其他相关法律进行佐证，以避免在保险理赔活动中引起不必要的纠纷和争议。同时，希望通过此案能够引起立法层面的关注和重视，进一步明确针对不司违法行为赔与不赔的规则和边界，从而更好地指导保险司法实践，同时促进保险行业的健康发展。

参 考 文 献

［1］许飞琼．财产保险案例分析［M］．北京：中国金融出版社，2004.

［2］许飞琼．保险学概论［M］．北京：中国金融出版社，2019.

［3］许飞琼．保险学概论学习手册［M］．北京：中国金融出版社，2019.

［4］许飞琼，郑功成．财产保险（第五版）［M］．北京：中国金融出版社，2015.

［5］许飞琼．财产保险理论与实务［M］．北京：国家开放大学出版社，2018.

［6］许飞琼．财产保险［M］．北京：高等教育出版社，2014.

［7］杜万华．保险案件审判指导［M］．北京：法律出版社，2018.

［8］熊进光，张怡超．保险法案例研究指引［M］．广州：世界图书出版广东有限公司，2015.

［9］邢嘉栋．典型保险案例裁判思路与实务操作：一线法官以案说法［M］．北京：法律出版
社，2015.

［10］王静．保险案件司法观点集成［M］．北京：法律出版社，2016.

［11］最高人民法院案例指导与参考丛书编选组．最高人民法院保险、票据案例指导与参考［M］．北
京：人民法院出版社，2018.

［12］《中国保险报》、新浪保险网站、搜狐保险网站、中国保险学会网站等刊发的相关案例．